Mario Jacoby

Grundformen seelischer Austauschprozesse

Mario Jacoby

Grundformen seelischer Austauschprozesse

Jungsche Therapie und neuere Kleinkindforschung

Walter Verlag
Zürich und Düsseldorf

Die Deutsche Bibliothek – CIP-Einheitsaufnahme

Jacoby, Mario:
Grundformen seelischer Austauschprozesse : Jungsche Therapie und neuere Kleinkindforschung / Mario Jacoby. - Zürich ; Düsseldorf : Walter, 1998
ISBN 3-530-40040-8

Satz: Jung Satzcentrum, Lahnau
Druck und Einband: Clausen & Bosse, Leck
Printed in Germany
ISBN 3-530-40040-8

Inhalt

2. Teil
Jungsche Komplextheorie und neuere Kleinkindforschung

3. Teil
Zur Bedeutung der Kleinkindforschung für Analyse und analytische Psychotherapie

Anhang

Vorbemerkungen

Zwei Fragen, die mit der Darstellungsweise des vorliegenden Buches zusammenhängen, sollen hier kurz kommentiert werden. Zunächst geht es darum, ob der aus dem englischen Sprachbereich stammende Terminus «Infant Research» mit Säuglings- oder mit Kleinkindforschung übersetzt werden soll. Auch wenn «infant» aus dem Lateinischen «infans» abgeleitet ist, was in wörtlicher Bedeutung heißt: «das, was noch nicht sprechen kann» (Duden, Etymologie), so bezeichnet der Ausdruck im Englischen gewöhnlich sowohl den Säugling als auch das Kleinkind bis zum Alter von etwa drei Jahren. Im deutschen Sprachgebrauch hingegen stellt man sich unter einem Säugling, entsprechend der Bezeichnung, nur ein Kleinstkind während der Saugphase vor. Korrekterweise müßte daher eigentlich schon im Titel von Säuglings- *und* Kleinkindforschung gesprochen werden, denn in diesem Buch ist die Rede vom Säugling und Kleinkind bis zum Alter von etwa zwanzig Monaten, jedenfalls bis zur Sprachentwicklung. Ich habe dieses Problem so «gelöst», daß ich ohne System von Fall zu Fall von Säugling oder von Kleinkind spreche.

Die zweite Frage betrifft die so sensible Geschlechterbezeichnung. Muß ich, wenn ich von dem Analytiker, dem Patienten, Klienten usw. spreche, immer *expressis verbis* hinzufügen, daß ich selbstverständlich auch die Analytikerin, Patientin, Klientin meine? Ich würde dies gerne tun, wenn ich mich nicht an der daraus folgenden sprachlichen Schwerfälligkeit oder den unschönen Kompromißformen (AnalytikerIn!) stören würde. Ich habe mich dafür entschlossen, immer wieder Sätze einfließen zu lassen, in denen «die Analytikerin *und* der Analytiker» (in dieser oder umgekehrter Reihenfolge) vorkommen, habe diese Selbstverständlichkeit aber immer wieder weggelassen. Ich hoffe, es geht auch aus dem Inhalt des Buchs hervor, daß ich alles andere als ein Anhänger fixierter patriarchaler Strukturen bin.

Im weiteren möchte ich hier meinen Dank aussprechen. Er geht zunächst an viele Analysandinnen und Analysanden, die sich auf einen seelischen Austauschprozeß mit mir einließen, was mir unter anderem erst die Anregung gab, darüber zu reflektieren und das vorliegende Buch zu schreiben. Einige von ihnen haben mir die Erlaubnis gegeben, kurze Vignetten über gewisse Interaktionen oder Träume einzubringen, für die ich im besonderen danken möchte. Selbstverständlich wurde alles Persönliche zur Unkenntlichkeit verfremdet, die jeweils entsprechende Problematik aber herausgehoben. Anregung empfing ich auch durch Diskussionen mit vielen Supervisionskandidaten, die zum Teil inzwischen geschätzte Kollegen geworden sind. Mein Dank gilt vor allem den langjährigen Kollegen aus zwei Supervisionsgruppen, die sich regelmäßig treffen, wobei die freundschaftlichen Austauschprozesse oft erstaunliche Resultate zutage fördern und neue Wege weisen. Mein besonderer Dank gilt Joseph *Lichtenberg* in Washington D. C., mit dem ich mich persönlich verbunden fühle, der mir in manchem Gespräch veranschaulichte, wie Säuglingsforschung zur Grundlage eines verfeinerten therapeutischen Vorgehens bei Erwachsenen werden kann. Ich hatte auch Gelegenheit, als Gast mehrere seiner Supervisionsseminare zu besuchen, die in hohem Maße ideenreich und einfühlsam sind. Lichtenberg spielt, neben Daniel Stern, im vorliegenden Buch sozusagen die «Hauptrolle». Ich hoffe allerdings, daß ich seinen Beiträgen zwar gerecht werde, daß ich aber die Dinge aus der Warte meines Jungschen Hintergrunds und entsprechend meiner Erfahrungen und meiner «persönlichen Gleichung» vermitteln kann. Frau Dr. med. Lotte *Köhler,* München, möchte ich erneut danken, daß sie mich ursprünglich auf die Säuglingsforschung und das Werk von Daniel Stern aufmerksam machte. Viele Hinweise betreffend der Kohutschen Selbstpsychologie verdanke ich meinem Freund Ernest *Wolf* in Chicago, der ehemals Mitarbeiter in Publikationen Kohuts war. Meinem Freund und Kollegen Robert *Strubel* verdanke ich vielfältige praktische Hilfe bei der Abfassung des Textes. Besonderer Dank gebührt Frau Marianne *Schiess,* Lektorin beim Walter-Verlag. Neben ihrer vorbildlichen Lektoratsarbeit hat sie zuzeiten auch entscheidende «Ermutigungs»-Arbeit für mich geleistet, die zur Fertigstellung dieses arbeitsintensiven Manuskripts höchst willkommen und wahrscheinlich recht notwendig war. Wie immer ist mir meine Frau Doris *Jacoby-Guyot* mit Rat und vor allem mit Tat beigestanden, und ich weiß ihre einfühlsame Hilfe mit herzlichstem Dank zu schätzen.

Mario Jacoby

Einleitung

Die Kleinkindforschung – vornehmlich amerikanischer Provenienz – hat in den letzten Jahrzehnten zunehmend an Einfluß gewonnen, nicht zuletzt auch auf die psychoanalytische Praxis. Ihre Beobachtungen und Hypothesen haben manche liebgewonnenen psychoanalytischen Theoreme zur frühesten Kindheitsentwicklung in Frage gestellt. Selbstverständlich ist es nicht möglich, im Rahmen der vorliegenden Arbeit die vielschichtigen Ergebnisse der Kleinkindforschung umfassend darzustellen. (Als einführende Gesamtdarstellungen seien die beiden ausgezeichneten Bücher von Martin Dornes empfohlen: «Der kompetente Säugling» [1993] und «Die frühe Kindheit» [1997].) Mein Anliegen ist es vielmehr, einen Überblick über diejenigen Ergebnisse zu geben, die mir für die psychotherapeutische, vor allem die Jungsche Praxis relevant erscheinen und deshalb verglichen und hinsichtlich ihrer psychotherapeutischen Nützlichkeit geprüft werden können. Es sei hier noch vorausgeschickt, daß die moderne Kleinkindforschung zu unterscheiden ist von der «Säuglingsbeobachtung», wie sie von E. Bick in London eingeführt worden war (Harris und Bick 1987, Zinkin 1991).

Als erstes stellt sich natürlich die Frage, worauf das Interesse der Jungschen Psychotherapie an der modernen Säuglingsforschung beruht, warum mir, als einem Analytiker, der sich vornehmlich an der Jungschen analytischen Psychologie orientiert, deren Ergebnisse (vor allem die Werke von J. Lichtenberg und D. Stern) äußerst bedeutsam vorkommen. Scheint es doch auf den ersten Blick, als lägen Welten zwischen der Jungschen Hinwendung zum «Bilderreich der Seele» und der höchst minutiösen, mittels Experimenten und modernster Technologien betriebenen Forschungen zur «Lebenswelt des Säuglings». Die Antwort auf diese Frage liegt darin, daß meines Erachtens die

Anliegen der Kleinkindforscher implizit die Grundfrage nach dem Wesen der menschlichen Natur berühren. Vom Jungschen Standpunkt aus könnte man sagen, daß die Kleinkindforschung mit größtmöglicher Genauigkeit die konkreten Einzelheiten eines Prozeßgeschehens zu erfassen sucht. Und zwar geht es um den Prozeß, der als sukzessive «Inkarnation» des Selbst im einzelnen Menschen bezeichnet werden könnte.

Im Sinne der Philosophie Platons stelle ich mir gerne vor, daß unserer individuellen menschlichen Existenz eine universale «Idee Mensch» zugrunde liegt, auch wenn zu deren Evolution Jahrmillionen nötig waren. Diese universale Idee verkörpert sich in jedem Säugling und liegt der Organisation von dessen Reifung und Entwicklung zugrunde (siehe auch Slavin und Kriegman 1992). Es ist, als ob die Natur – oder ein «Schöpfer des Universums» – die präexistente Idee jeglicher lebenden Spezies, und so auch der Spezies «Homo sapiens», in sich tragen würde, was in jüdisch-christlicher Tradition durch die mythische Vorstellung ausgedrückt ist, daß Gott den Menschen nach seinem Ebenbilde schuf. In jedem individuellen Menschen scheint ein verborgenes Wissen zu sein, das seine artgemäße psychosomatische Reifung steuert. Da wir naturgemäß soziale Wesen sind, wird dieser Reifungsprozeß von Anfang an auch von der Gesellschaft mitbeeinflußt, und zwar zunächst durch die notwendigen Austauschprozesse mit den frühen Bezugspersonen.

Mit dieser mythischen Vorstellung sind wir bereits zu einem zentralen Anliegen der Jungschen Psychologie vorgestoßen. Es ist hier kurz zu erwähnen, daß die Aussagen der Mythen und Märchen ganz allgemein von Jung als Ausdruck des unbewußt Seelischen aufgefaßt wurden. Sie haben Verwandtschaft mit der Ausdrucksweise der Träume und vermögen bis zu einem gewissen Grade Aufschluß über seelische Vorgänge im Unbewußten zu geben. Es war das lebenslange Anliegen Jungs, diese Sprache des Unbewußten «verstehen» zu lernen und gleichsam nach einem Schlüssel zu deren Verständnis zu suchen. Dabei drängte sich ihm die Annahme auf, daß im Unbewußten anordnende Kräfte wirksam sind, die sich einerseits in unseren instinktiven

Verhaltensmustern und andererseits in kollektiven Bildern oder Bildabfolgen unserer Vorstellung manifestieren. Diese Wirkkräfte bezeichnete Jung als «Archetypen». Die Archetypen sind an sich unanschaulich und können nur indirekt an ihren Auswirkungen erfahren werden, das heißt an ihrer Energie und an ihren Bild-Anordnungen. Sie machen, in der Vorstellung Jungs, den unbewußten Wesensgrund unseres Daseins aus, der in seiner Essenz nie bewußt erkannt werden kann, dessen tausendfältiges «Walten» aber unserer Erfahrung eindringlichst evident wird.

Zugleich liegt es im Wesen des Menschen, die Rätsel des Daseins lösen zu wollen. Es ist ein archetypisch vorgegebenes, lebenswichtiges Bedürfnis, das Unbekannte in Bekanntes zu verwandeln, dem «Namenlosen» einen Namen zu geben. Dieses Bedürfnis liegt der Mythenbildung zugrunde, die von jeher der Anpassung an die jeweiligen Lebensumstände dient, indem sie diesen Bedeutung und Sinn verleiht. Mythen dienen auch weitgehend der Angstbewältigung, indem sie die bedrohende Unbehaustheit in einen «wohnlicheren», mit Bedeutung erfüllten Existenzraum verwandeln. Tatsache ist, daß Menschen letztlich nicht in einer chaotischen Welt existieren können, sie benötigen zu ihrer Sicherheit und Orientierung ordnungsstiftende Strukturen, die mit einer jeweiligen Weltanschauung und einem entsprechenden Menschenbild einhergehen.

Aristoteles sprach vom Menschen als von einem «Zoon politikon», einem Lebewesen, das nur in sozialen Bezügen existieren kann, und wir werden sehen, daß das Bedürfnis nach sozialer Zugehörigkeit in der Kleinkindforschung einem angeborenen Motivationssystem zugerechnet wird (Lichtenberg 1989). Wenn wir also von der «präexistenten Idee» Mensch sprechen, so bedingt das im einzelnen Menschen sowohl den Bezug zum Zeitlosen, dem «Ewig-Menschlichen», als auch zu dessen gesellschaftlich geprägter Existenzform. Damit wird die Frage nach der Artgemäßheit menschlicher Natur äußerst komplex. Sie stößt immer wieder auf gesellschaftlich vermittelte Werthierarchien, welche das jeweilige Menschenbild bedingen oder mindestens beeinflussen und ihre unbewußte Wirksamkeit auch beim Betrachter zeitigen.

Aus diesem Grund ist es schlicht unmöglich, die Frage nach der Artgemäßheit menschlicher Natur unabhängig von kulturellen und gesellschaftlichen Einflüssen zu beantworten. Und gerade weil die Antworten auf die Frage nach dem Wesen des Menschen nie vollständig befriedigend ausfallen können, stellt sich diese Frage immer wieder neu – so auch in der Säuglings- und Kleinkindforschung. Die Fragestellung, die implizit in ihren Forschungsprogrammen enthalten ist, kann folgendermaßen formuliert werden: Was passiert genau zu jenem Zeitpunkt und an jener Stelle, wo die «Idee Mensch» sich im einzelnen Menschen inkarniert? Wie sieht individuelle Menschwerdung in ihren ersten Reifungsstadien aus? Und vor allem: Wodurch wird sie in ihren lebensnotwendigen Austauschprozessen mit der Umwelt gefördert, gestört oder gehemmt? Jedenfalls ist die Frage nach dem Wesen des Menschen und seiner «artgemäß normalen» somatischen und psychosozialen Entwicklung nicht nur von philosophischem Interesse. Gerade für die Psychotherapie, in der es meist um die Auseinandersetzung mit den verschiedensten Fehlentwicklungen und/oder Entwicklungsrückständen geht, ist diese Frage von eminent praktischer Bedeutung.

Damit gelange ich zum Thema des vorliegenden Buches im engeren Sinne, dem *seelischen Austausch als Therapie*. Es sei in diesem Zusammenhang daran erinnert, daß Jung schon in den zwanziger Jahren schrieb:

> «Denn, wie man es auch drehen und wenden mag, die Beziehung zwischen Arzt und Patient ist eine persönliche Beziehung innerhalb des unpersönlichen Rahmens der ärztlichen Behandlung. Es ist mit keinem Kunstgriff zu vermeiden, daß die Behandlung das Produkt einer *gegenseitigen Beeinflussung* (hervorgehoben vom Autor!) ist, an welcher das ganze Wesen des Patienten sowohl wie das des Arztes teilhat» (Jung 1929, § 163).

Mit anderen Worten könnte man sagen, daß es in der Psychotherapie um eine mehr oder weniger reichhaltige Palette seelischer Austauschprozesse zwischen Analysand(in) und Analytiker(in) geht. Das heißt, in der sogenannten «Einzeltherapie» (die allerdings stets zwei Personen involviert) geht es darum, daß die beiden Therapiepartner sich auf die Erfahrungswelt, die Konflikte und die im Klienten oder in der Klientin sich abspielenden seelischen Prozesse beziehen. Innerhalb dieses Rahmens (Jungs unpersönlicher Rahmen der ärztlichen Behandlung!) ist seelischer Austausch erwünscht: die möglichst ehrlich-rückhaltslose Offenheit von seiten der Analysandin oder des Analysanden und die möglichst darauf bezogene «Resonanz» oder «optimale Responsivität» (Wolf 1996) von Therapeut oder Therapeutin.

In der Jungschen Psychotherapie ist die freie kreative Beziehungsgestaltung sehr erstrebenswert, und der seelische Austausch kann die verschiedensten Formen annehmen, angefangen von gegenseitiger Inspiriertheit durch beeindruckende Traumaussagen über wohltuendes inneres Einverständnis zwischen den Therapiepartnern bis hin zu Nicht-Austausch (was meist *auch* «Austausch» ist) infolge von Mißverständnissen, Verletztheit, Aneinander-vorbei-Reden oder sonstiger Widerstände.

Austausch ist auch der wesentlichste Aspekt in der Kleinkindforschung, wobei den verschiedenen Qualitäten im Zusammenspiel von Pflegeperson und Kind ein entscheidender Einfluß auf dessen Reifungsprozesse beigemessen wird. Dabei geht es um die Ur- oder Grundformen fördernder oder hemmender Interaktion. Es sind Elemente von Ur-Bezogenheit, die auch in erwachsenen Menschen weiterhin wirksam sind, aber von erwachsener «Vernunftsteuerung», von Abwehren und Kompensationen vielfach überlagert werden.

Das Studium mancher Aspekte der «Ur-Bezogenheit» und ihrer die Reifung fördernden oder hindernden Auswirkungen hat mich als Analytiker zu folgenden Fragestellungen bewogen: Wie verhalten sich die Ergebnisse der Kleinkindforschung zu den psychologischen Vorstellungen der Jungschen analytischen Psychologie? Und inwiefern könnte es für die analytische Psychotherapie im allgemeinen, für die Jungsche Psychotherapie oder Analyse im speziellen, bereichernd sein, gewisse Gesichtspunkte dieser Ergebnisse miteinzubeziehen? Meine auch

praxisbezogene Auseinandersetzung mit diesen Fragestellungen hat mich zu der Überzeugung gebracht, daß auf weite Strecken der Einbezug dieser Forschungsrichtung – gerade auch, weil ihre Ergebnisse weiterhin im Fluß sind – als echter Gewinn für die Jungsche Psychotherapie anzusehen ist und zu ihrer Verlebendigung und Gefühlsdifferenzierung beizutragen vermag.
Ich muß es offen lassen, ob die Leser zu ähnlichen Schlüssen kommen werden. Ich hoffe es.

1. Teil

Zur Psychologie von Säugling und Kleinkind

1. Das Kind in der Vorstellungswelt der Erwachsenen

Der Kindarchetypus

In unzähligen Mythen und Märchen spielen Kinder eine zentrale Rolle. Viel wird erzählt von Kind-Gottheiten wie zum Beispiel vom griechischen Hermeskind, vom Zeuskind, vom ägyptischen Horuskind, aber auch vom Jesuskind. Bekannt sind des weiteren Heldenkinder wie das Herkules- oder das Moseskind. Im Märchen werden Kinder mit einer «Glückshaut» geboren (zum Beispiel im «Teufel mit den drei goldenen Haaren»). Jedenfalls findet ihre Geburt unter aller Art magischer Umstände statt. Oft basieren Zeugung oder Geburt auf übernatürlichen Aspekten (zum Beispiel die jungfräuliche Geburt des Jesuskindes oder die Zeugung des altägyptischen Horuskindes durch einen Kultphallos). Charakteristisch ist es für solche Kinder, daß sie ein besonderes Schicksal haben, dessen Verlauf jedoch einer bestimmten Erzählstruktur folgt. Sie werden verlassen, ausgesetzt, unter Gefahren auf wundersame Art gerettet. Später, als Erwachsene, nehmen sie dann eine dominante göttliche, heroische oder auch königliche Stellung ein (siehe auch Rank 1909).

Diese so weitverbreiteten Vorstellungen lassen auf einen Archetypus schließen, der zu den entsprechenden Phantasien und Gefühlen motiviert. Den Kinderarchetypus muß man sich – wie jeden Archetypus – als eine unanschauliche Anordnungsinstanz vorstellen, die sich im Symbol des Kindes manifestiert und als solches stets Öffnung zu den verschiedensten Erlebensdimensionen konstelliert. Psychologisch wird man also nach möglichen Bedeutungen fragen, die solch archetypischem Geschehen, das sich um das Bild des Kindes rankt, innewohnt.

Dazu sollen folgende Überlegungen dienen, die auf Jungs Arbeit «Zur Psychologie des Kindarchetypus» (Jung 1940) beruhen, wobei zunächst noch eine Warnung Jungs vorausgeschickt sei:

> «Kein Archetypus läßt sich auf eine einfache Formel bringen. Er ist ein Gefäß, das man nie leeren und nie füllen kann. Er existiert an sich nur potentiell, und wenn er sich in einem Stoff gestaltet, so ist er nicht mehr das, was er vorher war. Er beharrt durch die Jahrtausende und verlangt doch immer neue Deutung. Die Archetypen sind die unerschütterlichen Elemente des Unbewußten, aber sie wandeln ihre Gestalt beständig» (Jung 1940, § 301).

Jedenfalls ist es notwendig, sich unter der Wirkweise des Kindarchetypus Phantasieinhalte vorzustellen, die um das Bild des Kindes kreisen, von diesem Bild hervorgerufen und um das Motiv angeordnet werden. Und zwar sind es Gefühle, Gedanken, Phantasien und Impulse in bezug auf das Bild Kind, die sich im Erwachsenen, manchmal schon im Halbwüchsigen, abspielen, jedoch nicht im Säugling oder Kleinkind selber. Säuglinge und Kleinkinder leben ihr Kindsein, sind mit diesem Erleben identisch und haben noch keine Möglichkeit zu reflektieren, wie Kind und Kindsein auf sie wirken und was ihr kindliches Lebensgefühl im Gesamten der menschlichen Existenz bedeutet.

Nun betont Jung ganz besonders, daß das reale Kind nicht die kausale Voraussetzung für die Existenz des Kindmotivs sei (Jung 1940, § 273, Fußnote). Vielmehr sei in der psychologischen Wirklichkeit die empirische Vorstellung «Kind» nur Ausdrucksmittel, um einen nicht näher zu fassenden seelischen Tatbestand auszudrücken. Darum sei die mythologische Kindvorstellung ausdrücklich keine Kopie des empirischen Kindes, sondern ein als solches klar erkennbares Symbol: «Es handelt sich um ein göttliches, wunderbares, eben gerade nicht menschliches Kind, gezeugt, geboren und aufgezogen unter ganz außergewöhnlichen Umständen» (Jung 1940, § 273, Fußnote). Mir scheint allerdings diese Aussage Jungs im Widerspruch zu stehen zu seiner sonst allgemein vertretenen, sehr einleuchtenden Auffassung, daß die archetypische Bereitschaft erst bildlich-symbolische Gestalt annehme, wenn sie «auf empirische Tatsachen» treffe (Jung 1928, § 300). Daraus ist doch zu schließen, daß dieser «nicht näher zu fassende seelische Tatbestand» ohne die Erfahrung der Existenz realer Kinder seine Gestalt nicht annehmen könnte. Das Kindmotiv in seiner Symbolik muß also mit dem Bild des realen Kindes, vor allem mit der Bedeutung, welche das Kind im Erleben der Menschen einnimmt, in sinnreicher Weise verknüpft sein. Nur so vermag sich die entsprechende Erlebensbereitschaft in das Symbolbild des Kindes zu kleiden.

Das Kindmotiv kann demnach verschiedenste symbolische Bedeutungen annehmen. So kann es, wenn es zum Beispiel in Träumen auftaucht, ein Bild sein «für gewisse Dinge der eigenen Kindheit, die wir vergessen haben» (Jung 1940, § 274). Nicht selten ist das Phänomen anzutreffen, daß sich der Träumer im Traum selbst als Kind sieht. Dies läßt vielleicht darauf schließen, daß er sich im Verlauf seiner Lebensgeschichte zu stark von seinen kindlichen Wurzeln abgeschnitten hat. «Man ist damit unkindlich und künstlich geworden ...» (Jung 1940, § 274). Somit ist der Träumer gleichsam «aufgefordert», zu seinen kindlichen Wurzeln in Beziehung zu treten, die zugleich seine ursprüngliche Wahrheit beinhalten.

Wichtig ist es nach Jungs Auffassung – und hier besteht wiederum eine entscheidende Parallele zu den Ergebnissen der Kleinkindforschung –, das Kindmotiv nicht nur als etwas Gewesenes und längst Vergangenes zu betrachten. Es ist auch dazu bestimmt, die Einseitigkeiten des erwachsenen Bewußtseins zu kompensieren respektive zu korrigieren. Auch für den Erwachsenen ist deshalb die lebendige Beziehung zur kindlichen Seite in sich selbst von entscheidender Bedeutung, gerade weil sie meist noch naiv, spontan und spielerisch und nahe bei den instinktiv-emotionalen Wurzeln ist.

Ein weiterer wesentlicher Aspekt des Kindmotivs ist sein Zukunftscharakter. Oft kann es geradezu als Sinnbild künftiger Möglichkeiten aufgefaßt werden. So meint Jung: «[...] das Auftreten des Kindmotivs in der Psychologie des Individuums [bedeutet] in der Regel eine Vorwegnahme künftiger Entwicklungen, auch wenn es sich um eine auf den ersten Blick retrospektive Gestaltung zu handeln scheint» (Jung 1940, § 278).

Oft zeigt es sich, daß das «Kind», wenn es im Traum auftritt, auf etwas Neues hinweist, vielleicht eine zukünftige Wandlung der Persönlichkeit vorbereitet. Jung meint, es antizipiere im Individuationsprozeß jene Gestalt, die aus der Synthese der bewußten und der unbewußten Elemente hervorgehe. Deshalb sei es ein die Gegensätze vereinigendes Symbol, das heißt ein Symbol seelischer Ganzheit. Jedenfalls ist für Jung das Kindmotiv, vor allem wenn es als göttliches Kind oder als Heldenkind auftritt, meist ein Symbol des Selbst.

Wie schon erwähnt, wird in vielen Mythen und Märchen das Kind zunächst verlassen, verfolgt und großen Gefahren ausgesetzt, bevor es zum Schluß den ihm vom Schicksal bestimmten Platz einnimmt. Oft wird es zum neuen Herrscher, erhält also einen dominierenden Rang. Die psychologische Deutung, es könnte einen vom Selbst organisierten Erneuerungsaspekt symbolisieren, würde den Erfahrungstatsachen entsprechen, daß gegenüber neuen Inhalten, Ideen, Einstellungen meist zunächst Widerstände auftauchen, daß sich die konservativen, bewahrenden Seiten ihrer erwehren wollen. Für manche Neuerungen ist es bekanntlich unendlich mühsam, sich durchzusetzen. Und zugegebenermaßen ist es oft auch fraglich, ob das Neue Unterstützung verdient, ob ein Festhalten am Altbewährten nicht die bessere Lösung wäre. Ob sich Persönlichkeitswandlungen zum Besseren oder Schlechteren auswirken, hängt vom Standpunkt der Beurteilung ab. Wenn zum Beispiel ein aggressionsgehemmter Mensch langsam Durchsetzungskraft entwickelt oder wenn eine in der Gattin- und Mutterrolle aufgehende Frau plötzlich eigene Lebensbedürfnisse anmeldet, kommen zunächst Störfaktoren in die Familiendynamik. Das Neue wird zumindest von der Umgebung angezweifelt, vielleicht bekämpft. Auch innerpsychisch wehren sich oft Kräfte, die das alte, wenn auch neurotische Gleichgewicht gegen alle neuen, zunächst störenden Impulse aufrechterhalten wollen. In einer Analyse verkörpern die bewahrenden Kräfte oftmals den inneren Widerstand gegen die therapeutisch intendierte Veränderung.

Ohne Zweifel ist die archetypisch-symbolische Vorstellung «Kind» mit einer Fülle von Bedeutungsmöglichkeiten ausgestattet, wobei es für unsere eigene Lebendigkeit, unsere Wandlungs- und Erneuerungsfähigkeit von nicht geringer Bedeutung ist, uns gegenüber jenen inneren Erfahrungen, die sich im Bild des Kindes symbolisieren, offen zu verhalten.

Auf eine weitere Komplikation muß hier allerdings aufmerksam gemacht werden. Erfahrungsgemäß wird das archetypische Bild des Kindes oft unbewußt auf konkrete Kinder projiziert. Verbirgt sich nicht hinter manchem Kinderwunsch der Drang nach eigener Selbstverwirklichung oder Selbsterneuerung, oder eine Phantasie, die Ehe oder Partnerschaft könnte gerettet und unauflöslich werden, alles würde besser, wenn nur erst Kinder da wären? Sicherlich wohnt dem Kindarchetypus eine motivierende Kraft inne, und in manchen nächtlichen Träumen wird offen oder verschlüsselt ein Kinderwunsch thematisiert. Allerdings ergibt sich daraus oft die Frage, auf welcher Ebene solche Träume zu verstehen sind. Handelt es sich darum, einen bis dahin verdrängten genuinen Wunsch nach einem Kind zuzulassen? Oder geht es um Erneuerung der inneren Einstellung, um neue kreative Ideen oder auch um das Zulassen kindlicher Anteile?

Symbolisches und real-konkretes Kind in der Vorstellung der Erwachsenen

An dieser Stelle muß betont werden, daß das archetypisch-symbolische Kind von der Wirklichkeit konkreter Kinder nach Möglichkeit zu unterscheiden ist. Diese Unterscheidung ist für Eltern, Lehrer, Therapeuten – kurz, für alle, die mit Kindern zu tun haben – von immenser praktischer Wichtigkeit. Einerseits ist es zur Einfühlung in die Welt des Kindes geradezu Voraussetzung, die eigenen kindlichen Seiten zu spüren, die eigenen Bedürfnisse nach Erneuerung, Belebung, Erfüllung, Selbstverwirklichung wahrzunehmen. Eltern dürften es sich durchaus gestatten, ihr durch den «Kindersegen» erhöhtes Selbstwertgefühl zu genießen. Die eigene Freude an den Kindern, der Stolz auf sie, das Gefühl von tiefer Verbundenheit, der neu durch das

Kind gewonnene Lebenssinn – all das sind Auswirkungen des Kindarchetypus und von großer Bedeutung sowohl für Eltern als auch Kind.

Andererseits ist zu beachten, daß sich die unbewußte Projektion des Kindarchetypus auf das eigene Kind für letzteres sehr belastend auswirken kann. Das Kind wird dann zum Träger der elterlichen Hoffnungen und Bedürfnisse nach eigener Lebenserfüllung. Seine «besondere Schönheit», seine «außergewöhnliche Begabung», sein «sonniges Wesen» wird ihm in der elterlichen Vorstellung jenes Glück oder jenes Ansehen im Leben bringen, das den Eltern nicht vergönnt war. «Du bist mein ein und alles. Für dich existiere ich. Du bist mein Leben!» – eine solche Maxime, sei sie ausgesprochen oder nicht, mag für den Umgang mit dem Neugeborenen eine gewisse Berechtigung haben, vergewaltigt aber das zunehmende Autonomiestreben des heranreifenden Kindes. Schuldkomplexe sind damit bereits vorprogrammiert, die sich in dem Moment manifestieren, wo das Kind später seinen eigenen Weg gehen will. Wie kann es bestimmte Erwartungen so «innig liebender» Eltern, für die es «ein und alles» ist, enttäuschen? Das Eigenleben des Kindes wird durch so viel «Liebe» und durch die Last an unerfüllbaren Erwartungen unterminiert. Das Kind leidet unter den Folgen von dem, was heute als «narzißtische Besetzung» bezeichnet wird.

Die unbewußte Projektion des symbolischen auf das reale Kind hat meist zur Ursache, daß den Eltern – sei es dem Vater oder der Mutter, sei es beiden zusammen – ihre Lebenserfüllung nicht aus eigenen inneren Quellen zugänglich ist. Es nützt deshalb wenig, wenn Außenstehende – so auch der Therapeut – predigen, daß das symbolische von dem realen Kind unterschieden werden müsse. Damit solche Unterscheidung nicht im Intellektuellen verbleiben muß, sondern existentiell-ganzheitlich zur Wirkung kommen kann, müssen die Betreffenden den verschütteten Zugang zum inneren Kind und zur eigenen Lebendigkeit therapeutisch aufarbeiten.

Die hier beschriebene Komplikation, die aufgrund unbewußter Projektionen des symbolischen auf das reale Kind entsteht, stellt nur eine unter vielen Quellen problematischer Persönlichkeitsentwicklung dar. Wir werden auf dieses praxisrelevante Thema wieder zurückkommen, und zwar im Zusammenhang mit den subtilen Beobachtungen emotionaler Austauschprozesse, wie sie die Säuglingsforschung geleistet hat. Ich möchte aber wiederholen, daß es auf die Beziehung zum Kindarchetypus, das heißt zur eigenen Wandlungs- und Erneuerungsfähigkeit, ankommt, ob die Eltern dazu befähigt sind, sich an der eigenständigen Entwicklung der Nachkommenschaft zu freuen und einen echt fördernden Einfluß auf diese Entwicklung zu gewinnen.

Viele Menschen, auch manche werdende Eltern sind aus irgendeinem Grunde vom Kindarchetypus innerlich abgeschnitten. Ihnen fällt es schwer, sich in die Welt des Säuglings und Kleinkinds einzufühlen. Sie erleben die Ansprüche des Kindes als überfordernd. Vielleicht sind sie sich auf ängstliche Weise nie sicher, ob sie es mit dem Kind auch richtig machen. Möglicherweise stürzen sie sich auf eines jener unzähligen Bücher, die stets den Müttern an allen Schwierigkeiten die Schuld geben mit dem Resultat, daß diese noch unsicherer werden und sich in ihrem Umgang mit dem Kind noch mehr verkrampfen.

Das Kind im Traum

Wie schon erwähnt, treten Kinder in unendlich vielen Varianten in Träumen auf. Es kann sich um die eigenen oder um anderweitig bekannte Kinder handeln, aber auch um Kindergestalten, die der biologischen Realität nicht entsprechen und mehr oder weniger reine Phantasieprodukte sind. Je wirklichkeitsfremder solche Traumkinder sind, je weiter entfernt von den biologischen Realitäten, um so mehr nehmen sie symbolhaft-archetypische Bedeutung an. Dafür seien einige Beispiele aus meiner Praxis erwähnt: Ein männlicher Träumer geht mit einem Kind schwanger, oder die hochbetagte Mutter des Träumers gebärt noch ein Kind, oder ein Kind hat fremde, orientalische oder negroide Züge, ist unnatürlich klein, tiergestaltig oder bereits weise, existiert nur als Kopf usw. Solche Motive weisen wohl kaum auf eine konkrete Schwangerschaft oder auf ein reales Kind hin, sondern auf einen seelischen Inhalt, der in entsprechend symbolischer Form ausgedrückt wird. Etwas noch Fremdes, irgendwie Abstruses, aber vielleicht Entwicklungsfähiges macht sich bemerkbar und möchte vom Träumer wahrgenommen werden. In der Praxis aber ist es von Nutzen, sobald kindgestaltige Figuren auftreten, zunächst den Erinnerungen und Gefühlen des Träumers nachzugehen, die mit seiner eigenen Kindheit im Zusammenhang stehen, bevor amplifizierend auf mögliche symbolische Bedeutungen eingegangen wird. Wichtig ist selbstverständlich immer, was dem Träumer oder der Träumerin spontan zum Thema einfällt.

Eltern träumen häufig von ihren eigenen Kindern; hier liegt zur Deutung das sogenannte «objektstufige» Verstehen nahe (siehe Jung 1921, § 845; überarbeitete Neuauflage 1994: § 778). Es ist zum Beispiel möglich, daß eine Mutter im Traum Eigenschaften oder Erlebnisweisen ihres Kindes wahrnimmt, die ihrer bewußten Aufmerksamkeit entgangen sind. Der Traum nimmt also Bezug auf die unterschwellig «objektive» Wirklichkeit des Kindes. Zugleich ist es aber doch ihr eigener Traum, er gehört also zugleich in ihre eigene Phantasie- und Gefühlswelt. Somit ist es auf jeden Fall günstig, auch den «subjektstufigen» Standpunkt in Betracht zu ziehen (Jung 1921, § 892; 1994: § 817). Vielleicht stellt sich die Frage, was sich – der Träumerin unbewußt – in der Beziehung zwischen ihr und ihrem Kind abspielen könnte, wie sie sich dem Kind gegenüber verhält. Diese Frage leitet über zur eigentlich «subjektstufigen» Betrachtungsweise, zu einer Einstellung, bei welcher der Träumer oder die Träumerin die ganze Aufmerksamkeit auf eigenes Erleben richtet, auf eigene Gefühle und Gedanken, die sich im Zusammenhang mit dem betreffenden Kind einstellen. Daraus mag die weitere Frage entstehen: Welche Bedeutung nimmt dieses Kind im seelischen Haushalt der Träumerin ein; hat es auch Symbolqualität für eigenes Erleben? Hinter dem spezifischen Persönchen des realen Kindes kann sich die Wirksamkeit der archetypischen Komponente bemerkbar machen. Die Eltern-

Kind-Beziehung ist ja einerseits intim-persönlich, zugleich aber auch kollektiv-archetypisch, da sie von universaler Notwendigkeit ist. Die bewußte Auseinanderhaltung dieser beiden Komponenten vermag den erwähnten belastenden Vermischungen und Projektionen einigermaßen entgegenzuwirken.

Im weiteren möchte ich nochmals darauf zurückkommen, daß für Jung das Kindmotiv im Traum auch ein Bild sein könnte «für gewisse Dinge der eigenen Kindheit, die wir vergessen haben [...]» (Jung 1940, § 273). Diese so wichtige Aussage Jungs wird bei enthusiastischen Jungianern leider oftmals übersehen zugunsten der «rein Jungschen» symbolischen Auffassung. Wenn zum Beispiel ein dreijähriges Kind in einem Traum auftaucht, wird allzu schnell danach gefragt, auf welchen psychischen Inhalt sich dieses Bild wohl bezieht. Es muß, so wird überlegt, jedenfalls ein Inhalt sein, der sich vor drei Jahren zum ersten Mal manifestierte (das symbolische Kind wurde vor drei Jahren geboren). Wichtig wäre aber, einen solchen Traum zunächst als Anreiz zu nehmen, um mögliche Erinnerungen aus der eigenen Kindheit im Zeitpunkt von ungefähr drei Jahren aufsteigen zu lassen. Anschluß zu vermitteln an verschüttete Erinnerungen ist eine wesentliche Funktion des Traumes.

Traumbeispiel aus der Praxis

Im folgenden möchte ich ein Traumbeispiel anführen, das sehr offensichtlich als Manifestation des Kindarchetypus gesehen werden muß und den Träumer entsprechend beeindruckte. Ein etwa 38jähriger Mann, der am Ende seiner Ausbildung zum Jungschen Analytiker stand, träumte:

Er ist in das Haus von C. G. Jung zum Tee eingeladen. Jung kommt als sehr aufgewecktes, intelligentes Kind mit vielen Spielsachen an, begleitet von seiner Gouvernante. Er will mit dem Träumer spielen. Der Träumer steigt auf das Angebot ein, und beide sind von ihrem Spiel höchst angeregt und absorbiert. Nach einer gewissen Zeit äußert die Gouvernante, daß sich das

Kind nun zurückziehen müsse. Beide, sowohl das Jung-Kind als auch der Träumer, sind darüber sehr traurig.

Zur Lebenssituation des Träumers ist folgendes zu sagen: Wie erwähnt, war er am Schluß einer langen Ausbildung zum Jungschen Analytiker, und so kam ihm dieser Traum höchst bedeutsam vor. Während seiner zur Ausbildung gehörenden Analyse war die Figur Jungs in seinen Träumen immer wieder aufgetreten. Lange hatte sie sich in Gestalt eines übermächtigen und allwissenden alten Weisen manifestiert, der vom Träumer stark idealisiert worden war. Dies entsprach auch der bewußten Faszination, welche die Jungsche Psychologie auf ihn ausgeübt hatte. Den von Jung beschriebenen Weg der Individuation hatte er als eine Art Heilsweg aufgefaßt, und er war damals überzeugt, durch die Jungsche Psychologie genau die Welt- und Selbstschau gefunden zu haben, nach der er immer gesucht hatte.

Dazwischen erlebte er allerdings auch immer wieder depressiv gefärbte Phasen, in denen ihm plötzlich der ganze Jungianismus als grandiose Illusion vorkam. Bald pflegte sich dann aber die Idealisierung von neuem einzustellen.

Gegen Schluß seiner Ausbildung durchlebte er eine Phase, in der die Figur Jungs in den Träumen immer älter wurde, sich sonderbar aufführte und anscheinend unsinnige Dinge von sich gab. Mein Analysand versuchte, diesen Unsinn als sinnvolle Paradoxa zu deuten, hatte auch die Idee, es könnte sich dabei um «Koans» aus dem Zen-Buddhismus handeln. Zen-Meister verwenden solche Koans, um rationales Denken ad absurdum zu führen, ihre Schüler von rationalem Erfassen abzubringen, weil es der wesentlichen inneren Erfahrung im Wege steht.

Allmählich konnte sich der Träumer aber der Einsicht nicht mehr verschließen, daß sein «innerer Jung» (das heißt seine Sicht der Jung-Figur, wie sie aus dem Unbewußten wirkt) von Altersblödsinn befallen sein müsse und dringendst der Erneuerung bedürfe.

In diesem Zusammenhang macht der Traum, in dem Jung als spielendes Kind erscheint, tiefen Sinn, und es lohnt sich, einige seiner Aspekte deutend zu kommentieren: Der Träumer ist also zu einer erneuten Begegnung mit «Jung» – das heißt mit dem, was Jung und Jungsche Psychologie für ihn bedeuten – eingeladen. Zu seiner Überraschung ist Jung nicht der ehrerbietige alte Weise, sondern ein spielendes Kind, das von einer Gouvernante behütet wird. Die Gouvernante setzt auch den zeitlich bemessenen Rahmen, innerhalb dessen das Spiel stattfinden kann. Zur Gouvernante fiel dem Träumer etwas ein, was er mir während der Sitzung halb lachend, halb verschämt mitteilte: Er mußte an einige begeisterte Schülerinnen Jungs denken, die noch immer streng darüber wachten, daß die Aussagen Jungs keinen Irrtümern oder Mißverständnissen ausgesetzt würden. Sie erlebten sich offenbar als Hüterinnen des Jungschen Erbes und setzten am Jung-Institut strenge Maßstäbe, wenn es galt festzustellen, welche Einstellung zur Seele in echter Weise «im Sinne Jungs» sei und welche Haltung den «Jungschen Geist» zu «verwässern» drohe. Dies war auch das Kriterium, nach dem die Persönlichkeit der Kandidatinnen und Kandidaten beurteilt und ihre Beiträge zur Jungschen Psychologie bewertet wurden. Der Träumer empfindet offensichtlich, daß eine direkte Begegnung und Auseinandersetzung mit Jung, ohne eine solche Bewachungsinstanz, nicht statthaft ist.

Die eigentliche Überraschung im Traum bildet allerdings Jung in seiner Erscheinungsweise als spielendes Kind. Dabei scheint es mir von großer Wichtigkeit zu sein, daß der Träumer nicht vor Ehrerbietung erstarrt, sondern spontan in das Spiel involviert ist, daß also etwas Gemeinsames, ein spielerischer Austausch, stattfindet. Er kommt also nicht zu Jung, um andächtig zu lauschen, was der geniale alte Weise ihm mitzuteilen hat.

Jung hat für den Träumer die Gestalt des Kindes angenommen, oder besser umgekehrt: Das Symbol des Kindes erscheint in der Gestalt Jungs. Was immer für den Träumer das Kindsymbol bedeutet – ob es auf seine Kindlichkeit hinweist, seine spontane Naivität, sein «wahres Selbst» im Sinne Winnicotts, sein Erneuerungsbedürfnis, seine spielerische Kreativität, seine Lebendigkeit oder seinen religiösen Kinderglauben –, es hat etwas mit Jung und Jungscher Psychologie zu tun. Dies aber nicht als idealisierende Verschmelzung mit allem, «was Jung gesagt hat», mit kritiklosem Einssein, sondern als spielerisch-kreativer, persönlicher Umgang mit der großen Anregung, die ihm die Jungsche Psychologie nach wie vor bedeutet.

Damit wäre eine Einstellung gewonnen, die für einen angehenden Jungschen Analytiker optimal wäre, gilt es doch, in den Analysen eine Atmosphäre zu schaffen, die sich möglichst befreiend auf die Entfaltung des seelischen Austausches auswirkt. Jung selbst hat einmal sein Therapieziel folgendermaßen formuliert:

> «Die Wirkung, auf die ich hinziele, ist die Hervorbringung eines seelischen Zustandes, in welchem mein Patient anfängt, mit seinem Wesen zu experimentieren, wo nichts mehr für ihn gegeben und hoffnungslos versteinert ist, ein Zustand der Flüssigkeit, der Veränderung und des Werdens» (Jung 1929, § 99).

Es wäre hier auch auf das berühmte Zitat Friedrich Schillers hinzuweisen, der Mensch sei nur da ganz Mensch, wo er spielt.

Der Traum meines Analysanden paßt auch ganz allgemein an diese Stelle des vorliegenden Buchs, denn es soll hier ein theoretischer Teil folgen, ein kurzer Überblick über einige Jungsche und psychoanalytische Vorstellungen zur frühkindlichen Entwicklung. Dem möchte ich ein Zitat Heinz Kohuts vorausschikken, der Inkonsequenzen der psychoanalytischen Theoriebildung zuläßt, weil seiner Meinung nach

> «alles Theoretisieren, das der Mühe wert ist, tastend, versuchend, provisorisch ist – ein *spielerisches* Element enthält. Ich benutze das Wort spielerisch mit Absicht, um die Grundhaltung kreativer Wissenschaft von dogmatischer Religion zu unterscheiden» (Kohut, 1979, S. 218).

2. Das «klinische» und das «beobachtete» Kind

Einführende Bemerkungen

Der Ausdruck das «klinische» oder «klinisch rekonstruierte» Kind stammt von D. Stern (1992). Mit diesen Begriffen will er den Unterschied betonen zum «beobachteten» Kleinkind, das in den neuen Forschungsrichtungen mit empirischen Methoden untersucht wird.

Bekanntlich steht für die Freudsche Psychoanalyse als Therapiemethode stets die Entstehungsgeschichte der gegenwärtigen Störungen im Zentrum. Es wird angenommen, daß Störungen ihren Ursprung in der frühen Kindheit haben, also auf frühkindlichen Konflikten beruhen oder – in modernerer Theoriebildung (Kohut) – auch in einem frühkindlichen Defizit. Für die Therapie ist es deshalb wesentlich, möglichst wieder Zugang zu den frühkindlichen Verletzungen zu finden. Damit steht die Frage im Raum, welcher Art die frühkindlichen Konflikte und/oder Verletzungen, die den gegenwärtigen Störungen zugrunde liegen, wohl waren und in welchem Alter beziehungsweise in welcher Reifungsphase das Kind den entscheidenden pathogenen Einflüssen ausgesetzt war. Zu einer einigermaßen befriedigenden Antwort glaubt man dadurch zu kommen, daß man sorgfältig die Erinnerungen aus der Kindheit, die Träume und nicht zuletzt die Übertragungssituation beachtet. In der Übertragung auf den Analytiker werden zentrale Kindheitsmuster wiederholt und können deshalb vom Therapeuten bis zu einem gewissen Grade «rekonstruiert» werden. Auf solchen Rekonstruktionen beruhen nun weitgehend die verschiedenen psychoanalytischen Theorien zur kindlichen Entwicklung und frühen Sozialisation. Das «klinisch rekonstruierte Kind» wird damit geschaffen.

Demgegenüber ist der «beobachtete» Säugling oder das «beobachtete» Kleinkind, von dem Stern spricht (Stern 1992), der direkten, zum Teil experimentellen Forschung zugänglich, ist demnach das «Ergebnis» der modernen Kleinkindforschung. Nun gibt es in vielen Punkten keine Übereinstimmung zwischen dem psychoanalytisch rekonstruierten und dem beobachteten Kind. Forscher wie J. Lichtenberg und D. Stern sind aber sowohl Psychoanalytiker als auch Kleinkindforscher, und beiden ist es ein Anliegen, das Gespräch zwischen Analytikern und Kleinkindforschern zu fördern. Beide beschäftigen sich mit der Fragestellung, wie es zu vermehrter Annäherung zwischen dem «klinischen» und dem «beobachteten» Kleinkind kommen könnte, eine Annäherung, die auch einen Fortschritt in die psychoanalytische Praxis bringen und die Technik differenzieren und modifizieren würde.

Für die Praxis der Jungschen Psychologie scheint zunächst die Kluft zwischen dem «klinischen» und dem «beobachteten» Kind nicht von dringlicher Relevanz zu sein. Jung selbst und die sogenannte «klassische» Richtung der analytischen Psychologie haben sich kaum mit Rekonstruktionen der frühen Kindheitssituation beschäftigt. Betroffen sind vielmehr diejenigen Vertreter der Jungschen analytischen Psychologie, die psychoanalytische Gesichtspunkte der frühkindlichen Entwicklung in ihre therapeutische Vorgehensweise miteinbeziehen. Dies gilt vor allem für Jungsche Analytiker der sogenannten «Londoner Schule» (Samuels 1989). Für ihre Art des Vorgehens haben besonders die Ideen von Melanie Klein, die bereits dem Säugling eine emotional sehr bewegte Innenwelt attestieren, viel Anklang gefunden (Fordham 1989, S. 213–224, Zinkin 1991, S. 37–62).

Jungs Ansichten zur frühkindlichen Entwicklung

Jung selbst hat im Jahre 1910, zu einer Zeit, in der er Freud noch nahestand, den Aufsatz «Über Konflikte der kindlichen Seele» geschrieben (Jung 1910, §§ 1–79). Dieser sollte eine bestätigende Ergänzung zu Freuds Mitteilungen über den «Kleinen Hans» (Freud 1909) sein. Mit Wärme und Anteilnahme beschreibt Jung die Beobachtungen eines Vaters an seiner Tochter, die sich zwischen dem vierten und dem fünften Altersjahr brennend dafür interessierte, woher die Kinder (ihr Brüderchen) kämen. Diese Beobachtungen Jungs an der kleinen Anna sind in drei Auflagen in drei verschiedenen Schaffensperioden erschienen (1910, 1915, 1938), und es ist sehr interessant, an seinen verschiedenen Vorworten zu dem gleichen Text die Entwicklung seiner psychologischen Betrachtungsweisen mitzuverfolgen. Natürlich spürt man der ersten Auflage der Arbeit den Einfluß der Freudschen Triebtheorie stark an. Zur zweiten Auflage im Jahre 1915 schrieb Jung ein Vorwort, in dem er seine unter Freuds Einfluß vertretenen Thesen von 1910 stark relativierte. Zwar weist er weiterhin dem «Sexualinteresse eine nicht unbeträchtliche kausale Rolle im Entstehungsprozesse des kindlichen Denkens» zu, meint aber, dieses kindliche Sexualinteresse strebe nur uneigentlich nach einem unmittelbaren Sexualziel, «sondern vielmehr nach einer Entwicklung des Denkens, sonst wäre die Lösung des Konflikts nur durch Gewährung eines Sexualzieles und nicht durch die Vermittlung einer intellektuellen Auffassung erreichbar. Gerade das letztere ist aber der Fall [...]» (Jung 1915, S. 14). Zugleich betont Jung, daß er «die Denkfunktion nicht etwa bloß als eine Verlegenheitsfunktion der Sexualität» auffasse, die sich «notgedrungenerweise in die Denkfunktion hinüberzwängt» (Jung 1915, S. 15). Mit anderen Worten sieht er in der «frühkindlichen Sexualität» sowohl «die Ansätze zur künftigen Sexualfunktion» als auch «die Keimstätte höherer Geistesfunktionen» (Jung 1915, S. 15). Hier setzt er der Theorie Freuds von der «polymorph-perversen» Anlage des Kindes seine Auffassung von dessen «polyvalenter Keimanlage» entgegen. Damit hat Jung ein Stück eigener Theorie zum «klinisch rekonstruierten Kind» beigetragen.

1938, in der dritten Auflage desselben «bescheidenen Tatsachenberichts», zieht Jung selbst noch die Idee einer «polyvalenten Keimanlage» in Zweifel. In diesem Vorwort stehen auch die folgenden, oft zitierten Sätze:

«Theorien gehören im Gebiete der Psychologie zum Allerverheerendsten. Wir bedürfen zwar gewisser theoretischer Gesichtspunkte um deren orientierenden und heuristischen Wertes willen. Aber sie sollen stets als bloße Hilfsvorstellungen gelten, die man jederzeit zur Seite legen kann. [...] Allerdings ist die Theorie der beste Schild für mangelhafte Erfahrung und Nichtwissen. Die Folgen davon sind betrüblich: Engstirnigkeit, Oberflächlichkeit und wissenschaftliche Sektiererei» (Jung 1938, S. 16).

Die Idee des «klinisch rekonstruierten Kindes» gehört deshalb für viele Jungsche Therapeuten zu einer solchen «allerverheerendsten Theorie», die ruhig beiseite gelassen und abgewertet werden kann.

Jung selbst war in der Zwischenzeit zur Auffassung gekommen, daß Säuglinge und Kleinkinder psychologisch ein Teil der elterlichen Psyche seien. In einem 1923 gehaltenen Vortrag steht:

«Der erste psychische Zustand ist ein Verschmolzensein mit der elterlichen Psychologie. Eine eigene Psychologie ist erst in Anfängen vorhanden. Daher kommt es, daß die nervösen und psychischen Störungen der Kinder bis weit ins schulpflichtige Alter hinein sozusagen ausschließlich auf Störungen der psychischen Sphäre der Eltern beruhen» (Jung 1923, § 106).

Die These von der häufig entscheidenden Bedeutung der Eltern war damals notwendig und wird zum Teil auch in der modernen Kleinkindforschung bestätigt. In der Ausschließlichkeit aber, wie Jung sie zeitweise vertreten hat, verschwindet das «klinisch rekonstruierte Kind» vollständig von der Bildfläche und geht in der Psyche der Eltern gleichsam unter. So wurde es auch allzulange in der Jungschen Praxis als therapeutisch irrelevant angesehen.

Theorien der Jungschen Analytiker M. Fordham und E. Neumann

Michael Fordham war neben Frances G. Wickes (1931) einer der ersten Analytiker Jungscher Schule, der sich auch der therapeutischen Analyse von Kindern widmete. Er war aufgrund seiner Erfahrungen zur festen Überzeugung gelangt, daß das Kind von allem Anfang an auch psychisch ein eigenes Individuum ist und nicht einfach ein Anhängsel der mütterlichen oder elterlichen Psyche. Dabei hat er interessante und einleuchtende Theorien zur frühkindlichen Entwicklung erarbeitet, die in vieler Beziehung nicht allzusehr vom «beobachteten» Kleinkind der modernen Kleinkindforschung abweichen (Fordham 1974). Seiner Ansicht nach sind auch in der Analyse erwachsener Patienten Rekonstruktionen entsprechender Kindheitserfahrungen von zentraler Bedeutung. So meint er: «Die Analyse der Kindheit von Erwachsenen, später auch die von Kindern, wurde erleichtert durch Rekonstruktionen oder durch Theorien über die Kindheit oder die ersten Lebensjahre eines Patienten» (Fordham 1974, S. 86). Eine Rekonstruktion wird dadurch ermöglicht, daß der Analytiker aufgrund vieler Daten aus Träumen, aus den Subtilitäten des Übertragungs- und Gegenübertragungsgeschehens, aus seinem theoretischen Wissen usw. Annahmen formuliert, die vom Patienten entweder bestätigt, bestritten oder modifiziert werden können. Eine Rekonstruktion kann dazu führen, daß im Patienten eine Erinnerung auftaucht, durch welche gewisse Annahmen eine Bestätigung finden. Zudem können aber auch Daten, die um eine bestimmte Situation kreisen, an die sich der Patient nicht erinnert, zusammengetragen werden.

> «Wenn beide, Rekonstruktion und Erinnerung, benutzt werden, so besteht die Möglichkeit, sich ein Bild von einer bestimmten Phase im Säuglingsalter oder in der späteren Kindheit zu machen, das so genau zur psychischen Struktur des Patienten paßt, daß es Überzeugungskraft besitzt» (Fordham 1974, S. 87).

Sehr bedeutsam scheint mir, daß Fordham sogleich auch eine Warnung anbringt. Er weist nämlich darauf hin, daß es schwer auszumachen oder gar zu beweisen ist, ob eine Rekonstruktion mit der früheren Wirklichkeit vollständig übereinstimmt. Letzten Endes ist aber ausschlaggebend, welche Bedeutung die Rekonstruktion für den Patienten hat.

Noch eine wichtige Einschränkung muß hier bedacht werden: Eine Zustimmung des Patienten verbürgt nicht immer die Richtigkeit einer Rekonstruktion. Bekanntlich kann die Bedeutung der Äußerungen des Analytikers durch Übertragungsgefühle des Patienten auch entstellt werden. Um den psychischen Stellenwert der jeweiligen Reaktionen des Patienten einigermaßen richtig einschätzen zu können, benötigt der Analytiker viel therapeutisches Gespür. Es ist also ein schwieriges Unterfangen, durch eine Rekonstruktion Übereinstimmung zwischen Gegenwart und Vergangenheit zu erreichen. Allerdings gehen die Meinungen darüber auseinander, inwieweit solche Übereinstimmung therapeutisch wesentlich ist.

Jedenfalls postuliert Fordham hier die Wichtigkeit direkter Säuglings- und Kleinkindbeobachtung. Und er meinte schon 1969, daß die wechselseitigen Beziehungen zwischen Deutungen aufgrund von Rekonstruktionen und den Beobachtungen während der ersten Lebenswochen und -monate zu größerer Sicherheit geführt hätten. «Wir verfügen heute über gute Arbeitshypothesen, mit denen sich viel vom Verhalten ganz kleiner Kinder erklären läßt»(Fordham 1974, S. 88).

Fordham postuliert also eine möglichst genaue Erforschung des «beobachteten» Kindes, um die Rekonstruktionen in der Analyse glaubwürdiger und damit auch wirksamer zu machen.

Ein weiterer Jungscher Analytiker, Erich Neumann in Tel Aviv, hat Ende der fünfziger Jahre ein Bild des Kindes und seiner Entwicklung entworfen (Neumann 1963). Das empirische Material dazu lieferten ihm verschiedene Kindertherapeuten in Israel. Sie brachten ihm vor allem Kinderzeichnungen, Photographien des kindlichen Spiels mit Sandkastenfiguren, Aufzeichnungen von Rollenspielen mit Kindern usw. Daraus entwickelte er Bezüge zu seinen Ideen der «archetypischen Stadienentwicklung» des menschlichen Bewußtseins, die er in seinem Hauptwerk «Ursprungsgeschichte des Bewußtseins» (Neumann 1949) publiziert hatte. In einem späteren, leider unvollendet gebliebenen Buch (Neumann 1963) hat er daraus erstaunlich stimmige Ergebnisse zur Befindlichkeit des Säuglings und dessen weiterer Entwicklung vorgelegt. Sein Vorgehen bestand darin, die Urbeziehung von Mutter und Kind sowie die weiteren kindlichen

Entwicklungsprozesse mit Mythen aus der phylogenetischen Frühzeit in Parallele zu setzen und entsprechend zu deuten. Dies hat zum Verständnis der Symbolik des Spiels viel beigetragen und ist für Kindertherapeuten sehr relevant. Soviel mir bekannt ist, wurden aber in der Analyse von Erwachsenen damit keine «klinischen» Kinder rekonstruiert. Trotz allem besteht bei dem Versuch, phylogenetische Ergebnisse mit ontogenetischen gleichzusetzen, eine gewisse Fragwürdigkeit, zu der ich später Stellung beziehen will.

Der Versuch, auch bei erwachsenen Analysanden die oft abgebrochenen Brücken zu den Gefühlen des «inneren, oft verwundeten Kindes» sukzessive wiederherzustellen, wird heute auch von manchen Jungschen Analytikern als wesentlich angesehen (z. B. Asper 1987). Man versucht, möglichst voraussetzungslos den Gefühlen, Träumen, Erinnerungen, Erzählungen des Klienten oder der Klientin nachzugehen und vor allem die Gegenübertragungsgefühle des Therapeuten zu berücksichtigen. Allerdings kann dies nie völlig voraussetzungslos geschehen. Auch Psychotherapeuten sind Menschen, die ihre «persönliche Gleichung», ihre Vorlieben und Aversionen mitbringen, und es ist wichtig, daß dies möglichst bewußt geschieht. Zudem haben Therapeuten, nicht zuletzt kraft ihres psychologischen Wissens, immer eine allgemeine Vorstellung «normaler» menschlicher Seinsweise, die auch dazu dient, den Grad der jeweiligen Abweichung, die jeweilige seelische Verletztheit, in differenzierterer Weise abzuschätzen. Solche Vorstellungen sind unter anderem zusammengesetzt aus den Erfahrungen der persönlichen Lebensgeschichte, aus dem eigenen Menschenbild, den Wertmaßstäben der jeweiligen Gesellschaft und der Wahl entsprechender psychologischer Persönlichkeitstheorien.

3. Das «klinisch rekonstruierte» Kind in der psychoanalytischen Theoriebildung

Einführende Bemerkungen

Theorien sind also immer im Spiel. Es ist aber wichtig, ihrer möglichst bewußt zu sein, um sie auch hinterfragen zu können. Sie haben die Aufgabe, das Augenmerk des Betrachters für die Bedeutung gewisser Erfahrungen zu schärfen. Theorie, abgeleitet vom griechischen «theorein», heißt wörtlich «betrachten». Insofern eine Theorie aber unreflektiert-selbstverständlich, das heißt unbewußt, wirksam bleibt, besteht die Gefahr, daß dadurch Bedeutungen zurechtgebogen und eingeengt, der Theorie entsprechend sogar verfälscht werden können. Jedenfalls nimmt deshalb das klinisch konstruierte innere Kind stets auch Züge der Theorien und Rekonstruktionen Fordhams, Winnicotts, Kleins, Mahlers, Eriksons, Bowlbys, Spitzs, Kohuts – und wie sie alle heißen – an.

Mit der vorliegenden Publikation beabsichtige ich, dieser bei weitem noch unvollständigen Liste zusätzlich Züge des «beobachteten Kindes» nach Lichtenberg, Stern, Emde, Sander und anderen beizufügen. Die Frage, wozu das gut sein soll, hoffe ich im Laufe dieses Buchs einigermaßen beantworten zu können. Wichtig scheint mir – dies soll nochmals betont werden –, solche allgemein-theoretische Auffassungen weder den Analysanden noch sich selbst gleichsam aufzukleben, sondern diejenigen Theoreme, die einem einleuchten – und *nur* die –, in persönlicher Weise als Verstehens- und Handlungshilfen zu integrieren.

Freudsche Triebpsychologie

Im Rahmen dieser Arbeit ist es nicht möglich, auf die vielfältigen Theorien und Konstruktionen zur frühkindlichen Entwicklung, wie sie aus der Freudschen psychoanalytischen Sichtweise entstanden sind, im einzelnen einzugehen. Summarisch soll nur soviel gesagt werden: Für Sigmund Freud bedeuteten die Triebe und Triebkonflikte die Grundlage des menschlichen Seelenlebens, in einer ersten Theorie waren es die Konflikte zwischen Sexual- und Ichtrieben, später diejenigen zwischen sexueller Libido und Aggressivität (Eros und Thanatos). Die sozialen und «höheren» kulturellen Anliegen wurden aus diesen ursprünglichen Trieben abgeleitet durch Vorgänge sogenannter «Sublimation». Die kindliche Entwicklung, angefangen beim Säugling, wurde der Entwicklung der Triebschicksale gleichgesetzt.

In dieser Sicht erlebt der Säugling zu Beginn eine autoerotische Phase, um dann gleich in den Zustand des «ursprünglichen Narzißmus, in dem das kindliche Ich sich selbst genügte» (Freud 1921, S. 121) zu kommen. Es folgt die Dominanz der oralen, analen und genitalen Triebregungen und Triebziele. Jedenfalls wird das Kleinkind als Triebwesen aufgefaßt, welches stets ein Ziel sucht, an dem es sich von den jeweiligen Triebspannungen durch «Abfuhr» entlasten kann. Gegenüber solch «ruchloser» Triebbestimmtheit müssen sich schon früh Abwehrmechanismen bilden, sonst wäre ein soziales Miteinander in der Kultur nicht möglich. Vor allem die Eltern werden als Objekte der Triebbefriedigung oder Triebversagung erlebt. Konflikte zwischen Triebbefriedigung und Triebversagung können so unerträglich werden, daß sie durch Verdrängung aus der Welt geschafft werden müssen. In Form von neurotischen Symptomen machen sich solche verdrängte Konflikte mit der Zeit wieder bemerkbar. Hier setzt das Arbeitsfeld der therapeutischen Psychoanalyse ein.

Zugegebenermaßen wird in obiger Darstellung die frühe Psychoanalyse auf das einfachste Muster ihrer Triebpsychologie reduziert. Freud hat im Laufe seines Lebens vieles davon revidiert, neu strukturiert und manche Feinheiten angebracht. Sein Werk ragt heraus als enorme Pionierleistung: die Erschließung eines neuartigen Territoriums des Psychischen.

Im Jahr 1937 hat Michael Balint, typischerweise ein Schüler des ungarischen Psychoanalytikers Sandor Ferenczi, eine neue

Auffassung vom Säugling vorgeschlagen. Er sah entsprechend seiner Erfahrungen nirgends eine Bestätigung der Frühphase des «primären Narzißmus». Statt dessen spricht er von «primärer Liebe», also davon, daß der Säugling von allem Anfang an auf das «Objekt» hin orientiert ist. Balint ist der erste, der die früheste Beziehung als «Mutter-Kind-Einheit» auffaßt. Auch wenn er meint, diese Objektrelation sei noch passiver Natur, verbunden mit dem Anspruch des Säuglings: «[...] ich soll geliebt, befriedigt werden, und zwar ohne die kleinste Gegenleistung meinerseits» (Balint, 1937, S. 102), so kann man seine Auffassung doch an den Anfang der sogenannten «Objektbeziehungstheorie» setzen.

Psychoanalytische Theorie der «Objektbeziehung»

Der Beginn dieser Objektbeziehungsperspektive wird aber im allgemeinen mit den theoretischen Annahmen der Londoner Psychoanalytikerin Melanie Klein (1972) gleichgesetzt. Sie postuliert im Säugling bereits eine hochkomplexe Organisation. So erlebt er in ihrer Sicht bereits Teilobjekt-Repräsentanzen, wie die «gute» und die «böse» Mutterbrust. Diese Phantasien gehören nach Klein zur erbgenetischen Ausstattung, sind angeboren und äußern sich unabhängig von individuellen Erfahrungen des Kindes. Klein ist also einer biologisierenden Sichtweise verhaftet. Jungsche Analytiker (z. B. Fordham, 1989) sehen eine große Nähe zwischen ihren Vorstellungen der «unbewußten Phantasie» und Jungs Hypothese der Archetypen. Ich persönlich habe große Mühe, mich dem anzuschließen. Im Verständnis des späten Jung sind Archetypen keineswegs vererbte Vorstellungen oder Bilder, es sind angeborene *Dispositionen,* aufgrund deren sich im Zusammenspiel mit spezifischer Welterfahrung gewisse inhaltliche Vorstellungen und/oder Bilder erst entwickeln. Im übrigen zeichnet sich Kleins rekonstruiertes Baby vor allem durch Gier, Sadismus, Neid, durch «schizoid-paranoides» und später «depressives» Erleben und Verhalten aus, was von Jungs Vorstellungen weit entfernt ist.

Winnicotts rekonstruierter Säugling mutet demgegenüber sehr beobachtungsnah an. In seiner Sicht wird die Mutter nicht nur als Triebobjekt oder Triebziel des Säuglings aufgefaßt, sondern als wichtigste Bezugsperson, welche für ihr Kind die verschiedensten Funktionen ausübt, vornehmlich das «Holding» und die Spiegelung seines Daseins. Im Zusammenspiel mit den wichtigsten frühen Bezugspersonen entsteht auch das Verhältnis zwischen dem «wahren Selbst» der unmittelbaren Spontaneität und dem «falschen Selbst», das sich früh an die Erwartungen der Umgebung anpaßt und damit die unmittelbar spontane Geste des «wahren Selbst» verbirgt in der Absicht, es zu beschützen (Winnicott, 1974). Mit den Beobachtungen des wahren und falschen Selbst und deren jeweiliger Funktion und Bedeutung ist Winnicott ein äußerst fruchtbares Stück Theoriebildung geglückt, welches auch dem Jungschen Therapeuten unmittelbar einzuleuchten vermag. Es wird davon noch die Rede sein (S. 118–121).

Wichtig für den Jungschen Psychotherapeuten sind die Ideen Winnicotts auch deshalb, weil dessen Hauptinteresse nicht mehr den Triebschicksalen, sondern der Entwicklung des Ichs im Zusammenspiel mit der Mutter und den nahen Bezugspersonen gilt. Zum Verständnis der präverbalen Erlebensweisen hat er unschätzbare Beiträge geliefert. Sein Studium des Ursprungs menschlicher Kreativität im Zusammenhang mit dem Übergangsobjekt und dem kindlichen Spiel ist äußerst anregend und überzeugend.

Zur psychoanalytischen Ich-Psychologie

Es gibt noch weitere klassische psychoanalytische Theorien, deren Aufmerksamkeit weniger den Trieben als den Entwicklungslinien des Ichs und seiner Funktionen gelten. Die «Ich-Psychologie» geht auf Überlegungen Freuds zurück, wobei der Begriff des Ichs und dessen Genese von Freud im Laufe seiner Forschertätigkeit in verschiedenen Bedeutungen aufgefaßt wurde. Erst mit der Niederschrift seiner Metapsychologie im

Jahre 1923 (Freud 1923) erhält der Begriff des Ichs eine streng psychoanalytische Bedeutung und eine entsprechende Funktion innerhalb des «psychischen Apparates». Allerdings hat Freud auch hier an der Auffassung festgehalten, daß das Ich aus einem Konflikt zwischen dem Es, das heißt dem triebhaften Unbewußten, und den Anforderungen der Realität entstehe. Das Es wird durch die Anforderungen der Realität zu einer Modifikation gezwungen, aus der das Ich hervorgeht. Mit anderen Worten: Das Ich kann als ein «Organ» definiert werden, das als Repräsentanz der Realität im Prinzip dazu bestimmt ist, eine progressive Beherrschung der Triebe zu sichern (Laplanche und Pontalis 1980, S. 197). Freud weist darauf hin, daß sich der Unterschied zwischen dem Ich und dem Es mit dem Gegensatz zwischen Vernunft und Leidenschaft vergleichen lasse (Freud 1923, S. 253).

Freud selbst hat aber die Entwicklungslinien des Ichs nicht bis in alle Einzelheiten verfolgt. Dies blieb Aufgabe der ihm nachfolgenden Ich-Psychologen seit 1923. Anna Freud (1936) arbeitete zum Beispiel die Abwehrfunktionen des Ichs heraus und revidierte die Theorie der psychoanalytischen Technik in dem Sinne, daß sie nunmehr vermehrtes Interesse auf die Analyse der Abwehrvorgänge legte, wobei die Analyse der Es-Aspekte, das heißt die Bewußtmachung des Unbewußten, in den Hintergrund trat.

Das Rückgrat der Ich-Psychologie bilden aber die Thesen Heinz Hartmanns. Was mir an Hartmanns Theorien zur Ich-Entwicklung besonders wichtig zu sein scheint, ist seine Vorstellung von einem ihr zugrundeliegenden eigenen Organisationsprinzip, das nicht notwendigerweise auf Triebkonflikten beruht. Der Hartmannsche Säugling ist also nicht nur ein Triebwesen. Sein Verhalten wird auch von neutralisierten Energien bestimmt, welche die Ich-Entwicklung steuern und organisieren. Ich-Entwicklung beruht bei ihm also auf einem *eigenen Organisationsprinzip*.

Es war auch Hartmann, der 1950 die Unterscheidung eingeführt hat zwischen dem Ich innerhalb der Freudschen Strukturtheorie (im Gegensatz zu Es und Über-Ich) und dem *Selbst* im

Sinne «meiner selbst als empirische Person». In Freuds Ich-Begriff war diese Doppelbedeutung stets enthalten gewesen, sie wurde von ihm aber nie explizit differenziert. Hartmann hat damit das Konzept des *Selbst* in die Psychoanalyse eingeführt. Er versteht darunter die «Selbst-Repräsentanz», das heißt die mehr oder weniger bewußten Vorstellungen, die ich in bezug auf meine Person hege, mit anderen Worten das Bild meiner selbst. Dies im Gegensatz zur «Objekt-Repräsentanz».

4. Das «beobachtete» Kind unter psychoanalytischen Grundannahmen

In diesem Abschnitt muß ich mich auf einige Ergebnisse von zwei sehr innovativen und einflußreichen Forscherpersönlichkeiten beschränken, auf René Spitz und Margaret Mahler, obwohl ich mir bewußt bin, daß auch andere Forscher, vor allem Anna Freud, ausdrückliche Beachtung verdienen würden.

Die Forschungen von René Spitz

Es war René Spitz, der meines Wissens als erster versuchte, psychoanalytische Grundannahmen durch empirische Forschungsmethoden zu verifizieren. Er hat zunächst hospitalisierte Säuglinge untersucht und dabei festgestellt, daß ein Mangel an emotionaler Zuwendung im ersten Lebensjahr zu schwersten Störungen führen kann, selbst wenn Ernährung und körperliche Pflege tadellos sind. Emotional deprivierte Kinder zeigen frühkindliche Depressionen, die sich in Erbrechen, Darmstörungen, Schlafstörungen und vor allem in allgemeiner Passivität äußern. Spitz beobachtete auch große Entwicklungsrückstände, zudem war die Sterblichkeit solcher Kinder trotz vorzüglicher körperlicher Pflege – wie er immer wieder betont – sehr groß (Spitz 1967, 289 f.).

Damit hat Spitz einen empirischen Nachweis für die gravierenden Auswirkungen der frühkindlichen Depravation erbracht und die Aufmerksamkeit der Psychotherapeuten auf die sogenannten «Frühstörungen» gelenkt. Unter anderm bezog sich der Jungsche Analytiker E. Neumann in seiner Beschreibung der Urbeziehungsstörung (Neumann 1963) immer wieder auf Spitz.

Nebst seiner für Jungianer sehr einleuchtenden Theorie der unbewußten Organisatoren, die in der Psyche wirksam sind

(Spitz 1967, S. 135 ff.) – auf die ich leider hier nicht eingehen kann –, ist ein weiteres Theorem von Spitz für den Jungschen Psychotherapeuten interessant. Er stellte fest, daß Säugling und Kleinkind eine Funktion besitzen, die er «koenästhetisches» Fühlen nannte (Spitz 1967, S. 171 ff.). Dieses Fühlen bewegt sich auf der Stufe der Tiefensensibilität und wird erlebt als Gesamteindruck, vornehmlich anhand von Körpersensationen. Es geht zwar der unterscheidenden Wahrnehmung voraus, aber Erwachsene können durchaus Überreste dieser Rezeptionsform bewahrt haben, was oft einer besonderen Begabung entspricht. Mir scheint, daß diese Rezeptionsform weitgehend dem intuitiven Erfassen im Sinne Jungs entspricht und gerade von einem Analytiker ernstgenommen und kultiviert werden müßte.

Forschungsergebnisse von Margaret Mahler und Mitarbeitern

Große Akzeptanz sowohl innerhalb der Psychoanalyse als auch ganz allgemein in der Entwicklungspsychologie haben die Forschungsergebnisse von Margaret Mahler und ihrem Team erfahren. Dies nicht zuletzt deshalb, weil sich ihre Beiträge besonders gut zur Aufstellung von Hypothesen über den Charakter von Borderline-Phänomenen und ihre Umsetzung in praktische Maßnahmen eignen (G. und R. Blanck 1981, 2. Aufl.). M. Mahler hat ihre Schlußfolgerungen auf die genaueste Beobachtung der Interaktion zwischen Kindern und Müttern gestützt.

Zwar geht auch sie von einer theoretischen Vorgabe aus was das subjektive Erleben der beobachteten Säuglinge und Kleinkinder betrifft. Vor allem steht sie auf dem Boden der von Heinz Hartmann (1972) begründeten und von E. Jacobson (1973) schöpferisch erweiterten psychoanalytischen Ich-Psychologie. Demnach befindet sich der Säugling nach der Geburt zunächst in einer undifferenzierten Matrix, aus der sich sukzessive, im Zusammenhang mit der Ausbildung von Ich-Funktionen, die Selbst- und Objektrepräsentanzen differenzieren. Wie sich das in allen Einzelheiten innerhalb der Mutter-Kind-Beziehung abspielt, hat M. Mahler zusammen mit ihrem Mitarbeiterteam einer detaillierten empirischen Forschung unterzogen. Sie unterschied zwischen drei hauptsächlichen Entwicklungsphasen, nämlich der autistischen, der symbiotischen und der Loslösungs- und Individuationsphase (G. und R. Blanck 1981). Die letztere mündet mit etwa vier Jahren in die Entwicklung des Identitätsgefühls ein.

In den ersten Lebenswochen «scheint sich der Säugling in einem Zustand halluzinatorischer Desorientiertheit zu befinden, in dem die Bedürfnisbefriedigung seinem eigenen allmächtigen autistischen Umkreis angehört» (Mahler et al. 1978, S. 60). Der Säugling hat nach Mahler also zunächst kein Objekt, ist unfähig, zwischen sich und der Pflegeperson zu unterscheiden.

Als nächstes, etwa um den zweiten Lebensmonat, wird sich der Säugling eines bedürfnisbefriedigenden Objekts undeutlich bewußt. Damit steht die symbiotische Phase vor ihrem Beginn. Unter *Symbiose,* einem ursprünglich aus der Biologie stammenden und von ihr im metaphorischen Sinne verwendeten Begriff, versteht Mahler folgendes:

> «Das wesentliche Merkmal der Symbiose ist die halluzinatorisch-illusorische, somatopsychische omnipotente Fusion mit der Mutterrepräsentanz und insbesondere die ebenso illusorische Vorstellung einer gemeinsamen Grenze der beiden in Wirklichkeit physisch getrennten Individuen» (Mahler 1978, S. 64).

Im Mittelpunkt von Mahlers Schlußfolgerungen zur Phase der Symbiose steht die Erkenntnis, daß eine optimale symbiotische Befriedigung von ausschlaggebender Bedeutung für die Entwicklung ist. Ist die Kommunikation zwischen Mutter und Kind extrem gestört, kann es zu einer Psychose oder einer Regression zum Autismus kommen. Diese Störung kann allerdings auch die Folge eines angeborenen Defektes sein, der es dem Kind verunmöglicht, die symbiotische Bindung aufzunehmen. Mahler hat aber auch das Gegenteil beobachtet: Manche Säuglinge haben ein ungewöhnliches Talent, der Umwelt alles abzuringen, was sie für ihre Entwicklung brauchen.

Es sei darauf hingewiesen, daß diese beiden polaren Möglichkeiten auch in späteren psychotherapeutischen Übertragungsphänomenen oft eine entscheidende Rolle spielen!

Die Phase allmählicher Loslösungs- und Individuationsprozesse beginnt im Alter von vier bis fünf Monaten zunächst mit der Subphase der *Differenzierung,* gefolgt von der *Übungs-Subphase* vom zehnten bis zum sechzehnten Monat. Innerhalb dieser Phase tritt die eigentliche *Geburt des Kindes als Individuum* ein, weil es nun auf die Signale der Mutter reagiert und sein Verhalten entsprechend ändert.

Im Alter von etwa achtzehn Monaten, mit dem Beginn der *Subphase der Wiederannäherung,* nimmt öfters auch eine lange Periode großer Verletzbarkeit ihren Anfang; diese Periode wird deshalb auch Wiederannäherungskrise genannt. Sie zeichnet sich vor allem dadurch aus, daß das Kind die Getrenntheit von der Mutter deutlich wahrnimmt. Es erkennt, daß die Wünsche der Mutter keinesfalls immer mit seinen eigenen übereinstimmen, und umgekehrt.

Zu dieser Subphase und ihren entsprechenden Entwicklungsschritten hat Mahler eine Fülle höchst relevanter Beobachtungen mitgeteilt, auf die ich hier im einzelnen nicht eingehen kann. Nur soviel: Es sei daran erinnert, daß es zu vermehrten Verlassenheitsängsten kommt und folglich zu Schwierigkeiten beim Abschiednehmen mit entsprechendem Anklammern an die Mutter. Die Abwesenheit der Mutter löst gesteigerte Aktivität und Unruhe aus, die Mahler als frühe Abwehr gegen ein Gefühl von Traurigkeit deutet. Oft gehen diese Reaktionen einher mit depressiven Verstimmungen und einer kürzeren oder längeren Unfähigkeit zu spielen. Andererseits nimmt aber auch die Fähigkeit und Bereitschaft zu, sich anderen Bezugspersonen (vor allem natürlich dem Vater) anzuschließen. Infolge der beginnenden Verinnerlichung elterlicher Anforderungen besteht nun aber die Furcht vor dem Verlust der Liebe des «Objekts», was mit hochempfindlichen Reaktionen auf Anerkennung und Ablehnung durch Vater und Mutter parallel läuft. Die Kinder zeigen in dieser Subphase oft – mitunter in höchst dramatischer Weise – Reaktionen auf die Entdeckung des anatomischen Geschlechtsunterschieds.

Interessant sind Mahlers Annahmen, daß es im wesentlichen drei sich entfaltende Individualmerkmale sind, die es dem Kind zu ermöglichen scheinen, in größerer Entfernung und ohne körperliche Anwesenheit der Mutter zu funktionieren. Sie nennt:

1. die Sprachentwicklung. Die Fähigkeit, Objekte zu benennen, scheint das Kleinkind in dem Gefühl zu bestärken, es könne seine Umgebung kontrollieren;
2. den Verinnerlichungsprozeß, der sich sowohl aus Identifizierungen mit den «guten», fürsorglichen Elternfunktionen als auch aus der Verinnerlichung von Regeln und Vorschriften ableiten läßt;
3. die gesteigerte Fähigkeit, Wünsche und Phantasien durch symbolisches Spiel auszudrücken, aber auch die Erfahrung, daß das Spiel selbst ein Akt der Selbstbestätigung sein kann.

Die Erwähnung dieser Faktoren, welche offensichtlich eine die Autonomie fördernde Wirkung haben, ist mir deshalb wichtig, weil sie unter Umständen auch einen Hinweis geben, wie in der analytischen Situation ungesunde Abhängigkeitsbindungen überwunden werden könnten.

Mahler spricht noch von einer vierten, letzten Subphase, welche sie «Konsolidierung der Individualität und Anfänge der emotionalen Objektkonstanz» nennt.

> «Im Stadium der Objektkonstanz wird das Liebesobjekt nicht zurückgewiesen oder gegen ein anderes ausgetauscht, wenn es keine Befriedigung mehr gewähren kann, und in diesem Stadium wird das Objekt auch noch ersehnt und nicht einfach als unbefriedigend abgelehnt (gehaßt), weil es abwesend ist» (Mahler et al. 1978, S. 143).

Die sogenannte Objektkonstanz ist die wichtigste Voraussetzung seelischer Gesundheit, soweit es sich um die präödipale Entwicklung handelt. Mit anderen Worten sollte die «verinnerlichte Mutter», das innere Abbild beziehungsweise die intrapsychische Repräsentanz der Mutter, im dritten Lebensjahr mehr oder weniger verfügbar sein, um dem Kind im Falle der physischen Abwesenheit Trost zu spenden. Damit hätte das Kind auch die Fähigkeit erworben, sein Selbstwertgefühl im Vertrauen auf die innere Mutterfigur aufrechtzuerhalten oder wiederherzustellen.

Ich habe relativ ausführlich über das von M. Mahler beschriebene Kind berichtet, weil es dem «beobachteten» Kind der modernen Säuglingsforschung sehr nahe kommt, auch wenn die Autorin ihre Beobachtungen immer im Rahmen psychoanalytischer Theorie zu deuten versucht. D. Stern bezieht sich in seinen Büchern an vielen Stellen auf ihre Ergebnisse, vor allem dort, wo er ihre Ansichten deutlichen Modifikationen unterzieht.

Exkurs: Individuation im Verständnis von Jung und Mahler

Der Jungsche Psychotherapeut wird durch die Mahlersche Verwendung des Konzepts der Individuation unweigerlich an den Individuationsprozeß im Sinne Jungs erinnert. Zwar könnte der jeweilige Kontext, in dem diese Konzepte von Jung beziehungsweise Mahler Verwendung finden, auf den ersten Blick kaum verschiedener sein. Gibt es aber, rein empirisch gesehen, nicht vielleicht doch Überschneidungen?

Nach Jungs Überzeugung ist der «Drang und Zwang zur Selbstverwirklichung [...] eine Naturgesetzlichkeit und daher von unüberwindlicher Kraft» (Jung 1940, § 289). Der Prozeß der Individuation ist für ihn eine Erfahrung, die er – während einer langen Krise nach der Trennung von Freud – in eigener Person durchlebt und durchlitten hat. Er war zu Beginn dieser Krise siebenunddreißig Jahre alt. Von daher entstand bei den unmittelbaren Schülern Jungs die Vorstellung, ein wirklicher Individuationsprozeß könne erst in der Krise der Lebensmitte seinen Ausgang nehmen, sei also ein Geschehen des reiferen Alters.

Sicherlich stellt sich vom heutigen Standpunkt aus die Frage, ob Jungs Beschreibungen einer Psychologie des Individuationsprozesses nicht allzusehr auf seine ureigenen Erfahrungen zugeschnitten sind, als daß sie allgemeine Gültigkeit beanspruchen könnten (siehe Jacoby 1985, S. 96 f.). Nun gab Jung 1921 aber eine Definition dessen, was er unter Individuation versteht, die sich auf so augenfällige Allgemeinerfahrungen bezieht, daß ihr ein aufgeschlossener Beobachter kaum widersprechen dürfte. Sie lautet:

> «Die Individuation ist allgemein der Vorgang der Bildung und Besonderung von Einzelwesen, speziell die Entwicklung des psychologischen Individuums als eines vom Allgemeinen, von der Kollektivpsychologie unterschiedenen Wesens. Die Individuation ist daher ein *Differenzierungsprozeß,* der die Entwicklung der individuellen Persönlichkeit zum Ziele hat. [...] Die Individualität ist aber schon physisch und physiologisch gegeben und drückt sich dementsprechend auch psychologisch aus. Eine wesentliche Behinderung der Individualität bedeutet daher eine künstliche Verkrüppelung» (Jung 1921, § 825; 1994, § 743 f.).

Diese Definition ist eine rein formale Aussage. Sie ist ohne Präjudiz gegenüber den unzähligen individuellen Variationsmöglichkeiten dieses Prozesses, der ja gerade die Entwicklung der jeweiligen Einzigartigkeit einer Persönlichkeit intendiert. Nach Jungs Ansicht liegt also die Entwicklung der Individualität in der Natur des Menschen und wird von einem genuinen Individuationsdrang angeregt und gesteuert. Weiter heißt es:

> «Die Individuation fällt zusammen mit der Entwicklung des Bewußtseins aus dem ursprünglichen Identitätszustand. Die Individuation bedeutet daher eine Erweiterung der Sphäre des Bewußtseins und des bewußten psychischen Lebens» (Jung 1921, § 828; 1994, § 748).

Diese Definitionen Jungs sind so weit gefaßt, daß man sie fast ohne Schwierigkeit auch auf die Prozesse der frühen Kindheit anwenden kann. Wenn Jung davon spricht, es gehe in der Individuation darum, sein eigenes Wesen von der Kollektivpsyche zu unterscheiden oder sein Bewußtsein aus der ursprünglichen Identität herauszuentwickeln, so wissen wir, daß er unter «Kollektivpsyche» und «Identität» etwas Spezifisches versteht. Kollektivpsyche» kann sich einerseits auf das «kollektive Bewußtsein», das heißt das «Man» des nicht hinterfragten Zeitgeistes, die Selbstverständlichkeiten dessen, was «man» in den verschiedenen gesellschaftlichen Gruppen denkt, fühlt und tut, letztlich also auf die unreflektierte Gültigkeit jeweiliger sozialer Werthierarchien beziehen. Kollektivpsyche meint aber andererseits auch das «kollektive Unbewußte» mit seinen archetypischen, emotionsgeladenen Manifestationen, die auf das Bewußtsein begeisternde, inspirierende «numinose» Wirksamkeit ausüben, die aber auch von destruktivem Haß, zwanghafter Süchtigkeit, psychotischen Überschwemmungen usw. begleitet sein können. Es geht also im Prozeß der Individuation um die allmähliche Entwicklung eines kritisch differenzierenden Bewußtseins, welches befähigt, kollektive Phänomene zu hinterfragen und sich mit ihnen auseinanderzusetzen. «Auseinandersetzung» ist ein Lieblingswort Jungs – er meint damit die Auseinandersetzung des Ich-Bewußtseins mit den Inhalten des Unbewußten, das heißt den Träumen und Imaginationen. Oft deuten gewisse Inhalte, die aus dem Unbewußten auftauchen, darauf hin, daß ein integrierender Prozeß stattfindet, der zugleich Bewußtseinserweiterung und auch Selbstfindung der individuellen Person intendiert. An diesem Prozeß müssen selbstverständlich auch Bezugspersonen beteiligt sein, Menschen, die begleiten, verstehen, herausfordern, ermutigen, Ansprüche stellen, begrenzen, «auf die Erde holen» usw. Denn, wie Jung so treffend sagt, auf dem Mount Everest kann niemand individuieren.

Mahler versteht unter Individuation die Entwicklung zu einem ersten Identitätsgefühl, das normalerweise mit dem vierten Lebensjahr erreicht ist. Auch sie sieht darin eine angeborene mächtige Antriebskraft am Werk, einen Drang nach Individuation (Mahler 1978, S. 89). Auch bei ihr ist von einem Differenzierungsprozeß die Rede, der von der ursprünglich undifferenzierten Matrix des Säuglings ausgeht und die Unterscheidung zwischen Selbst- und Objektrepräsentanzen zum Ziele hat. Auf dieser Unterscheidung beruht das Gefühl der Ich-Identität: «Ich bin ich und nicht du.» Der ganze Prozeß besteht weitgehend in der Verinnerlichung von Funktionen, die zuerst von der Mutter und den nahen Bezugspersonen für das Kind ausgeübt wurden. In Jungscher Sprache würde es sich um «Rücknahme von Projektionen» handeln. Das heißt: Unbewußte Inhalte werden zunächst projektiv in der Außenwelt vorgefunden und im Prozeß der Bewußtwerdung allmählich als eigene erfahren. Es scheint vielleicht nicht einleuchtend, diese Erkenntnis aus der Psychologie erwachsener Menschen bereits auf den Säugling anzuwenden. Trotzdem ist zu sagen: Wenn die Ich-Funktionen nicht potentiell im Säugling bereits angelegt wären, könnten sie nicht reifen und von einem gewissen Alter an zur Verfügung stehen. Notwendigerweise werden sie vom noch hilflos unbewußten Säugling zunächst auf die Pflegeperson delegiert, um sich aber im Laufe der frühen Ich-Entwicklung allmählich als eigene innere Kräfte zu manifestieren. Wie dem auch sei, der ganze Prozeß hängt auf jeden Fall vom Zusammenspiel zwischen archetypischer Bereitschaft und fördernder Umwelt ab.

Ich meine, daß Individuation, wie sie M. Mahler versteht, durchaus als ein Vorläufer des Individuationsprozesses im Jungschen Sinne anzusehen ist. Die so essentielle Auseinandersetzung zwischen dem Ich und dem Unbewußten im Prozeß der zweiten Lebenshälfte setzt zumindest ein Ich-Bewußtsein voraus, das sowohl kollektive Normen hinterfragen als sich auch von den Inhalten, die aus dem Unbewußten auftauchen, unterscheiden kann. Es wird also eine relativ stabile und zugleich flexible Ich-Identität benötigt.

Dazu kommt noch die Tatsache, daß man seelische Lebensprozesse heute nicht mehr fein säuberlich der ersten oder der zweiten Lebenshälfte zuordnen kann. Eine Auseinandersetzung mit kollektiv vorgegebenen Strukturen oder auch mit innerseelischen Anstürmen findet oftmals schon in der Adoleszenz oder im jugendlichen Erwachsenenalter statt. In unserer allgemeinen Krise des Wertzerfalls mit ihren Gefahren, aber auch Chancen sind oft gerade die begabtesten jungen Menschen tiefe Sucher nach einem tragenden Lebenssinn. Ihre Verzweiflung an sich selbst und an der Welt beruht häufig auf äußerst komplexen Motiven. Es ist nicht zu leugnen, daß der Zustand, in dem sich die

Menschheit befindet, mit guten Gründen zum Verzweifeln Anlaß geben kann. Zugleich liegt aber solcher Verzweiflung auch subjektives Erleben zugrunde, zum Beispiel Gefühle depressiver Verstimmtheit, mangelnden Selbstwerts, intensiver Ängste, innerer Leere und völliger Sinnentleertheit. Solche Leiden sind oftmals Symptome für sogenannte «strukturelle Mängel», für Störungen, die im komplexen Loslösungs- und Individuationsprozeß der frühen Kindheit wurzeln.

Jedenfalls ist das «klinisch rekonstruierte» Kind, wie es aus den Erkenntnissen Mahlers hervorgeht, dem «beobachteten» Kind viel näher gerückt. Die modernen Säuglings- und Kleinkindforscher waren aber genötigt, auch gewisse Rekonstruktionen, die Mahler unhinterfragt aus der psychoanalytischen Ich-Psychologie übernommen hat, zu modifizieren.

5. Das «beobachtete» Kind in der Säuglingsforschung

Einleitende Bemerkungen

Die moderne amerikanische Säuglings- und Kleinkindforschung versucht, von den psychoanalytischen Entwicklungstheorien zunächst abzusehen, um möglichst voraussetzungslos aufgrund genauester, oft experimentell unterstützter Beobachtung ihre Hypothesen zum frühesten Erleben des Säuglings aufzustellen. Demgegenüber haben sich die Analytiker darauf konzentriert, ihre Hypothesen im Zusammenhang mit der Entstehung von Krankheitsbildern zu entwickeln. Ihre Theorien zur frühen Kindheit sind stets von diesem Ausgangspunkt beeinflußt. Dies ist der Fall zum Beispiel bei S. Freud, M. Klein, R. Spitz und auch bei M. Mahler.

Die Säuglingsforscher fingen wieder ganz von vorne an mit ihren Fragen: Was beobachte ich eigentlich? Welche Muster kann ich bei diesen Beobachtungen unterscheiden? Welche Hypothesen kann ich formulieren? Wie kann ich diese Hypothesen testen? Ihre Haltung scheint von Voreingenommenheiten freier zu sein als die analytische, und ihre Forschungsarbeit stützte und stützt sich bis heute auf speziell programmierte Experimente sowie auf die Auswertungen von Videoaufzeichnungen und auf computerisierte Datenanalysen (siehe Lichtenberg 1991, S. V). Aber auch psychologische Kognitions- und Affekttheorien sowie neurophysiologische und neuropsychologische Forschungsergebnisse werden beigezogen (Piaget 1974; Tomkins 1962 u. 1963).

Somit kann es nicht erstaunen, daß die Ergebnisse der Säuglings- und Kleinkindforschung im Widerspruch zu einigen grundlegenden Annahmen der psychoanalytischen Entwicklungstheorie stehen. Sie widersprechen zum Beispiel der Auffassung, der Säugling sei zu Lebensbeginn passiv, lebe in einem

Ur-Glückszustand, einem «ozeanischen Gefühl». (Allerdings wurde von psychoanalytischer Seite die Idee der «Passivität» zum Teil schon früher in Frage gestellt. Man denke an Winnicott [1974] mit seiner Auffassung der Motilität und an Fordham [1974] mit seiner Beobachtung früher «De-Integrations- und Re-Integrationsprozesse». Auch Balint [1937] zweifelte am «ozeanischen Gefühl» des «primären Narzißmus» und stellte seine Beobachtungen von den «Urformen der Liebe» in den Vordergrund. Im ganzen belegt jedenfalls die Kleinkindforschung, daß das Prinzip der Triebe und ihrer Spannungsabfuhr wenig geeignet ist, frühe Entwicklungsprozesse zu erklären [Ludwig-Körner 1993, S. 161f.].)

Ich werde nun versuchen, über einige Ergebnisse der modernen Säuglingsforschung zu referieren. Und zwar werde ich aus der großen Fülle des vorliegenden Materials diejenigen Thesen heraussuchen, die meines Erachtens für den praktischen Psychotherapeuten oder Analytiker von Relevanz sind. Es gibt auch unter den Säuglingsforschern eine gewisse Divergenz der Meinungen, wie die vielen beobachteten Daten zu interpretieren und einzuordnen sind. Es ist also wichtig, nicht der Illusion zu erliegen: Jetzt endlich *wissen* wir über das Erleben des Säuglings Bescheid, wissen genau, wie der Mensch sich entwickelt, wie er reift und welchen Irrtümern frühere Entwicklungstheorien unterworfen waren. Die Säuglingsforscher, vor allem Lichtenberg und Stern, sind bescheiden genug, keine gesicherte Kenntnis zu postulieren, wo immer es um Hypothesen, Interpretationen und auch subjektive Einschätzungen geht. Auch machen sie immer wieder darauf aufmerksam, wo noch weitere Forschungen nötig wären. Ich meine aber, daß ihre Ergebnisse den therapeutischen Austausch durch neue, verfeinerte Sensibilitäten in hohem Maße bereichern können.

Die genetische Ausstattung des Neugeborenen

Im Gegensatz zur traditionellen psychoanalytischen Ansicht, nach welcher der Säugling, wie ein Küken in der Eierschale, so lange auf der Stufe des «primären Narzißmus» bleibt, bis ihn der Hunger zwingt, der Mutter als bedürfnisbefriedigendem Objekt Aufmerksamkeit zu schenken, sieht die moderne Forschung das neugeborene Kind als einen *Organismus*, dessen Reaktionsbereitschaft sich um einen *affektiven Wahrnehmungs- und Handlungsdialog mit der Mutter* zentriert und justiert. Viele Untersuchungen dokumentieren stets erneut das vorangepaßte Potential des Säuglings, kraft dessen er direkt – von Mensch zu Mensch – in gegenseitigen Kontakt mit der Mutter treten kann (siehe Lichtenberg 1991, S. 6).

So reagieren Neugeborene selektiv und aktiv auf diejenigen Schallfrequenzen, die im Bereich der menschlichen Stimme liegen. Ihr Blick ist auf Objekte, die etwa zwanzig Zentimeter weit entfernt sind, am genauesten fokussierbar. Dies entspricht genau der Entfernung zu den Augen der Mutter während des Stillens (Stern 1979). Neugeborene blicken längere Zeit auf Strichzeichnungen menschlicher Gesichter als auf Punkte. Schon ungefähr während der zweiten Lebenswoche schauen sie normalerweise länger das Gesicht ihrer Mutter an als dasjenige anderer Personen. Filmaufnahmen haben festgehalten, daß Neugeborene auf ganz besonders empfängliche Weise reagieren, wenn die Mutter auf sie «einplappert». Sie reagieren so, als ob sie am *Dialog mit der Mutter* teilnehmen würden.

Des weiteren bringt die Neugeborenenforschung starke Belege dafür, daß *autonome, organisierende,* auch orientierende und sogar kontrollierende *Funktionen* bereits wirksam sind. Neugeborene wenden zum Beispiel ihre Augen ganz korrekt in diejenige Richtung, aus der ein Geräusch kommt. Sie reagieren aber verunsichert während eines Experiments, in dem die Schallquelle von dem Bild, worin sie den Mund des «Sprechers» sehen, getrennt wird. Diese Entdeckung läßt vermuten, daß die Lokalisation nach Gehör und audiovisuelle Leistungen angeborene autonome Funktionen sind. Eine weitere Art der Steuerung offenbart die Neigung Neugeborener, sich von unangenehmen *Gerüchen* abzuwenden, was bedeutet, daß sowohl Gerüche als auch die Richtung, aus der sie stammen, ohne jegliche Unterweisung als unangenehm identifiziert werden.

Diese vorprogrammierte Fähigkeit verbindet sich schnell mit erlernten Präferenzreaktionen, wie folgendes Experiment zeigt: Man hat rechts und links von acht Tage alten Säuglingen je einen Büstenhalter aufgehängt, wovon der eine der Mutter gehörte, der andere einer fremden Frau. Die Säuglinge waren fähig, den Unterschied zu riechen, und wandten sich dem mütterlichen Büstenhalter zu.

Offenbar besteht beim Menschen von Geburt an ein Bedürfnis, *Hypothesen* und *Erwartungen* zu bilden und sie zu testen. Dies geschieht zum Beispiel nach dem Ordnungsprinzip von Übereinstimmung und Nichtübereinstimmung der Ereignisse: Ist mir das, was mir jetzt begegnet, schon einmal begegnet oder nicht? Nach diesem Verfahren strukturieren wir später als Erwachsene selbst sehr komplexe Tatbestände.

Aber auch die Kategorie von *Ursache* und *Wirkung* scheint genetisch vorprogrammiert zu sein, was folgendes Experiment zeigt: Zwei Tage alten Kindern wurde beigebracht, daß Musik immer dann spielte, wenn sie langsam saugten. Wenn sie dies schnell taten, verstummte die Musik sofort. Nun wurde ihnen während einiger Tage die Musik gespielt, mit Pausen zu einem Zeitpunkt, wo sie jeweils nicht am Saugen waren. Begann man nach dieser Zeit wieder, langsames Saugen durch Musik «zu belohnen», vollzogen sie diese Verknüpfung nicht mehr (Köhler 1990, S. 34). Anscheinend wird die «kausale Verknüpfung»: Ursache der Musik ist mein langsames Saugen, als nicht stimmig, als «falsch» erfahren.

Wichtig ist auch die Beobachtung, daß drei Wochen alte Kinder «transmodal» wahrnehmen können, das heißt, sie können unterschiedliche Wahrnehmungsmodi wie Sehen, Hören oder Tasten miteinander koordinieren und zwischen ihnen hin- und her«schalten». Man hat zum Beispiel Säuglingen einen Schnuller mit einem Buckel in den Mund gegeben, ohne daß sie ihn zu sehen vermochten. Unter einigen «normalen» Schnullern konnten sie danach auch visuell denjenigen Schnuller erkennen, den sie im Mund hatten (Köhler 1990, S. 34).

Zusammenfassend läßt sich sagen, daß das Neugeborene über eine beachtliche kognitive Kompetenz verfügt. Sehr zu

Recht hat deshalb Dornes seinem sehr lesenswerten Buch zur präverbalen Entwicklung des Menschen den Titel gegeben: «Der kompetente Säugling».

Das Mutter-Säugling-«System»

Neben den erwähnten angeborenen Kompetenzen sind im Säugling auch eine Reihe angeborener Auslösermechanismen zu beobachten, die den Kontakt mit der für sein Überleben unerläßlichen Bezugsperson sichern. Der Säugling ist für sich allein nicht lebensfähig, er ist aber nicht nur der empfangende Teil *eines Beziehungssystems,* sondern nimmt schon bald nach der Geburt am Dialog teil und aktiviert ihn. Zum Beispiel können Säuglinge von zwölf bis einundzwanzig Tagen durchgängig mit Gesicht und Händen Gesten der Erwachsenen kopieren. Sie sind fähig, einen Erwachsenen zu imitieren, der seine Zunge herausstreckt, seinen Mund öffnet oder große Augen macht. Für eine solche «soziale» Bereitschaft ist ein angeborenes Muster notwendig, das sich recht komplex ausnimmt. Bei der Zungengeste beispielsweise müssen Babys erkennen, daß dieses Ding, das sie aus dem Mund herausgestreckt sehen, das gleiche Ding ist, das sie in ihrem eigenen Mund spüren (jedoch nicht sehen). Dann müssen sie recht komplexe Muskelbewegungen ausführen, um die Imitation zustande zu bringen.

Solche Beobachtungen sind sehr aussagekräftig und weisen darauf hin, daß Säugling sowie Mutter von Anfang an darauf «programmiert» sind, an einer sozialen Interaktion teilzunehmen, eine Bindung einzugehen, die auf Reziprozität beruht. Säuglinge zeigen beinahe sofort ihre Erwartung, daß man sich mit ihren Zyklen von Aufmerksamkeit und Nichtaufmerksamkeit beschäftigt. Im Laufe des Tages gehen Säuglinge durch verschiedene Stadien, Zustände oder psychosomatische Verfassungen (auf Englisch «States» genannt, was schwierig zu übersetzen ist). Man beobachtet die Stadien von Non-REM-Schlaf (Tiefschlaf), REM-Schlaf, wacher Inaktivität, wacher Aktivität, die gern in ein «Distress»-Schreien überkippt. Am konsequentesten wurde von dem Kinderpsychiater Louis Sander die Auffassung vertreten, daß Mutter und Säugling ein System bilden, eine wechselseitig aufeinander bezogene Dyade (Köhler 1990, S. 35). Dabei dienen die ersten Lebenswochen dazu, die beiden Partner der Dyade miteinander bekannt zu machen und ein System wechselseitigen Austauschs auszubilden (Köhler 1990, S. 35). Nach etwa drei bis vier Wochen haben wir im geglückten Fall eine beiden Partnern bekannte Ordnung und Abfolge von Ereignissen – zum Beispiel bei einer Phase von Aufwachen, Stillen, Wiedereinschlafen – vor uns (Köhler 1990, S. 35). Emde formuliert (1980, S. 89), daß innerhalb dieses interaktionalen Systems «jeder Partner als jemand betrachtet wird, der separate Fähigkeiten hat, die auf das Verhalten des andern einwirken, und als jemand, der Verhalten des anderen auslöst und verstärkt». Wenn die Mutter etwas Unerwartetes tut, wenn sie etwa ihr Gesicht nicht bewegt, dann verändert der Säugling seine interaktive Reaktion, und schließlich «schaltet er ab». Bis zu welchem Grad das Mutter-Kind-System sich aufeinander abzustimmen vermag, ist für eine ausgewogene Entwicklung von großer Bedeutung. Es ist also wichtig, daß etwas zustande kommt, was amerikanische Forscher einen ausreichenden «Fit» oder «Match» nennen. Dabei hat die Mutter eine wichtige Regulierungsfunktion, und es kommt darauf an, wie weit sie fähig und willens ist, sich auf den Rhythmus des Kindes einzustellen. L. Köhler schreibt diesbezüglich etwas Interessantes: «Im Fall der Übereinstimmung bei einer Schlaf-Wach-Phase hat keiner der beiden Partner das Gefühl, daß das, was jetzt geschieht, vom andern verursacht sei. Wie von ungefähr will man das Gleiche» (Köhler 1990, S. 35 f.). Hier drängt sich die Frage auf, ob dies nicht auch wichtige Erfahrungen in der psychotherapeutischen Praxis sind. Bei genügender gegenseitiger Bezogenheit wird das Geschehen-lassen-Können möglich, dann «geschieht» etwas im gemeinsamen therapeutischen Feld. Jedenfalls erlebt der Säugling durch solche Erfahrungen, daß seine Wahrnehmung «real» und «gültig» ist, wird sie doch von der Mutter bestätigt. Dies ist die Grundlage für Vertrauen zum anderen und zu sich selber.

Insgesamt ist also zu sagen, daß der Säugling eine komplexe genetische Grundanlage mitbringt, welche in hohem Maße auf die Umwelt hin «programmiert» ist. Natürlich ist es für die weitere Entwicklung entscheidend, daß diese genetische Grundanlage mit den Umweltreaktionen möglichst abgestimmt ist. Einige Säuglingsforscher (z. B. Spitz 1967) weisen darauf hin, daß diese Interaktion mit der Umwelt innerhalb gewisser Grenzen eines Reifungszeitplans geschehen muß, wenn die kritische Entwicklungsperiode nicht ungenutzt verstreichen soll. Andere Forscher (z. B. Stern 1992) relativieren die Bedeutung, welche diesen sensitiven Perioden mit ihren irreversiblen Fixierungspunkten für geglückte und mißglückte spätere Entwicklung zugemessen wird. Psychische Störungen sind demnach nicht *notwendigerweise* spezifischen, lebensgeschichtlich lokalisierbaren Kernkonflikten und Defiziten zuzuordnen, das heißt, es muß nicht unter allen Umständen Aufgabe der Therapie sein, deren «Fixierungsstelle» zu rekonstruieren.

Solche Gedanken, auf die später näher eingegangen werden soll, sind natürlich Jungschen Analytikerinnen und Analytikern geläufig. Sie erinnern auch an Jungs Auffassung aus dem Jahre 1928, auf die hier hingewiesen werden soll:

> «Die Form der Welt, in die [der Mensch] geboren wird, ist ihm bereits als *virtuelles Bild* eingeboren. [...] diese Bilder [sind] als inhaltlos und deshalb als unbewußt zu denken. Sie erreichen erst Inhalt, Einfluß und schließlich Bewußtheit dadurch, daß sie auf empirische Tatsachen treffen, welche die unbewußte Bereitschaft berühren und zum Leben erwecken» (Jung 1928, § 300).

Es handelt sich hier um zentrale, intuitive Beobachtungen Jungs, die – der damaligen Zeit und auch Jungs Denkweise entsprechend – noch einen sehr globalen Charakter haben. Die Säuglingsforschung kann uns heute in sehr differenzierter Weise und in vielen Einzelheiten beschreiben, wie diese angeborenen «virtuellen» Bilder zum Tragen kommen. Allerdings ist man heute mit dem Ausdruck «Bilder» vorsichtig, da der Säugling eine Reifungszeit von mindestens zwölf Monaten benötigt, bis er beginnt, Bilder seiner nächsten Bezugsperson, wenn sie abwesend ist, in der Vorstellung festzuhalten. Wenn man Jungs «virtuelle Bilder» aber mit unbewußter Potentialität oder «Programmierung» auf Interaktion mit den Menschen seiner Umwelt übersetzt, so mutet seine Auffassung sehr modern an.

6. Triebe versus Motivationssysteme

Vorbemerkungen

In der klassischen Freudschen Psychoanalyse nimmt man an, daß allen Lebensäußerungen des Menschen zwei angeborene Triebe zugrunde liegen: die Sexualität (Libido) und die Aggression. Jung hat schon früh diese Annahmen als Einengung der Vielschichtigkeit menschlichen Seelenlebens empfunden und deren Gültigkeit angezweifelt (spätestens 1912, in seinem Buch «Wandlungen und Symbole der Libido»). Er kam zur Auffassung, die Libido sei psychische Energie, die sich in den verschiedensten Lebensäußerungen manifestiert, selbstverständlich in Sexualität und Aggression, aber zum Beispiel auch in Machtansprüchen, in geistigen und kreativen Impulsen und letztlich im Trieb zur Individuation. Auch dem Bewußtsein steht psychische Energie zur Verfügung, die sich im mehr oder weniger steuerbaren Willen zeigt. Den «freien» Willen definiert Jung ganz erfahrungsnah als «dem Bewußtsein disponible psychische Energiesumme» (Jung 1921, § 921; 1994, § 844).

Fünf angeborene Motivationssysteme (Lichtenberg)

Heute wird, als Folge von Lichtenbergs Forschungsergebnissen, weniger von Trieben als vielmehr von Motivationen und Motivationssystemen gesprochen, die subjektiv natürlich unter Umständen auch als triebhaft oder als Triebimpulse erlebt werden können. Die Motivationen hat Lichtenberg entsprechend den am Menschen zu beobachtenden Grundbedürfnissen differenziert. Er unterscheidet fünf Motivationssysteme, die bereits im Neugeborenen ihre Wirksamkeit entfalten (Lichtenberg 1989):

a) Die psychische *Regulierung physiologischer* Erfordernisse.
b) Das Bedürfnis nach *Bindung,* das später in ein solches der *Zugehörigkeit* übergeht.
c) Das Bedürfnis, die Umwelt zu *erkunden,* zu erforschen und sich darin zu *behaupten.*
d) Die Notwendigkeit *aversiver* Reaktionen, entweder durch *Widerspruch* oder *Rückzug.*
e) Das Bedürfnis nach *Sinnlichkeit, Zärtlichkeit* und *sexueller Erregung.*

Auf jedes dieser Bedürfnisse reagiert die pflegende Umwelt adäquat oder unadäquat, vielleicht auch gar nicht. Nehmen wir zum Beispiel folgendes an: Das Baby saugt, nach einiger Zeit hört es zu saugen auf und schaut ins Gesicht der Mutter – wobei es für seine Kontaktaufnahme auf den richtigen Abstand zu den Augen der Mutter ankommt. Die Mutter sagt nun etwas zum Kind, und dieses reagiert darauf in Mimik und Motorik. Dies bewirkt eine erneute Reaktion bei der Mutter, usw.

In diesem Zusammenspiel wird zunächst das Kind von der Mutter in seinem *physiologischen* Bedürfnis nach Nahrung befriedigt. Zudem reagiert sie auch auf das *(vielleicht gegenseitige)* Bedürfnis nach *Bindung* und Verbundenheit, indem sie sich auf das Spiel der Kontaktnahme durch Schauen und Beschautwerden einläßt. Vorgängig hat sie vielleicht auf das der *aversiven* Motivation zugehörende Signal des Schreiens reagiert, welches das Unbehagen des Hungergefühls zum Ausdruck brachte. (Hier möchte ich beifügen, daß es kaum unangenehmere Töne gibt als gewisse Schreilaute eines Säuglings. Ich meine, dies sei von der Natur zweckmäßig eingerichtet, denn es motiviert die Mutter zur «Stillung», zu einer Aktivität, die zu Frieden und Ruhe führen soll, indem sie ein lebenswichtiges Bedürfnis be-friedigt und so das Kind beruhigt.) Das Bedürfnis nach *Erforschung* wird dadurch befriedigt, daß das Baby seine Hand in den Mund steckt (der Mund funktioniert zunächst auch als Explorationsorgan: Wie schmeckt etwas, ist es hart oder weich? usw.) oder vielleicht ein über seinem Bettchen hängendes Mobile mit den Augen verfolgt. Beim Daumenlutschen und im Hautkontakt mit der Mutter empfindet das Kind *sinnliches* Vergnügen.

Natürlich können alle Motivationen mit einem mehr oder weniger starken Getriebensein einhergehen. Wir sprechen selbst beim Bedürfnis, die Welt zu erkunden und sich durchzusetzen, von «Wissens-durst» und von «Neu-gierde» beziehungsweise vom Macht- und Geltungstrieb. Oft wird von der Gier gesprochen, mit welcher der Säugling die milchgebende Brust gleichsam inkorporieren wolle. Es könnte sich dabei aber um ein spezifisch westliches Zivilisationsproblem handeln, weil zu lange Pausen zwischen den Fütterungen eingelegt werden. In archaischen Kulturen, in denen die Neugeborenen ständig mitgetragen werden, geben die Mütter ihren Säuglingen beim leisesten Signal von Unbehaglichkeit die Brust, und empirische Untersuchungen zeigen, daß eine Fütterung in Abständen von einer halben Stunde für den Säugling optimal wäre (Ludwig-Körner 1993, S. 162). Es ist anzunehmen, daß die Triebintensität von Motivationen stark mit Spannungen korreliert, welche durch entsprechende Frustrationen erzeugt werden.

Die Frage nach der Aggression

Auf welchen Motivationen beruht der Aggressionstrieb? Ich glaube, wir müssen eine Unterscheidung treffen zwischen Aggression und gewalttätigen Destruktionstrieben. Aggressionen basieren auf der Motivation, die Welt zu erkunden und sich in ihr durchzusetzen. Das ursprünglich lateinische Wort aggressio gehört zu aggredi, was heranschreiten bedeutet. Wir betrachten heute in der therapeutischen Diagnostik Aggressionsgehemmtheit meist als zu behandelnden Mangel, als eine Hemmung der Fähigkeit, sich durchzusetzen, seinen Standpunkt zu vertreten und sich nicht beim kleinsten Widerstand gleich einschüchtern zu lassen. Diese Aggression basiert also auf der Motivation, die Welt zu erkunden und sich in ihr durchzusetzen.

Wie steht es aber mit der destruktiven Form der Aggression, den Destruktionstrieben, die sich im Menschen zu allen Zeiten in einem erschreckenden Maß manifestieren? Undomestizierte Destruktionstriebe entfalten auf breiter Basis auch in Gesellschaften von hohem kulturellem Niveau eine diabolische Wirksamkeit. Sie werden deshalb unter anderem von Freud, von Melanie Klein, aber auch von Konrad Lorenz zur genetischen Triebausstattung des Menschen gerechnet.

Demgegenüber kann die These, daß destruktive Aggression dem Menschen angeboren ist, von den Säuglingsforschern nicht bestätigt werden (siehe auch Dornes 1997, S. 244–285). Für sie hat die Aggressions-Frustrations-Hypothese mehr Gültigkeit. Das heißt, die Motivation zu Selbstbehauptung und Exploration wird erst destruktiv, wenn sie auf allzu starke Behinderungen durch die Umwelt stößt, was unter den verschiedensten Umständen und in jedem Lebensalter eintreten kann, am krassesten in totalitär regierten Staaten. Wenn das Bedürfnis des Kindes nach Umwelterforschung und Selbstbehauptung ungebührlich beschnitten wird, weil in der Welt der Bezugspersonen Tabus, narzißtische Verletzlichkeit oder autoritäre Strukturen herrschen, so wird ihm das Recht, sich in der Welt überhaupt zu manifestieren, «Raum» einzunehmen, gleichsam aberkannt. Dies kann zu Auflehnung führen, die unterdrückte Aggression staut sich innerlich auf und kann als «narzißtische Wut» – wie sie von Kohut zu Recht bezeichnet wird – in destruktiver Weise hervorbrechen (Kohut 1973). Die Motivation zur Selbstbehauptung vermischt sich mit Impulsen, die zum aversiven Motivationssystem gehören, und führt zu destruktivem Haß gegen wirkliche oder vermeintliche Unterdrücker, gegen Menschen oder Institutionen, die einen ungerecht erniedrigen. Natürlich kann sich das Destruktive auch in Selbsthaß äußern.

Es ist eine wahrscheinlich unlösbare Streitfrage, ob ein destruktiver Aggressionstrieb dem Menschen angeboren ist, ob von Natur aus der «Mensch des Menschen Wolf» sein muß. Angesichts der Menschheitsgeschichte liegt die Interpretation angeborener Tötungs- und «Auffreß»-Wünsche nahe. Nun haben schon Margaret Mead (1970) und später die Ethnopsychoanalytiker Parin und Morgenthaler (1972) von Naturvölkern berichtet, die in äußerst friedfertiger Weise miteinander leben und sich zugleich dadurch auszeichnen, daß bei ihnen die Eltern auf das liebevollste die Bedürfnisse ihrer Säuglinge wahrnehmen. Umgekehrt haben diese Forscher bei anderen Stämmen auch den Zusammenhang zwischen einer stark aggressiv geprägten Lebensweise und den Frustrationen, denen ihre Kleinkinder ausgesetzt sind, festgestellt (Jacoby, 1980, S. 61–83). Auf jeden Fall ist es erwiesen, daß Intensität und Auswirkung von Aggressionstrieben stark durch die Umwelt beeinflußt werden.

Bindungsbedürfnisse und Sexualität

Im weiteren ist bemerkenswert, daß unser Bedürfnis nach Bindung und unser Wunsch nach Zugehörigkeit einem eigenen Motivationssystem entsprechen und nicht Teil der Bedürfnisse nach Sinnlichkeit, Zärtlichkeit und sexueller Erregung sind. Schon Eibl-Eibesfeldt hat das «Brutpflegeverhalten von Mutter und Kind» deutlich von den sexuellen Motiven unterschieden und das Freudsche «a priori» der frühkindlichen Sexualität in Frage gestellt (Eibl-Eibesfeldt 1970). Jedenfalls ist es nicht selbstverständlich, wenn, wie wir für «reife» Liebesbeziehungen Erwachsener postulieren, die Motivkreise der Bindung mit denen der Zärtlichkeit und der sexuellen Erregung eine Mischung eingehen. Es gibt viel «unverbindliches» Sexualverhalten und auch starke Bindungen, die nicht notwendigerweise sexualisiert sind, was nicht unbedingt als «pathologische» Abspaltung angesehen werden muß. Jedenfalls ist dies ein Feld, in dem sich schwerwiegende emotionale Mißverständnisse abspielen, was als Quelle oft tragischer Liebesverstrickungen auszumachen ist.

Ganz generell müssen die Motivationssysteme als Organisatoren menschlichen Erlebens und Verhaltens angesehen werden, und die Frage ist sehr naheliegend, inwiefern sie vom Jungschen Standpunkt aus den Archetypen als den unbewußten Anordnern seelischen Lebens gleichzusetzen sind. Eine Diskussion über diesen Punkt ist an dieser Stelle nicht möglich.

7. Die Affekte

Die kategorialen Affekte

Motivationen können in den verschiedensten Intensitätsgraden auftauchen, entsprechend dem Stärkegrad der sie begleitenden Affekte. Was die Affekte betrifft, so sind wir es bisher von der Psychoanalyse gewohnt, Lust und Unlust als Gesamtheit der Affekte anzusehen. Hingegen hat der Affektforscher S. Tomkins – ausgehend von Darwin – eine Anzahl angeborener, qualitativ unterschiedlicher Affekte zu differenzieren vermocht. Diese sogenannten kategorialen Affekte drücken sich immer auch physiologisch aus, vornehmlich in Form bestimmter mimischer Muskelbewegungen und bestimmter Reaktionsmuster des autonomen Nervensystems wie Veränderungen der Pulsrate, der Atemgeschwindigkeit, des elektrischen Hautwiderstandes usw. (Köhler 1990, S. 37).

Tomkins (1962/63) beschrieb neun angeborene kategoriale Affekte: Interesse, Vergnügen, Überraschung, Furcht, Zorn, Kummer, Scham, Geringschätzung und Ekel (Izard 1981; Lichtenberg 1991, S. 22). Nach Lichtenberg existieren von Geburt an angeborene Programme für diese Affekte. Es gibt Forscher, die einen Zeitplan für die erste Manifestation einzelner Affekte im Reifungsprozeß des Säuglings annehmen. Dies trifft sicher für das Auftreten der Scham und in gewissem Sinne auch der Furcht zu (Jacoby, 1991). Wenn man, wie Izard dies tut, auch das Schuldgefühl zu den primären Affekten rechnet (Izard 1981, S. 66), so ist für dessen Auftauchen sicherlich ein Reifungsprozeß vonnöten.

Nach wie vor sind die Kategorien von Lust oder Unlust ein Bestandteil der einzelnen Affekte. Lustbetont sind sicherlich Vergnügen (Freude), Interesse, unlustbetont sind Traurigkeit, Ekel, Angst und Scham. Man spricht aber auch von «Angstlust» oder sogar «Schamlust». Geringschätzung kann mit Befriedigung verbunden sein, Überraschung hat sowohl eine lust- wie eine unlustvolle Seite. Die Skala ist also gleitend und nicht unabhängig von der jeweiligen Gesamtsituation.

Affekte begleiten und verstärken die verschiedenen Motivationen. Sicherlich fällt das Explorationsbedürfnis mit dem Affekt Interesse zusammen, es kann je nach Ergebnis auch in Erstaunen oder Überraschung umschlagen. Nach Platon liegt ja jeglicher Philosophie – dem Streben nach Erkenntnis – das Staunen über das Sein zugrunde. Die Motivation der Selbstbehauptung geht – bei Gelingen – zweifellos zunächst mit Freude einher. Sie kann aber durch den Affekt der Angst gestört werden, und der daraus entstehende Konflikt kann Scham mobilisieren.

Lichtenberg macht darauf aufmerksam, daß eine psychologische Verstärkung des Affekts durch die Wiederholung von Ereignissen zustande kommt, daß aber auch dem jeweiligen Ereignis durch die Wiederholung eine vertiefte Bedeutung hinzugefügt wird. Ein Beispiel: Die Mutter lächelt das Baby an. Das Baby erlebt Freude. Sobald die Mutter sich abwendet, verschwindet das Gefühl der Freude. Die Mutter wendet sich wieder lächelnd ihrem Kind zu und erzeugt erneut Freude. Wenn dies zwei-, drei- oder viermal geschieht, wird die Bedeutung des wechselseitigen Lächelns «verstärkt», und zwar bis zu dem Punkt, an dem die gemachten Erfahrungen zu «wichtigen», das heißt eben zu «verstärkten», besonderen emotionalen Kontakten werden (Lichtenberg 1989a, S. 82).

Es ist auffallend, daß die unangenehmen Affekte überwiegen. Sie verstärken das aversive Motivationssystem mittels Ekel, Zorn, Geringschätzung, Furcht, Scham usw. Sie können aber in allen Motivationssystemen auftauchen und sind letztlich ganz allgemein Signale unserer menschlichen Begrenztheit. Es ist, als ob sie dafür sorgen würden, daß bei aller Motiviertheit unserer Bedürfnisse nach vertiefter Erkenntnis, nach Selbstbehauptung, physischem Wohlbefinden, «ewiger» Liebe und Sinneslust die Bäume nicht in den Himmel wachsen. Ein Zuviel an Tafelfreuden oder an sexuellem Ausleben kann in Ekel umschlagen. Sehnsucht nach Bindung mag Scham erzeugen, falls sie die

Motivation zur Selbstbehauptung untergräbt, zu «Hörigkeit» wird. Selbstbehauptung wiederum kann Angst erzeugen. Dem ganzen System unserer Affekte ist letztlich eine regulierende Funktion zuzuordnen.

Selbstverständlich hat es auf Art und Intensität der Affekte großen Einfluß, wie die verschiedenen Motivationen sich jeweils auf die Umwelt auswirken und auf welche Weise sie von den Bezugspersonen beantwortet werden. Ob Bedürfnisse nach Bindung, Zugehörigkeit oder nach sexuellem Kontakt erfüllt oder abgewiesen werden, wird je nachdem verschiedene Affekte hervorrufen. Es soll später zur Diskussion gestellt werden, wie prägend habituelle Formen von Erfüllung oder Ablehnung stark motivierter Bedürfnisse sich auf das Affektleben des Kindes auswirken. Vom Jungschen Standpunkt aus wird zu untersuchen sein, inwiefern den «gefühlsbetonten Komplexen» ein ähnlicher Sachverhalt zugrunde liegt.

Die «Vitalitätsaffekte»

Doch zunächst ist zum Thema der Affekte noch ein weiteres zu sagen: Bis anhin haben wir von qualitativ voneinander abgegrenzten Affekten gesprochen. Sie wurden an Säuglingen beobachtet, die klare, unvermischte Affekte ausdrücken, welche – so muß man annehmen – auch dementsprechend erlebt werden. Zu diesen qualitativ unterschiedlichen Affekten, die, wie erwähnt, von den Säuglingsforschern als *kategoriale* Affekte bezeichnet werden, kommt etwas entscheidend Wichtiges hinzu, nämlich die sogenannten *Vitalitätsaffekte.* Diese hängen mit der zeitlichen Dimension zusammen, in der sich Affekte manifestieren. Zu denken ist an einen *plötzlichen* Gefühlsansturm, etwa eine *plötzliche* Freude, oder aber an eine *langsam ansteigende* Emotion von seelischem Schmerz. Eine Emotion kann anhaltend sein, schnell abfallen und wieder ansteigen, sie kann «verebben». Ebbe und Flut sind Metaphern für Bewegungsabläufe, die etwas über die emotionale Befindlichkeit aussagen. Auch die Wucht des Anschwellens und Abschwellens von

Affekten findet darin Ausdruck, die zunehmende oder abnehmende Intensität.

Musik und Tanz drücken Emotionen aus, die einen zeitlichen Ablauf haben, Spannung und Entspannung erzeugen. Meist handelt es sich um distinkte Emotionen wie Traurigkeit oder Freude. Dazu mag manchmal eine Grundstimmung aus dem Hintergrund durchschimmern, die das Ganze «überschattet», lebendig macht oder auch irgendwie strukturiert. Bei Musik-Interpreten spürt man den emotionalen Intensitätsgrad, der die einzelnen differenzierten Affektkategorien innerhalb des Musikstücks in einer jeweiligen Gesamtatmosphäre zusammenfaßt und die emotionale Gesamtgestalt verleiht. Man spricht dann von starker (oder mangelnder) «Ausstrahlung» auf das Publikum, vom künstlerischen Temperament und von durchschlagender Vitalität oder aber auch von Flauheit, Reserviertheit, Gefühlskälte usw. Dementsprechend unterscheidet Stern zu Recht zwischen den einzelnen kategorialen Affekten und den umfassenderen Vitalitätsaffekten (Stern 1992, S. 83–89).

In den Interaktionen von Mutter und Kind erlebt der Säugling nicht nur, *was* die Mutter mit ihm tut, sondern auch, *wie* sie es tut. Ob sie es stillt, hält, ihm die Windeln wechselt oder mit ihm spricht, sie hat eine bestimmte Art und Weise, wie sie das tut. Dies ist das Persönliche ihres Verhaltens, es macht aber zugleich eine der vielen Variationsmöglichkeiten mütterlichen Verhaltens aus. Es ist, in Jungscher Sprache, die *persönliche* Art der Mutter, den Mutter*archetypus* zu leben und mit dem Kind zu gestalten. Letztlich ist es Ausdruck ihrer Grundgestimmtheit, der Art ihres Temperaments. Bekanntlich bringt auch der Säugling seine angeborene Vitalität, sein Temperament, in die Beziehung ein. So geht es neben den distinkten Affektkategorien auch um das Grundtemperament von Mutter und Säugling. Wenn nun diese beiden Grundtemperamente allzu verschieden sind, ist die emotionale Abstimmung, das sogenannte «affect-attunement», gegenseitig erschwert. Offensichtlich spielen diese *Vitalitätsaffekte, welche das zum eigenen Wesen gehörende Temperament ausmachen,* eine große Rolle in der frühen Mutter-Kind-Beziehung. Allzu große Diskrepanzen hinterlassen im Kind unter

Umständen das Gefühl, von Grund auf nicht in diese Welt zu gehören, in seinem Wesen nicht angenommen, stets «nicht richtig» zu sein.

Stern meint, daß Säuglinge – anders als Erwachsene – beobachtbare Handlungen zunächst nicht als solche wahrnehmen. Vielmehr ist ein Säugling von den Vitalitätsaffekten, welche die Handlungen der Pflegeperson zum Ausdruck bringen, angemutet und beginnt, sie entsprechend einzuordnen. Er erlebt also seine Welt in erster Linie als Welt der Vitalitätsaffekte, bevor sie sich zu einer Welt formaler Handlungen entwickelt. Ich glaube, hier liegt die Grundlage für unser mehr oder weniger bewußtes, intuitives Gespür dafür, was von einem andern Menschen «ausgeht» und wie wir uns selbst in dessen Gegenwart fühlen. Wir fühlen uns, je nachdem, wohl oder auch verspannt, angeregt, gelangweilt, «erschlagen», belastet usw. Natürlich können all diese Gefühle Rückspiegelungen eigener Projektionen sein und unbewußt von uns selber ausgehen. Jedoch hat schon Jung zu Recht betont, daß Projektionen dort, wo wir sie «aufhängen», einen geeigneten «Haken» vorfinden. Jedenfalls spielen Vitalitätsaffekte im interaktiven Feld der therapeutischen Beziehung eine oft ausschlaggebende Rolle.

8. Das Selbst und die Organisationsformen des Selbstempfindens

Einleitende Bemerkungen

Aus der Säuglingsforschung habe ich bis anhin einiges Wesentliche zur angeborenen Ausstattung des Neugeborenen referiert. Wir haben gesehen, daß das «beobachtete Kind» von Geburt an die Fähigkeit besitzt, seine eigenen Körpergrenzen wahrzunehmen und sich von der Mutter zu unterscheiden – selbstverständlich völlig unreflektiert. Es hat überhaupt erstaunliche Fähigkeiten der Wahrnehmung und Reaktion. Zudem sind die spezifisch menschlichen Motivationssysteme und Grundaffekte bereits wirksam und machen sich, je nach Situation, in Handlungen und wahrscheinlich bereits in rudimentärem Erleben bemerkbar. Mit andern Worten ist also eine grundlegende archetypische Ausstattung da, welche, um in Wirksamkeit zu treten, die mütterliche Pflegeperson miteinbezieht.

Lichtenberg spricht davon, daß ein «Grundplan» bewältigt werden muß, und fügt gleich hinzu: «Dieser Grundplan ist für alle Säuglings-Umweltsysteme gleich, aber er wird jedesmal anders bewältigt» (Lichtenberg, mündliche Mitteilung). Übersetzt in die Jungsche Sprache, handelt es sich um archetypische Grundgegebenheiten, welche von den je persönlichen Belangen modifiziert werden, aber umgekehrt auch das Individuelle beeinflussen. Störungen treten dann auf, wenn es zu allzu großen Abweichungen von den kollektiv-archetypischen Voraussetzungen kommt.

In Jungscher Vorstellung werden die frühen Reifungs- und Entwicklungsprozesse vom Selbst als dem dirigierenden Zentrum der Gesamtpersönlichkeit organisiert und gesteuert. Vom Selbst ist nun auch in der Säuglingsforschung die Rede, wobei differenziert werden muß, was jeweils unter diesem Begriff zu verstehen ist.

So besteht für Lichtenberg das Selbst zunächst in dem Gefühl, trotz allen stimmungsmäßigen Schwankungen und unterschiedlichsten seelischen Verfassungen immer der oder die Gleiche zu bleiben (Lichtenberg 1992, S. 57). Mit andern Worten ist das Selbst, wie Lichtenberg es auffaßt, mit dem Gefühl von Identität und Kontinuität in der Zeit verknüpft.* Lichtenberg beobachtete auch, daß den verschiedenen Motivationssystemen eine je eigene Organisation zugrunde liegt. Zugleich stellt sich zwischen den einzelnen Systemen eine sehr wechselnde Hierarchie ein. Zum Beispiel stehen Hunger, Durst oder Müdigkeitsgefühle immer dann an oberster Stelle, wenn die physiologische Regulierung ihre Aufmerksamkeit verlangt. Kraftvolle Konzentration steht im Vordergrund in Situationen, wo es um Selbstbehauptung geht.

Bedürfnisse, die in einem System im Zentrum stehen, können nahtlos in solche eines anderen Systems übergehen, sie können aber auch miteinander in Konflikt geraten – bei Erwachsenen zum Beispiel sexuelle Erregung und aversive Motivationen, die mit Angst, Ekel usw. einhergehen. Es ist offensichtlich, daß eine übergeordnete Organisation für Ausgleich zwischen den Motivationssystemen sorgt, was von Lichtenberg als Selbst oder Selbstorganisation bezeichnet wird. Er definiert das Selbst auch «als autonomes Zentrum, welches Erfahrungen und Motivationen initiiert, organisiert und integriert» (übersetzt vom Autor, Lichtenberg 1992, S. 58). Die Entwicklung und Reifung dieser integrativen und organisierenden Fähigkeit ist Gegenstand und Hauptinteresse der Säuglingsforscher. Es ist diese Fähigkeit, welche die Artgemäßheit des Menschen ausmacht und die gleichzeitig äußerst störanfällig ist. Alle psychischen und wahrscheinlich auch psychosomatischen Störungen sind zugleich Störungen innerhalb der Selbstorganisation.

Jedenfalls dürfte die zentrale Bedeutung, welche die Kleinkindforschung den Selbstempfindungen zuschreibt, für Jungsche Therapeuten von großem Interesse sein.

* Zu den verschiedenen Auffassungen von Ich und Selbst in der Jungschen Psychologie und in der Psychoanalyse vergl. M. Jacoby 1985.

Die Entwicklung der Organisationsformen des Selbstempfindens

In anschaulicher Weise hat D. Stern aufgrund vielfältigster Forschungsergebnisse beschrieben, wie während der ersten achtzehn Monate nach der Geburt – in entwicklungsgemäßer Abstufung – die verschiedenen Organisationsformen des Selbstempfindens (sense of self)* auftauchen (Stern 1992), wobei dieses Selbstempfinden von allem Anfang an den «anderen» mit einschließt, es geht stets um «self with other».

Der «andere» ist für den Säugling selbstverständlich durch dessen wichtigste Pflegeperson, meistens die Mutter, repräsentiert. Die heute akzeptierten psychoanalytischen Entwicklungstheorien, die sich vor allem auf die Ergebnisse M. Mahlers stützen (Mahler und Pine 1978), gehen davon aus, daß der Säugling nach einer kurzen Phase anfänglichen «Autismus» ein Stadium symbiotischer Verschmelzung mit der Mutter durchlebt (zwischen dem zweiten und dem siebten Monat), aus dem er sich erst langsam als getrennt lebende Person herausdifferenziert. Dagegen glauben Stern und andere Säuglingsforscher beobachtet zu haben, daß Kleinkinder schon sehr früh – beginnend mit der Geburt – zwischen sich selbst und anderen Personen unterscheiden können. Ich möchte hier kurz die wichtigsten Thesen D. Sterns wiedergeben.

* Ich habe andernorts (Jacoby 1991) den Ausdruck «sense of self» mit «Ich-Gefühl» übersetzt, weil es dem subjektiven «ich tue», «ich erfahre», «ich bin Urheber» erlebnismäßig näher ist als «Selbstempfinden». Aber sowohl das Ich als auch das Selbst sind psychologische Fachtermini, die in den tiefenpsychologischen Schulen einen speziellen Stellenwert haben und aus der reinen Empirie abstrahiert wurden. Inzwischen ist das Buch von Stern «The Interpersonal World of the Infant» in deutscher Übersetzung («Die Lebenserfahrung des Säuglings») herausgekommen, in dem «sense of self» mit Selbstempfindung übersetzt wurde. Ich möchte hier diese offizielle Übersetzung übernehmen.

Das auftauchende Selbst

In der Zeit von der Geburt bis zum zweiten Monat lebt der Säugling nach Stern im Bereich des *auftauchenden Selbst.* Die einzelnen Erfahrungen und Wahrnehmungen sind zwar in sich global, spielen sich aber noch unverbunden nebeneinander ab. Aus dieser Beobachtung wurde in der Psychoanalyse geschlossen, daß sich Säuglinge, solange ihnen die Verbindungsglieder zwischen einzelnen Ereignissen fehlen, noch in einem undifferenzierten Zustand befinden. Im subjektiven Erleben des Kindes gibt es jedoch viele separate Erfahrungen, die wahrscheinlich sehr klar und lebendig sind. Es fehlt ihm aber zunächst noch an «Wissen», daß so etwas wie ein Zusammenhang zwischen verschiedenen Erfahrungen überhaupt existieren könnte. Aber bald erlebt der Säugling, wie sich Einzelerfahrungen sukzessive zu einem größeren Zusammenhang organisieren. Er erfährt das, was Stern als «Gefühl des auftauchenden Selbst» («sense of emergent self») bezeichnet:

> «Diese globale, subjektive Welt einer auftauchenden Organisation ist und bleibt der grundlegende Bereich menschlicher Subjektivität. Er schafft [natürlich ohne daß der Säugling sich dessen gewahr wird, Autor] die Erfahrungsmatrix, aus der später Gedanken, wahrgenommene Formen, identifizierbare Handlungen und verbalisierte Gefühle hervorgehen. Er liegt auch der kontinuierlichen affektiven Bewertung aller Vorgänge zugrunde. Und schließlich wird er zum Urquell schöpferischen Erlebens» (Stern 1992, S. 103).

Mit andern Worten geht es hier um die Urform dessen, was im späteren Leben als das «Auftauchen von Inhalten aus dem Unbewußten» bezeichnet wird. Diese vermögen mit der Zeit Selbst- und Lebensgefühl zu wandeln und zu bereichern; sie liegen jedem kreativen Tun zugrunde. (Im zweiten Teil dieses Buchs soll dazu ein Traumbeispiel mit Kommentar gegeben werden.) Jedenfalls findet damit im Säugling die früheste Erfahrung eines kreativen Prozesses statt, welcher in der Herausbildung einer ersten Organisation des Selbstempfindens mündet.

Das «Kernselbst-Empfinden»

Dieser erste Organisationsbereich wird von Stern als das Empfinden eines *Kernselbst* («sense of a core self») bezeichnet. Beobachtungen haben gezeigt, daß sich bereits vom zweiten Monat an ein Selbstempfinden herausgebildet hat, das sich durch die Fähigkeit auszeichnet, Handlungsimpulse und Intentionen als zu sich selbst gehörend zu erleben. Wenn der Säugling reden könnte, würde er nun sagen: «*Ich* blicke die Mutter an oder erwidere ihre Blicke», «*ich* greife nach der Brust oder der Flasche». Auch ein Gefühl für die Grenzen und die Kohärenz des eigenen Körpers ist bereits aktiviert. Gleichzeitig wird das Mit-Sein des «anderen», das heißt der Pflegeperson, erlebt, jedoch nicht in symbiotischer Verschmelzung. Stern meint vielmehr, es handle sich dabei einfach um ein «reales Erleben des Zusammenseins mit einem anderen, einem ‹das Selbst regulierenden Anderen›, das die Selbstempfindungen erheblich verändert» (Stern 1992, S. 105). Es wird erlebt, daß durch den «Anderen» eine Änderung der eigenen Befindlichkeit geschieht, wie dies beim Stillen, Baden, Trockenlegen usw. der Fall ist. Nicht immer ist die Wirksamkeit des «das Selbst regulierenden Anderen» nur lustbetont, es können dadurch auch aversive Motivationen und Affekte hervorgerufen werden. Auch Gefühle, die mit Bedürfnissen nach Sicherheit und Bindung, nach gegenseitigem Anschauen, nach Anschmiegen und Gehaltenwerden einhergehen, sind nur in Verbindung mit der Pflegeperson möglich. Trotz solcher Erfahrungen des sich verändernden Zustands bleibt das Gefühl der Abgrenzung des Selbst vom andern erhalten. Es ist als Bezogenheit auf den «das Selbst regulierenden Anderen» charakterisiert und nicht als Verschmelzung. Dabei geht es in dieser Phase vorwiegend um Körpergefühle und um den Austausch von körperlicher Intimität.

Das «subjektive Selbstempfinden» – Intersubjektivität

Zwischen dem siebten und dem fünfzehnten Monat entwickelt sich die Fähigkeit zu eigentlicher zwischenmenschlicher Bezogenheit. Säuglinge entdecken, daß ihre subjektiven Erfahrungen potentiell mit einem anderen geteilt werden können. Stand in der vorherigen Phase noch die Regulierung der subjektiven Erfahrung durch die Mutter im Mittelpunkt, so geht es jetzt um die Bedürfnisse nach *Gemeinsamkeit* des Erlebens. Drei Formen innerer Befindlichkeit, die für das interpersonale Geschehen von großer Bedeutung sind, können Säuglinge noch ohne Sprachvermögen bereits mitteilen.

Als erstes wäre *die gemeinsame Ausrichtung der Aufmerksamkeit* zu nennen. Zum Beispiel deutet die Mutter mit dem Finger auf einen Gegenstand hin. Sie kann aber den Säugling nur dann auf ein Objekt aufmerksam machen, wenn dieser weiß, daß er den Blick von ihrer Hand abwenden und in die Richtung lenken muß, in die ihr Finger zeigt. Mit etwa neun Monaten beginnt er auch selber, auf etwas zu zeigen. Zudem läßt er dabei den Blick zwischen dem Zielpunkt und dem Gesicht der Mutter hin- und herwandern, um festzustellen, ob sie seine Aufmerksamkeit teilt.

Zweitens geht es um *intentionale Gemeinsamkeit.* Die unmißverständlichsten Beispiele dafür sind die vorsprachlichen Formen des Bittens. Die Mutter hält etwa einen Keks in der Hand, den der Säugling gerne haben möchte. Er streckt eine Hand aus, deren Handfläche der Mutter zugekehrt ist, und gibt energische Laute von sich. Diese Verhaltensweisen, die sich gezielt an eine bestimmte Person richten, lassen erkennen, daß der Säugling dieser Person Verständnis für seine Bedürfnisse zuschreibt, aber auch die Fähigkeit, die Erfüllung dieser Bedürfnisse zur eigenen Absicht zu machen. Hier ist die Intention als Gemeinsamkeit Realität geworden.

Am bedeutsamsten auch für die spätere emotionale Entwicklung ist aber wohl das in diesem Alter auftauchende Bedürfnis nach der *Gemeinsamkeit affektiver Zustände*. Eine Gruppe von Forschern (siehe Stern 1992, S. 189) hat ein Phänomen beschrieben, das sie als «social referencing», als soziale Bezugnahme oder Vergewisserung, bezeichnet. Dazu ein Beispiel: Man verlockt ein Kind mit Hilfe eines attraktiven Spielzeugs dazu, über eine «visuelle Klippe» (einen scheinbar steilen Abhang, der bei Einjährigen nur ein geringes Ausmaß an Angst auslöst) zu krabbeln. In dieser Situation wird das Kind unsicher und schaut hin zur Mutter, um an ihrem Gesicht abzulesen, was sie empfindet. Im Grunde will das Kind sehen, was es selbst empfinden sollte, sucht gleichsam nach einer zweiten Beurteilung der Situation, die ihm aus seiner Unsicherheit heraushelfen könnte. Wenn die Mutter zuvor angewiesen wurde, ein vergnügtes Gesicht zu machen und zu lächeln, wagt es der Säugling, über die visuelle Klippe zu kriechen. Wurde die Mutter aber von der Versuchsperson beauftragt, ein ängstliches Gesicht aufzusetzen, wendet sich der Säugling von der «Klippe» ab, zieht sich zurück und wird möglicherweise unruhig. Sicherlich würden sich Säuglinge nicht derart an der Mutter orientieren, wenn sie ihr nicht die Fähigkeit zuschrieben, einen Affekt zu empfinden und auszudrücken, dem eine Bedeutung für ihren eigenen, realen oder potentiellen Gefühlszustand zukommt. Zudem ist an diesem Beispiel gleichsam exemplarisch ersichtlich, welchen Einfluß die jeweilige Einstellung der nahen Bezugsperson auf das Selbstgefühl und auch auf die zukünftige Identitätsentwicklung des Kindes hat.

Des weiteren wurde auch ein für die Psychotherapie Erwachsener sehr relevantes Problem eingehend untersucht. Von seiner Geburt an unterhält die Mutter mit dem Kind einen «bedeutungsstiftenden» Austausch, da für sie jedes Verhalten des Säuglings einen Sinn hat. Sie ist es zunächst, die seinem Verhalten stets Sinn zuschreibt, und so wird jedes Verhalten in den Monaten des Kernselbst-Empfindens im Rahmen der von ihr selbst gestifteten Bedeutungen eingeordnet. Sobald das Kind dazu in der Lage ist, wird es den Bedeutungsrahmen gemeinsam mit der Mutter schaffen (Stern 1992, S. 192). Zu Recht hat man sich auch mit der Tatsache beschäftigt, daß die «Bedeutungen», die die Mutter herstellt, nicht allein in ihren Beobachtungen liegen, sondern auch in ihren Phantasien darüber, wer der Säugling ist und zu welcher Persönlichkeit er sich entwickeln wird. Offenbar beeinflussen die mütterlichen Phantasien das Verhalten des Säuglings und prägen weitgehend seine eigenen Phantasien. Diese Beziehung zwischen den mütterlichen Phantasien und dem beobachtbaren Verhalten wurde auch von Stern (1971) eingehend untersucht. Damit werden C. G. Jungs Feststellungen verständlich, daß Kleinkinder zunächst mit der elterlichen Psychologie verschmolzen seien und deshalb psychische Störungen der Kinder auf Störungen der psychischen Sphäre der Eltern beruhten.

Jedenfalls entdeckt das Kind in dieser Phase, in der das *subjektive Selbstempfinden* und damit verbunden die *Intersubjektivität* auftauchen, welche Aspekte seines Erlebens mitteilbar sind und welche nicht. Am einen Ende der möglichen Skala steht seelische Gemeinsamkeit, am anderen Ende psychische Isolierung bis hin zu «kosmischer Einsamkeit» (Köhler 1988, S. 61). Nach Sterns Ansicht wird in gewisser Weise seelische Verschmelzung erst jetzt möglich, während sie nach psychoanalytischer Auffassung mit sieben bis neun Monaten aufzuhören beginnt. Für die Weiterentwicklung des *subjektiven Selbstempfindens* wie auch der *Intersubjektivität* ist es entscheidend, inwieweit ein «affect attunement» stattfindet, das heißt, wie weit sich Mutter und Kind gefühlsmäßig aufeinander abzustimmen vermögen. Im optimalen Falle ist es die einfühlende Haltung der Mutter, die dem Kind eine wichtige Bestätigung gibt, die – wenn sie vom Kind in Worte gekleidet werden könnte – lautete: «Ich weiß, daß du weißt, wie es mir zumute ist.» (Köhler 1988, S. 64) Das menschliche Bedürfnis, sich auszudrücken, gesehen, gehört und verstanden zu werden, wird in dieser Phase der kindlichen Entwicklung zum ersten Mal zentral.

Das «verbale Selbstempfinden»

Im Alter von 15 bis 18 Monaten beginnt mit dem Spracherwerb eine neue Organisationsstufe des Selbstempfindens und der Bezogenheit zum anderen. Dieser Entwicklungsschub ist einer Art Revolution vergleichbar. Es ist der Beginn der Fähigkeit, sich selbst zum Objekt der Reflexion zu machen, und somit entsteht ein «objektives Selbst» gegenüber dem «subjektiven Selbst» der früheren Phasen. Daß Kinder sich selbst nun im Spiegel erkennen, ist dafür ein deutliches Anzeichen. Weiter entwickelt sich die Fähigkeit zu symbolischen Handlungen im Spiel und zur weiteren Differenzierung des Spracherwerbs. Durch die Sprache werden Lebensthemen wie Bindung, Autonomie, Trennung, Intimität usw. auf einer zuvor noch nicht zugänglichen Ebene mit der Bezugsperson durchexerziert.

Aber die Sprache ist ein zweischneidiges Schwert. Sie bereichert einerseits das Gebiet gemeinsamer Erfahrungen, übt aber zugleich eine verengende Wirkung aus. Nur ein Teil des ursprünglich globalen Erlebens kann in Worten ausgedrückt werden. Das globale Erleben kann ein fehlbenanntes und schlecht verstandenes Dasein fristen, und manche früheren Bereiche bleiben unverbalisiert und führen eine namenlose, aber nichtsdestoweniger sehr reale Existenz. Die Sprache treibt also einen Keil zwischen zwei Formen von Erfahrung, nämlich zwischen die unmittelbar gelebte und die verbal repräsentierte. Indem Erleben an Worte gebunden wird, entsteht zunächst Isolierung vom spontanen Fluß der Erfahrung, wie er im vorsprachlichen Zustand stattfand. Einerseits gewinnt das Kind Zutritt zu seiner Kultur, andererseits verliert es dabei aber die Stärke und Ganzheit des ursprünglichen Erlebens. Man ist an Friedrich Schiller erinnert: «*Spricht* die Seele, so spricht, ach, *die Seele* nicht mehr.» Stern formuliert das folgendermaßen:

> «Das Erleben wird sowohl vereinheitlicht als auch aufgesplittert, und das Kind gerät in eine Krise seines Selbstverständnisses. Das Selbst wird zu einem Rätsel. Das Kind ist sich bewußt, daß es Ebenen und Schichten der Selbsterfahrung gibt, die den offiziellen, durch Sprache bestätigten Erfahrungen bis zu einem gewissen Grad entfremdet sind» (Stern 1992, S. 378).

Diese Krise des Selbstverständnisses entsteht, weil sich das Kind zum ersten Mal als entzweit erlebt und ganz zu Recht das Gefühl hat, daß niemand diese Teilung aufheben kann. «Das Kind hat nicht sein Omnipotenz-Gefühl verloren, sondern vielmehr die Ganzheit des Erlebens» (Stern 1992, S. 378).

Stern hat also vier Organisationsformen des Selbstempfindens in ihrer Entwicklung beschrieben: das auftauchende Selbst, das Kernselbst, das subjektive und das verbale Selbst. Er betont aber – und dies scheint mir von besonderer Bedeutung zu sein –, daß es sich bei den beschriebenen Kristallisationspunkten kindlicher Entwicklung nicht um abgegrenzte Phasen oder Stadien handelt. Die verschiedenen Formen des Selbstempfindens entwickeln sich zwar nacheinander, wobei jeder dieser Bereiche eine formative, sensitive Periode aufweist. Jedoch wird mit Eintreten der höheren Stufe die vorangehende nicht ersetzt. Wenn sich die jeweilige Qualität des Selbstempfindens einmal herausgebildet hat, bleibt sie während des ganzen Lebens bestehen. Mit anderen Worten handelt es sich um vier grundlegende Weisen des In-der-Welt-Seins, die sich entwickeln, differenzieren, erneuern oder anreichern. Sie können aber auch undifferenziert bleiben, verkümmern und zum Teil abgespalten werden.

Stern gibt für diese miteinander koexistierenden vier Bereiche des Erlebens ein Beispiel: Im erwachsenen Geschlechtsverkehr ist sowohl das Gefühl vom «Kernselbst» als auch von der «Kern-Bezogenheit» (core-relatedness) aktiv. Das Selbst und der andere werden als zwei verschiedene körperliche Ganzheiten erlebt, mit eigenem Willen und eigenen Aktivitäten. (In Ergänzung zu Stern möchte ich hier zufügen, daß die Partner aber auch gegenseitig die Befindlichkeit ihres körperlichen Selbsterlebens beeinflussen und verändern.) Gleichzeitig wird die subjektive Verfassung des andern erfaßt. Wünsche, Intentionen, wechselseitige Erregung werden gespürt und geteilt – was zum Bereich der «intersubjektiven Bezogenheit» gehört. Durch Worte wird auch der Bereich der «verbalen Bezogenheit» aktiviert. (Hier möchte ich, wieder in Ergänzung zu Stern, beifügen, daß Liebespaare ihre besondere private Interaktionssprache kreieren, die manchmal mit dem Mutter-Kind-Dialog eine gewisse Ähnlichkeit hat. Es ist offensichtlich, daß diese Art Sprache ganz instinktiv den Gefühlsaustausch fördert, während eine Sprache mit hohem Abstraktionsniveau hinderlich wäre, da sie sich nur an den «Kopf» richtet.) Das «auftauchende Selbst» und dessen Bezogenheitsumfeld drückt sich nach Stern etwa aus im Gefühl, sich in der Augenfarbe des andern zu verlieren, so als wäre das Auge für einen Moment nicht Teil des Kern-Anderen. In dem Moment, in dem das «farbige Auge» wieder zu dem anderen Menschen gehört, den man kennt, hat ein «Auftauch»-Erlebnis stattgefunden, eine Erfahrung im Bereich der auftauchenden Bezogenheit (Stern 1992, S. 52f. Vom Autor gekürzt).

Zur Entstehung menschlicher Interaktionsmuster

Die verschiedenen Elemente der Erfahrungen des Kleinkindes mit dem «das Selbst regulierenden Anderen» bilden eine gelebte Episode, die in der Erinnerung festgehalten wird. Die meisten gemeinsam mit der Pflegeperson erlebten Episoden – wie zum Beispiel Trockenlegen, Fütterung, Guck-Guck-Spiele – wiederholen sich und werden dadurch in der Erinnerung zu «generalisierten Episoden» (Stern 1992, S. 160). Das heißt, es entsteht eine Art Wissen und eine entsprechende Erwartung, wie die Episode ablaufen wird und welche Veränderungen im Selbstempfinden von ihr bewirkt werden. Es tauchen damit aufgrund vieler erinnerter Episoden die ersten Vorstellungen und Erwartungshaltungen auf, die Stern in amerikanischer Weise mit dem Kürzel «RIGs» bezeichnet, den Initialen von «Representations of Interactions that have been Generalized». Es handelt sich bei diesen RIGs nicht um isolierte Mutter- oder Vaterbilder, nicht um «Selbst»- oder «Objektrepräsentanzen», sondern um Vorstellungen und Erwartungen der *Interaktion* zwischen dem signifikanten «anderen» und der eigenen Person. Für das Kind geht es um ein aus Erfahrungen gewonnenes «Wissen» darüber, wie die jeweiligen Handlungen des anderen (der Pflegeperson) die eigene Befindlichkeit verändern – stimulieren, befriedigen, ängstigen, schmerzen usw.

Unter RIGs versteht Stern flexible Strukturen, die den Durchschnitt mehrerer realer Episoden darstellen und einen Prototyp bilden, der sie alle repräsentiert. Eine RIG* ist etwas, das noch nie genau in dieser Weise geschehen ist, und doch enthält sie nichts, das nicht schon einmal geschehen wäre. Auf jeden Fall sind die RIGs wichtige emotionale Elemente unserer späteren Interaktionsmuster und Erwartungshaltungen. Die in einer RIG enthaltenen Erinnerungen sind abrufbar, sobald eines der RIG-Attribute vorhanden ist. Wenn der Säugling ein bestimmtes Gefühl hat, wird dieses Gefühl diejenige RIG in Erinnerung rufen, zu deren Attributen das Gefühl gehört. Die Attribute sind also Erinnerungshinweise zur Reaktivierung der gelebten Erfahrung.

Es ist zunächst verwirrend, daß Stern dem Unterschied zwischen anwesenden und abwesenden anderen, die das Selbst regulieren, keine so große Bedeutung beimißt. Er meint, daß der Säugling sich in beiden Fällen mit seinen bislang erlebten Erfahrungen des Zusammenseins mit andern befassen müsse. Auch bei Anwesenheit der Mutter lebt der Säugling zugleich in der subjektiven Erfahrung des Zusammenseins mit einem regulierenden «historischen» anderen.

Stern spricht hier vom Zusammensein mit einem *evozierten Gefährten* (evoked companion). Ich finde die Bezeichnung «evozierter Gefährte» etwas irreführend, da es sich dabei nicht um einen Gefährten im Sinne eines Kameraden handelt, sondern um die *Situation,* in der ein Mensch einen andern begleitet. Es geht immer um die latente oder aktivierte Vorstellung von Interaktionen. Für den Kliniker ist hochinteressant, was Stern damit sagen will: Der «evozierte Gefährte» dient dazu, die jeweils aktuelle, spezifische Situation zu bewerten. Das aktuelle Interaktionserleben wird mit dem gleichzeitigen Erleben des «evozierten Gefährten» verglichen. Der Vergleich dient der Frage: Was ist neu oder andersartig an der aktuellen Situation? Das heißt, es hat sich durch die generalisierten Erinnerungen an

*Das von Stern kreierte Kürzel RIG wurde in der deutschen Ausgabe seines Buchs nicht übersetzt, sondern gleichsam als Terminus technicus so stehen gelassen. Ich habe sie früher als «Interaktionsmuster» übersetzt (Jacoby 1991).

frühere Interaktionen eine Art Maßstab gebildet, an dem die gegenwärtige Situation gemessen wird. Die neue Situation wird nun die entsprechende RIG etwas verändern, modifizieren. Auf diese Weise werden die frühen Interaktionsmuster (RIGs) durch die gegenwärtige Erfahrung allmählich aktualisiert. In diesem Zusammenhang weist Stern nun auf etwas auch für den Psychotherapeuten sehr Wichtiges hin: «Je mehr frühere Erfahrungen aber vorhanden sind, desto weniger wird jede hinzukommende Episode die RIG verändern. Geschichte sorgt für wachsende Trägheit» (Stern 1992, S. 167f.). Ich meine, daß damit auch verständlich wird, warum so viele zugelassene Neuerfahrungen und Neubewertungen nötig sind und es eine oft sehr lange Zeitspanne beansprucht, bis in einer Psychotherapie eingefahrene Interaktionsmuster – besonders wenn sie sich zu behindernden «Komplexen» ausgewachsen haben – modifiziert werden können. Auf den Zusammenhang dieser RIGs mit den psychischen Komplexen im Sinne Jungs soll später eingegangen werden.

Es ist wahrscheinlich, daß der Säugling – natürlich ohne es bewußt wahrzunehmen – fast ständig über Erinnerungen an frühere Interaktionen verfügt, und zwar sowohl bei physischer Anwesenheit als auch in Abwesenheit der an den Interaktionen beteiligten anderen Person. «Evozierte Gefährten» unterschiedlichen Charakters werden so im Alltag zu beinahe ständigen Begleitern. Zu Recht fragt Stern – und das verdeutlicht seine Vorstellung vom «evozierten Gefährten» –, ob dies nicht auch für Erwachsene zutreffe, wann immer sie nicht mit irgendwelchen Aufgaben beschäftigt sind. «Wieviel Zeit verbringen wir nicht täglich mit imaginierten Interaktionen, die entweder aus Erinnerungen, der phantasierten Vorwegnahme zukünftiger Ereignisse oder aus Tagträumen bestehen?» (Stern 1992, S. 171)

Dank der Erinnerungen ist der Säugling während des ersten Lebensjahres nur selten allein. Mit realen äußeren Partnern ist er zeitweise, mit evozierten Gefährten fast immer in Interaktion. Die Entwicklung setzt einen ständigen, für gewöhnlich stummen Dialog zwischen den beiden Partnern voraus. Jedenfalls ist nach Sterns Auffassung das subjektive Erleben weitgehend sozial, unabhängig davon, ob man in Wirklichkeit allein ist oder nicht. Ich möchte aber nochmals betonen, daß die Repräsentanzen eine mehr oder weniger generalisierte Form angenommen haben und nicht auf die evozierte persönliche Mutter beschränkt zu sein brauchen. Vom Jungschen Standpunkt wäre zu sagen, daß wir die Fähigkeit, aus unzähligen Einzelerfahrungen eine allgemeine «Repräsentanz», eine Vorstellung, zu formen, der schöpferischen und anordnenden Wirkkraft verdanken, die als «Archetypus» bezeichnet wird.

Es muß hier noch hinzugefügt werden, daß Stern offensichtlich mit seiner Idee der generalisierten Interaktionsrepräsentanzen (RIGs) heute nicht mehr zufrieden ist. Er hat sie inzwischen durch das «Schema, in Gemeinschaft mit anderen zu sein» («schema-of-being-with») ersetzt. Für ihn besteht der Unterschied zu RIG darin, daß das Schema «in Gemeinschaft mit dem anderen zu sein» den subjektiven Standpunkt des Säuglings in der Interaktion besser erfasse, während die «RIG» hauptsächlich vom objektiven Erwachsenenstandpunkt erkannt werde, der die Interaktion von außen betrachtet (Stern 1996, S. 188). Allerdings setzt sich das Schema «of-being-with» aus fünf weiteren Einzelaspekten zusammen, die von Stern alle analytisch aufgeschlüsselt werden.

Mir scheint, daß Stern, den ich in Vorträgen als bemerkenswert intuitiv und gefühlhaft-sensibel erlebte, das Bedürfnis hat, dieses gefühlhaft-intuitive Erfassen bis in alle Verästelungen hinein zu analysieren, so daß es in seiner Kompliziertheit immer abstrakter und weniger nachvollziehbar wird. Ich kann mir nach wie vor unter den Interaktionsmustern, den RIGs, intuitiv-gefühlsmäßig etwas vorstellen, das auch subjektiv erfahrbar ist. So bleibe ich in diesem Buch bei der älteren Bezeichnung.

9. Zur Frage der Phantasie im Säuglingsalter

Einführende Bemerkungen aus der Sicht der Jungschen Psychologie

Vom Standpunkt der Jungschen Psychologie muß gesagt werden, daß die Säuglingsforschung im Grunde die Hypothese der archetypischen Anordnung oder Organisation unseres Erlebens und Verhaltens bestätigt. Wie gesagt, dienen dem Jungschen Therapeuten diese Ergebnisse dazu, seine Sicht der archetypischen Ausstattung und der archetypischen Reifungsprozesse des Menschen zu differenzieren, was meines Erachtens hochwillkommen und auch notwendig ist. Hingegen konnten die Forscher beim Säugling während des ersten Jahres noch keine Anzeichen einer inneren Bilderwelt und somit keine Phantasietätigkeit entdecken. Dies würde die Jungsche Idee vom Urbild in Frage stellen, denn somit wäre es gar nicht das *Bild,* was sich als Primäres in der individuellen Psyche manifestiert. Auf diese Frage soll an späterer Stelle eingegangen werden (siehe S. 94).

Nach Jungscher Auffassung befindet sich der Säugling zusammen mit der Mutter im Bereich und Wirkfeld des Mutterarchetypus (Neumann 1963). Demgegenüber stellt die Säuglingsforschung fest, daß sich der Säugling von allem Anfang an als von der Mutter abgegrenzt erlebt. Er scheint die Stimme, ja selbst die Milch seiner persönlichen Mutter zu erkennen. Mit anderen Worten scheint er, wenn auch noch rudimentär, bereits schon viel Persönliches zu erleben. Jedenfalls macht sich das Persönlich-Individuelle sehr früh bemerkbar, viel früher, als bisher angenommen wurde. Man kann sagen, daß das archetypisch Artgemäße der frühkindlichen Dyade weitgehend gerade darin besteht, sich individuell aufeinander zu beziehen. Es entsteht eine persönlich gefärbte Beziehung zwischen dem Baby mit seinem individuellen Rhythmus und seinem Temperament einerseits und der spezifisch zu ihm gehörenden mütterlichen Pflegeperson andererseits, die wiederum ihre persönlichen individuellen Eigenheiten einbringt. Die archetypischen Grundgegebenheiten werden von je persönlichen modifiziert, beeinflussen aber umgekehrt wiederum die individuellen Aspekte und individuellen Situationen. All dies bedeutet, daß sich das Archetypische schon sehr früh in individueller Weise personifiziert.

Die Frage ist, wie Säuglinge und Kleinkinder ihre archetypische Situation, um die sich so viele imaginative Mythen ranken, wohl wirklich erleben. Was geht in Säuglingen vor, sind in ihnen bereits Phantasien lebendig? Wie erwähnt, bringt E. Neumann die archetypischen Stadien der Bewußtseinsentwicklung mit mythologischen Vorstellungen in Beziehung (Neumann 1963). Er geht vor allem von den mythischen Vorstellungen aus, die er in Zusammenhang mit verschiedenen Entwicklungsphasen bringt und als «archetypische Stadien» interpretiert. Zur «Urbeziehung» von Mutter und Kind gehört nach Neumanns Vorstellung die «Einheitswirklichkeit», die er im Mythus vom Paradies repräsentiert oder symbolisiert sieht (Neumann 1963, Jacoby 1980). Auch viele Mythen und Darstellungen vom «Elementarcharakter» des Mutterarchetypus symbolisieren das archetypische Feld der Ur-Bezogenheit (Neumann 1956).

Es ist aber nicht anzunehmen, daß ein Säugling oder Kleinkind den Mythus vom Paradies oder die Aspekte der Muttergöttin in der uns bekannten Ausgestaltung zu imaginieren vermag. Solche Ausdrucksmöglichkeiten stehen dem Säugling nicht zur Verfügung. Mir scheint, daß die Mythen vom Paradies und von der Muttergöttin Imaginationen Erwachsener sind, die ein gewisses Daseinsgefühl zum Ausdruck bringen, das in verschiedenen Lebenssituationen auftauchen kann. Es sind symbolische Aussageformen menschlicher Grundthemen, die sich erlebnismäßig im Säugling abspielen können, ohne daß er darüber «weiß». Er mag aber von ihnen bewirkt sein. Als menschliche Grundthemen spielen sie sich in symbolischer Weise in den verschiedensten Lebenssituationen erwachsener

Menschen ab. «Paradiesverluste» ereignen sich in vielfältigsten Formen. Muttergöttinnen als Bilder all der Gefühle, die um Mütterliches kreisen, können in unseren Beziehungen und Sehnsüchten sehr wirksam sein.

Wenn man solche Mythen auf eine bestimmte Phase des Säuglings und der kindlichen Reifung bezieht, engt man sie ungebührlich ein. Der Versuch, Erfahrungen des Kleinkinds und dessen Reifungsvorgänge mittels Mythen Erwachsener nachzuvollziehen und zu beschreiben, ist sicherlich ein Projektionsvorgang. Er kann – unter anderem – als Bedürfnis interpretiert werden, mittels der mythologischen Bilderwelt die Lebenswelt vorsprachlicher Säuglinge besser zu verstehen. Immerhin hat Neumann, wie bereits erwähnt, aus dem gestalteten Phantasiematerial vieler Kinder, welches er mit Mythen aus der Frühzeit in Parallele setzte, erstaunlich stimmige Ergebnisse gewonnen. Dieses Material kann aber nicht direkt auf die subjektive Erlebenswelt des Säuglings bezogen werden, setzt es doch dessen Symbolisierungsfähigkeit voraus, die gemäß der Annahme der neuen Forschung erst im Alter von etwa fünfzehn bis achtzehn Monaten zu reifen beginnt.

Zur Phantasie des Säuglings

Wie steht es aber um die eigentliche Phantasie des Säuglings? Bekanntlich haben Freud und mit ihm die frühe Psychoanalyse (Dornes 1993, S. 175) dem Säugling die Fähigkeit zugeschrieben, Wunscherfüllung zu halluzinieren. Er kann sich nach Freud also die befriedigende Erfahrung an der Mutterbrust auf halluzinierende Weise verschaffen, wenn die Triebspannung ansteigt, die Mutter aber seine Trieberfüllung nicht gleich vornimmt oder vornehmen kann. Diese Hypothese Freuds setzt voraus, daß der Säugling innere «Aufzeichnungen» besitzt, welche er nach Belieben aktivieren kann. Auch Melanie Klein schreibt dem Säugling eine angeborene «unbewußte» Phantasiewelt zu. Von Jung wird diese Frage insofern offengelassen, als er sich zur Psychologie des Säuglings kaum geäußert hat.

In bezug auf die Vorstellung, daß der Säugling eine mit der Gedächtnisfunktion verknüpfte bildhafte Phantasiewelt von Geburt an mitbringt, wurden von Lichtenberg zwei Hypothesen untersucht:

a) Man könnte annehmen, daß Bilder als Tiefenstrukturen in einem phylogenetischen Erbe angelegt wären, die dann durch verstärkende Erfahrung von der Umwelt aktiviert würden (Lichtenberg 1991, S. 63). Dazu ist zu sagen, daß diese Hypothese schon von Freud aufgestellt wurde (zum Beispiel in «Totem und Tabu», 1913), der postulierte, daß das phylogenetische Erbe sich von Generation zu Generation fortpflanze. Von Jung wurde diese Vorstellung wieder fallengelassen, denn was seiner Ansicht entsprechend vererbt wird, sind nur Strukturelemente, die sich erst in Wechselwirkung mit Umwelterfahrungen zu archetypischen Bildern formen. Die Phantasiebilder selbst werden nach ihm nicht vererbt (siehe Jacobi, 1957, S. 59–62). Konsequenterweise besteht somit auch keine Veranlassung, dem Säugling bereits bildhafte Phantasie zuzusprechen.

b) Die zweite Hypothese lautet, daß die wiederholten Wahrnehmungserfahrungen im Gedächtnis festgehalten werden, wodurch langsam eine innere Bilderwelt aufgebaut wird. Die Säuglingsforscher konnten aber während des ersten Lebensjahres keine innere Bilderwelt und auch keine Phantasietätigkeit feststellen. Der Säugling besitzt noch kein «evokatives» Gedächtnis, das heißt, er kann noch kein «objektives» Bild der Mutter, unabhängig von den jeweiligen Interaktionen, hervorrufen. Hingegen besitzt er, wie schon erwähnt, ein Gedächtnis für die vielen Ereignisse, die in der Interaktion mit der Mutter geschehen. Die Tatsache, daß er die Mutter erkennt, wenn sie anwesend ist, bedeutet nicht, daß er sich bereits während des ersten Lebensjahres ein Bild, eine Vorstellung von ihr machen kann, wenn sie nicht anwesend ist. Auch als Erwachsene kennen wir das Phänomen, daß wir flüchtig Bekannte zwar erkennen, sobald sie uns vor Augen sind. Wenn wir aber aus der Vorstellung eine Beschreibung dieser Person, ein genaues Bild von ihr, geben wollen, gelingt uns das unter Umständen nicht. Wir mögen uns aber an Interaktionen erinnern, vor allem daran, ob die Begegnung mit angenehmen oder unangenehmen Gefühlen verbunden war.

Vom Jungschen Standpunkt aus ist die Hypothese wahrscheinlich, daß der Mutterarchetypus im subjektiven Erleben des Säuglings und einjährigen Kindes wirksam ist, ohne sich in imaginative Bildfolgen, das heißt in Mythologien, zu kleiden. Um es nochmals zu betonen: Viel spricht dafür, daß nach neuesten Erkenntnissen (Stern 1992, Lichtenberg 1991 usw.) die frühesten archetypischen Erlebnisse sich im Zusammenhang mit rhythmisch wiederkehrenden Mustern der Befindlichkeitsregulierung manifestieren. In den frühen Interaktionen vermittelt die mütterliche Pflegeperson durch die Regelmäßigkeit und die Wiederholungen ihrer täglichen Beschäftigung mit den kindlichen Bedürfnissen und durch die gemeinsamen Spiele eine Art «Weltordnung». Dabei manifestiert sich ein archetypisches Erlebensmuster, welches bis nach dem ersten Lebensjahr noch keine Bild- oder Symbolqualität aufweist. Vielmehr entsteht eine Ordnung durch die zeitlichen Abläufe im Zusammenspiel mit dem die Selbstbefindlichkeit regulierenden anderen, die im episodischen Gedächtnis festgehalten wird. Sie ist wirksam im Rhythmus und all den dazugehörenden affektiven Befindlichkeiten, den Spannungs- und Entspannungszuständen. Dazu gehören Bewegungen, sinnliche Wahrnehmungsreize und Körpergefühle aller Art. Es handelt sich also um Grundmuster, die sich später vor allem in Musik und Tanz ausdrücken, aber auch dem Bedürfnis nach Zärtlichkeit, Körperkontakt und emotionalem Austausch zugrunde liegen. Dieser Bereich geht offensichtlich dem kreativen Umgang mit bildhaften Vorstellungen und dem Erleben des Bildhaft-Symbolischen voraus.

Im ersten Jahr drückt sich das Kreative also nicht in Phantasien, sondern auf der Handlungsebene aus, wobei sich auch ein Entdeckungsbedürfnis deutlich manifestiert. Ein eigentliches Phantasieren kann aber noch nicht stattfinden, da die Innenwelt nach Auffassung der Säuglingsforscher beschränkt bleibt auf:

a) das Gedächtnis für die regelmäßigen Erlebnisse mit andern,
b) die emotionalen Abläufe solcher Episoden,

c) die sich daraus ergebenden Erwartungen an zukünftige Episoden.

Denken und Phantasieren im erwachsenen Sinne wird erst möglich nach dem Erwerb dessen, was von den Säuglingsforschern die Symbolfunktion genannt wird, was mit etwa eineinhalb Jahren geschieht. Die «Symbolfunktion» im Verständnis der Säuglingsforscher ist aber weder mit der psychoanalytischen noch mit der Jungschen Auffassung vom Symbol identisch. Es handelt sich um unterschiedliche Auffassungen, die sich aber durchaus überschneiden können. Entsprechend ihrer entscheidenden Bedeutung für die Psychotherapie sollen sie im folgenden in differenzierter Weise beschrieben werden.

10. Die Symbolfunktion

Vorbemerkungen

Unter Symbolfunktion verstehen die meisten Säuglingsforscher die Fähigkeit des Kindes, sich andere Personen oder Objekte in deren *Abwesenheit* bildhaft vorzustellen. Damit löst sich das Denken von der konkreten Wahrnehmung und wird zum freien Phantasieren, das von der Realität unabhängig ist und sogar zu ihr in Gegensatz treten kann. Das Kind hat nun die Möglichkeit, sich eine andere Realität als die aktuelle vorzustellen und zu wünschen. Bevor diese Reifungsphase erreicht ist, gibt es eine Färbung der Wahrnehmung durch den aktuellen Bedürfniszustand, den Affekt und die kognitiven Mängel, aber keine *Vorstellung* darüber, daß das Gegebene auch anders sein könnte, als es ist (siehe Dornes 1993, S. 193). Das heißt, es gibt noch kein «Umphantasieren» der Realität. Diese spezifisch menschliche Fähigkeit, auf der unsere Kreativität und letztlich unsere ganze Kultur und Zivilisation beruht, tritt im Alter von etwa achtzehn Monaten zum ersten Mal im Reifungsplan des Kindes auf. Vor diesem Alter hat «[...] für das Kleinkind seine Erfahrung deutlich das Merkmal der Unvermeidlichkeit: Sie kann unmöglich anders sein als so, wie sie ist» (Ogden 1984, S. 187). Deshalb ist Wunschdenken für das «präsymbolische» Kind unmöglich, da der Wunsch ein intrapsychisches Gebilde ist, das sich «konstitutiv mit der Symbolfunktion verknüpft». Hier steht die Beobachtung der Kleinkindforscher im Gegensatz zur klassischen Freudschen Psychoanalyse.

Kognitive Symbole

Es ist hier zu vermerken, daß die Säuglingsforscher unter Symbolisierung die bildhafte Evokation eines abwesenden Objektes verstehen. Die jeweilige Bezugsperson oder, wie die Psychoanalytiker so unschön sagen, das «Objekt», ist zu einem Inhalt der inneren Vorstellungswelt geworden, der abrufbar ist, evoziert werden kann. Es wird deshalb von «symbolischer Repräsentanz» gesprochen. Ohne eine so verstandene Symbolfunktion gibt es kein Bild in der Vorstellung, keine Vorstellungsrepräsentanz des anderen oder des Selbst.

Wie erwähnt, ist dieser Symbolbegriff nicht mit dem identisch, was Jung und die analytische Psychologie unter Symbol verstehen, und auch für die Psychoanalyse haben Symbole eine komplexere Bedeutung. Säuglingsforscher sprechen von sogenannten «kognitiven Symbolen» (siehe Dornes 1993, S. 184). Symbole, wie sie die Psychoanalyse versteht, unterscheiden sich fundamental von solchen kognitiven Symbolen, die etwas in unserer Vorstellung repräsentieren – seien es Personen, Gegenstände, Sachverhalte –, das in der externen Welt momentan oder chronisch abwesend ist. Der repräsentierte Inhalt ist aber durchaus bekannt, entspricht also der realen Wahrnehmung. Er kann sprachlich benannt werden, und wir können uns das Benannte vorstellen und durch sprachliche Benennung an die Vorstellung anderer Menschen weitervermitteln.

Psychoanalytische Symbole

«Psychoanalytische» Symbole hingegen drücken ersatzweise etwas aus, das aus dem Bewußtsein verdrängt, also unbewußt ist. Es steht noch zur Diskussion, ob «psychoanalytische» Symbole in der kindlichen Entwicklung früher (mit sechs bis zwölf Monaten) wirksam werden als kognitive (mit achtzehn Monaten). Säuglingsforscher sind aber der Ansicht, daß der kognitive oder semantische Symbolismus als eine Voraussetzung für den psychoanalytischen gesehen werden muß (siehe Dornes 1993,

S. 105). Auch die bildliche Darstellung verdrängter Inhalte durch psychoanalytische Symbole setzt ja voraus, daß es überhaupt innere Abbildungen gibt. Erst dadurch kann zum Beispiel die unbewußte Vorstellung des Penis durch eine Schlange oder das weibliche Genital durch eine Vase symbolisiert werden. Die Existenz kognitiver oder semantischer Symbole ist also mit aller Wahrscheinlichkeit Voraussetzung für «psychoanalytische» Symbole und nicht deren Nachfolger.

Aber bereits in der psychoanalytischen Theorie findet sich der Symbolisierungsbegriff noch in einer anderen Variante als derjenigen der ersatzweisen Darstellung eines verdrängten Inhalts. Ausgehend von Melanie Kleins früher Arbeit zur Symbolbildung (Klein 1930) und Winnicotts Theorie des Übergangsobjekts (1951) wird Symbolisierung als «psychische Bedeutungsverleihung» verstanden. Symbolisierung ist nicht unbedingt gleichbedeutend mit psychischer Bildhaftigkeit. Jeder Erwachsene ist zu psychischer Bildhaftigkeit in der Lage, und dennoch gibt es viele Menschen, die nicht «symbolisieren» können. So können viele psychosomatisch Erkrankte ihre Körperempfindungen, Affekte, Bilder und Gedanken nicht in bedeutungsvoller Weise als Teil des eigenen Seelenlebens empfinden. Gefühle und Gedanken sind bei ihnen isoliert, fragmentiert und konkretistisch. Obwohl sie in der Lage sind, abwesende Objekte in der Vorstellung hervorzurufen, sind ihre Phantasien über diese Objekte oder auch über ihren eigenen Körper eigentümlich leer und stereotyp. Bei ihnen ist nicht die Fähigkeit, Bilder zu reproduzieren, verlorengegangen, sondern die Lebendigkeit, Plastizität und Bedeutung von Bildern und Affekten. Es ist diesen Menschen deshalb nicht möglich, sie in eine kohärente innere Welt zu integrieren. Es zeigt sich darin ein Mangel an Bedeutungsverleihung, die Unfähigkeit, in kreativer Weise zu imaginieren, der uns im Zusammenhang mit Psychotherapie weiterhin beschäftigen wird.

Jungsche Symbolauffassung

Wir sind mit diesen Beobachtungen in die Nähe der Jungschen Symbolauffassung gerückt. Jung unterscheidet zwischen dem eigentlichen Symbol und dem, was er Zeichen oder auch Allegorie nennt. Zeichen und Allegorie haben einen Hinweischarakter, und zwar weisen sie auf einen Tatbestand hin, der allgemein bekannt sein dürfte. Das eigentliche Symbol hingegen ist für ihn «die bestmögliche Bezeichnung oder Formel für einen relativ unbekannten [...] Tatbestand» (Jung 1921, § 94; 1994: § 819). Im Gegensatz zu der frühen psychoanalytischen Auffassung geht es Jung dabei nicht nur um das Verdrängte, sondern um eine Ausdrucksform, welche auch die dem Unbewußten eigene schöpferische Potenz aufscheinen läßt. Das Symbol steht gleichsam an der Schwelle zwischen bewußten Wahrnehmungen oder Vorstellungen und der Einwirkung von Prozessen aus dem Unbewußten. Es hat an beiden Bereichen teil, vereinigt in sich bewußte und unbewußte Anteile. Jung spricht deshalb auch vom *vereinigenden* Symbol. Etymologisch ist das Wort Symbol hergeleitet vom griechischen «symballein», was wörtlich «zusammenwerfen» bedeutet. Es ist also aus mindestens zwei Bereichen zusammengesetzt. In deutscher Sprache wird es oft als Sinn-Bild bezeichnet, man versteht darunter ein Bild, in dem die Ahnung eines Sinnes aufleuchtet. Das Symbol bildet also eine Brücke zwischen dem Bewußtsein und dem unbewußten Bereich.

Nicht zuletzt deshalb sind Symbole für jegliche Religion wesentlich, denn einerseits kleiden sie das Wirken einer unanschaulich-transzendenten Welt in notwendige Anschaulichkeit, und andererseits verweisen sie auf eine jenseitige, transzendente Dimension. Im psychologischen Verständnis ist das Transzendente als Bereich, der jenseits unseres Bewußtseinsfeldes liegt, gleichbedeutend mit dem Unbewußten. Die Tiefenpsychologie kann und muß zur Kenntnis nehmen, daß unser Bewußtsein von Kräften aus dem Unbewußten bewirkt wird, die sich in Symbolen von numinoser Ausstrahlung ausdrücken können. Es ist, als ob sie uns mit einer transzendenten Dimension in Beziehung setzen wollten. Selbstverständlich kann aber keine Psychologie zur Beschaffenheit der Transzendenz etwas Konkretes aussagen. Dies ist jenseits menschlichen Bewußtseins.

Wie erwähnt, ist für Jung ein Symbol, solange es lebendig ist, der «Ausdruck einer sonstwie nicht besser zu kennzeichnenden Sache». Lebendig ist es aber nur, «solange es bedeutungsschwanger ist. Ist aber sein Sinn aus ihm geboren, das heißt derjenige Ausdruck gefunden, welcher die gesuchte, erwartete oder geahnte Sache noch besser als das bisherige Symbol formuliert, so ist das Symbol tot, das heißt, es hat nur noch historische Bedeutung» (Jung 1921, § 896; 1994: § 821). Es ist darum ganz unmöglich, «ein lebendiges, das heißt bedeutungsschwangeres Symbol aus bekannten Zusammenhängen zu schaffen. Denn das so Geschaffene enthält nie mehr, als was darein gelegt wurde» (Jung 1921, § 897; 1994: § 822). Jung weiß aber auch, und dies scheint mir entscheidend wichtig:

> «Ob etwas ein Symbol sei oder nicht, hängt zunächst von der Einstellung des betrachtenden Bewußtseins ab, eines Verstandes zum Beispiel, der den gegebenen Tatbestand nicht bloß als solchen, sondern auch als Ausdruck von Unbekanntem ansieht» (Jung 1921, § 898; 1994: § 823).

Jung drückt dies relativ beiläufig aus, und es scheint nach dieser Formulierung, als ob diese «Einstellung des betrachtenden Bewußtseins» ohne weiteres auch willentlich im Sinne echten Symbolverständnisses verändert werden könnte. Offensichtlich war Jung persönlich, als «homo religiosus», so sehr von Sinn und Bedeutung der reichen Symbolsprache des Unbewußten überzeugt, daß er dies allzu selbstverständlich annahm. Damit hängt auch zusammen, daß viele «klassische» Jungianer immer wieder versuchen, ihre Analysanden von der Bedeutung des Unbewußten und dessen Symbolsprache zu «überzeugen», womit sie in eine kontraproduktive, pädagogische Haltung hineingeraten. Für den Bereich des Symbolischen hat aber Goethes Sentenz besondere Gültigkeit: «Wenn Ihrs nicht fühlt, Ihr werdet's nicht erjagen.» Die Fähigkeit des kreativen Symbolisierens und die Möglichkeit, Symbole in lebendiger Weise als bedeutungsstiftend zu erleben, ist erfahrungsgemäß recht störanfällig, worauf noch zurückzukommen sein wird.

Hier steht zunächst die Frage im Raum, wie es denn zu der spezifischen Fähigkeit menschlichen Imaginierens überhaupt kommt. Diese Fähigkeit ist verknüpft mit dem, was als Kreativität bezeichnet wird. Obwohl wir im Grunde nicht wissen, was letztlich der kreativen Phantasie im Menschen zugrunde liegt, ist sie ohne Symbolisierungsfähigkeit undenkbar. Sie benötigt ein Zusammenwirken sogenannt kognitiv-semantischer Symbolisierung mit jener Symbolbildungsfähigkeit, wie sie vornehmlich in der Tiefenpsychologie postuliert wird. Das heißt, die vorgefundene Realität muß sich zunächst in der Vorstellung abbilden können. Sie muß «symbolisch repräsentiert» sein, in der Vorstellung abrufbar, auch dann, wenn sie nicht direkt wahrgenommen oder wenn mit ihr im Moment keine Beziehung aufgenommen werden kann. Zugleich werden diesen im kognitiven Sinne verstandenen «symbolischen Repräsentanzen» neue Bedeutungen zugeschrieben, sie werden «bedeutungsschwanger». Zum Beispiel wird das Bild der Mutter mit großer Mächtigkeit ausgestattet, ihre Präsenz bedeutet allumfassende Geborgenheit und allumfassenden Schutz. Oder es nimmt die Gestalt einer verstoßenden, verlassenden, verschlingenden Figur an. Mit der Zeit wird sich in der Imagination das Bild der Mutter auch mit ganzen Abläufen und Geschichten anreichern, natürlich gefördert durch die Art und Weise, wie die Mutter mit dem Kind kommuniziert.

Auch wenn der Säugling die Fähigkeit zu symbolisierender Phantasie noch nicht entwickelt hat, so sind seine frühen emotionalen Wahrnehmungen, die sich zum Teil in den RIGs niedergeschlagen haben, im späteren Phantasieren codiert, geben ihm weitgehend den affektiven Hintergrund. Jungianern fällt es vielleicht nicht so leicht, die Beobachtung zu akzeptieren, daß der Mensch, zumindest in seinen ersten zwölf bis achtzehn Lebensmonaten, in einer «präsymbolischen» Phase zu existieren scheint. Erst mit der Sprachentwicklung während der zweiten Hälfte des zweiten Lebensjahres entsteht die Fähigkeit zu symbolischer Repräsentation. Sie dient, nach Lichtenberg, in hohem Ausmaß dazu, die turbulenten, konfliktreichen, «dämonischen» Aspekte der Erlebensweisen dieser Zeit zu strukturieren (Lichtenberg 1991, S. 130). Daß diese Erfahrungsaspekte der Kindheit (und des Lebens im allgemeinen) in Träumen, Versprechern, freien Assoziationen und im spontanen Spiel symbolisch repräsentiert werden, hält er zu Recht für eine wirklich einzigartige Entdeckung der Psychoanalyse. Er betont, daß traumatische Ereignisse spätestens ab dem achtzehnten Monat in diesen Formen der symbolischen Repräsentation geordnet werden können (Lichtenberg 1991, S. 130). Lichtenberg setzt hier offensichtlich den kognitiv-semantischen Symbolbegriff (Sprache) mit dem psychoanalytischen in eins.

Ein Exkurs: Zusammenhang kognitiver Symbole mit der Jungschen Symbolauffassung

Ich möchte hier aufzuzeigen versuchen, wie Sprache in ihrer kognitiven Symbolik im Zusammenhang stehen kann mit Symbolen im Jungschen Sinne. Die Sprache setzt zur Verständigung mit anderen eine Bezeichnung für einen jeweiligen Tatbestand ein. Sie muß davon ausgehen, daß diese Bezeichnung in beiden Beteiligten die entsprechende Vorstellung weckt, sonst bleibt das Wort eine leere Lautfolge. Die Bezeichnung und das Bezeichnete müssen mehr oder weniger zur Deckung kommen, sowohl in der Vorstellung des Sprechenden als auch in derjenigen des Angesprochenen. Damit wird Sprache zu einem Kommunikations- und Verständigungsmittel. Solange es sich um Bezeichnungen von konkreten Gegenständen handelt, ist solche Deckungsgleichheit zwischen Bezeichnung und Bezeichnetem möglich und läßt sich kommunikativ vermitteln. Komplexere, mit Gefühlen verbundene Inhalte sind oft «schwer in Worte zu fassen» und werden anderen Menschen nicht ohne weiteres verständlich. Sie beginnen Symbolcharakter anzunehmen. So sagt jemand zum Beispiel: «Ich fühle mich sehr verzweifelt.» Das Wort verzweifelt bezeichnet einen Gefühlszustand, was vom Angesprochenen nur verstanden werden kann, wenn er aus eigener

Erfahrung mehr oder weniger weiß, wie sich Verzweiflung anfühlt. Dabei ist es aber keinesfalls sicher, ob beide die gleichen Nuancen, den gleichen Stärkegrad an Verzweiflung meinen.

Jedenfalls weist dieser Satz auf einen entsprechenden Gefühlszustand hin. Vielleicht hat derjenige, der ihn ausspricht, eine Ahnung davon, was ihn zur Verzweiflung treibt. Vielleicht aber unterliegt er vielmehr einer verzweifelten Stimmung, die ihn gleichsam wie angeflogen überfiel und die ihm unerklärlich ist. Verzweiflung entspricht oftmals dem Gefühl, nicht mehr «weiter zu wissen». In diesem Gefühl mag eine Vorstellung stecken, die sich beispielsweise im Bild eines Weges ausdrückt, von dem man nicht weiß, ob er weiterführt oder ob er sich mit anderen Wegen kreuzt, so daß man die Orientierung verliert. Oder der Weg scheint ins Unendliche zu führen, aber die Kräfte, ihn weiterzugehen, drohen zu schwinden. Soll ich zurückkehren, einen anderen Weg finden? Was soll ich tun? Ich weiß nicht mehr «ein noch aus», ich bin verzweifelt. Solche Bilder können im Gefühl der Verzweiflung enthalten sein, und es ist nicht ausgeschlossen, daß sie in ähnlicher Weise zum Beispiel in Träumen auftauchen, um diesen seelischen Zustand zu symbolisieren.

Andersartige Vorstellungsbilder können durch diesen Satz hervorgerufen werden: Ich sehe mich beispielsweise als kleines Kind, das freudig mit der Mutter Kontakt aufnehmen will. Die Mutter wendet aber ihren Blick ab, vielleicht ist sie durch eigene Verzweiflung absorbiert. Sie nimmt kaum Notiz von meinem Bedürfnis, ist nicht «da». Wir wissen heute, nicht zuletzt dank der Kleinkindforschung, daß eine solche Szene auf einen chronischen Zustand des gestörten seelischen Austauschs in der Mutter-Kind-Beziehung hinweisen kann, der dazu führt, daß sich das Kind verlassen und abgelehnt fühlt. Man hat beobachtet, daß Kleinkinder, wenn es ihnen auf die Dauer nicht gelingt, einfühlende Zuwendung von der Mutter hervorzurufen, solche Versuche aufgeben und resignieren. Sie bleiben in großer Unsicherheit befangen, ob an der Liebe der unzugänglichen, sie ablehnenden Mutter zu zweifeln/verzweifeln ist oder ob sie an sich selbst verzweifeln müssen, da sie aus irgendeinem Grunde nicht liebenswert zu sein scheinen.

Vielleicht steckt aber noch etwas in dem Zustand des Verzweifeltseins, das zwar in den meisten Fällen tief unbewußt ist, sich aber auf einen kollektiven Mythus der Abendländer bezieht: Verzweiflung bedeutet letztlich das Gefühl, aus der Harmonie mit Gott, Welt und Selbst herausgefallen zu sein. Es handelt sich in mythischer Sprache um einen Paradiesesverlust. Im Mythus vom verlorenen Paradies kommt der erste Anstoß zum Verlust aus dem Zweifel an der Vollkommenheit der paradiesischen Ordnung. Und zwar ist es die Schlange in ihrer «Doppelzüngigkeit», welche sich als Widersacherin von Gottes Ordnung aufspielt. Die Schlange symbolisiert unter anderem die in der menschlichen Natur angelegte Möglichkeit, die Gegebenheiten des So-Seins zweifelnd in Frage zu stellen. Sie «vergiftet» die Zufriedenheit des selbstverständlichen Eins-Seins mit einer wie immer gearteten Welt- und Selbstordnung. Sie repräsentiert einen tiefsitzenden menschlichen «Instinkt», die Gültigkeit von Tabus, Glaubenssätzen und Wertsystemen im Laufe der Zeit immer wieder in Zweifel zu ziehen. Diesen Welt- und Selbstordnungen gegenüber erscheint sie deshalb als das Destruktiv-Böse. Andererseits ist aber, vom Lebensfluß her gesehen, Infragestellung förderlich und notwendig, können Zweifel Anlaß zu Neuorientierung werden.

Das Gefühl «Ich bin verzweifelt» bedeutet aber letztlich, daß mir die Möglichkeit oder Kraft abhanden gekommen ist, mit meinen Zweifeln irgendwie fruchtbar umzugehen. Nicht ich *habe* Zweifel, ich *bin* voller Zweifel, die Zweifel besetzen mich, untergraben mein Selbstwert- und Lebensgefühl, gaukeln mir zu Recht oder Unrecht vor, daß alles ohne Sinn und Wert, ohne Hoffnung und Zukunft ist. Die sprachliche Bezeichnung «verzweifelt» drückt einen emotionalen Zustand aus, der gefühlsmäßig nachvollzogen und zugleich in vielfältigsten Vorstellungsbildern symbolisiert werden kann. Wenn Emotionen «ins Bild» kommen, ist es leichter möglich, mit ihnen umzugehen und dazu eine Einstellung zu gewinnen. Dies ist ein Grund dafür, warum Träumen soviel Wert beigemessen wird.

Ich habe, um die Bedeutung des Symbols in der Jungschen Psychologie zu veranschaulichen, in voller Absicht nicht von den bekannten großen Symbolen der Religionen gesprochen, auch nicht vom Kreis oder vom buddhistischen Mandala, welches als Symbol seelischer Ganzheit bei Jung eine so große Rolle spielte. Ich habe nicht einmal ein Bild im eigentlichen Sinne gewählt, auch wenn das Symbol meist mit dem Bildhaften, dem Sinn-Bild im Zusammenhang steht. Ich bin statt dessen von dem Phänomen sprachlicher Bezeichnung ausgegangen, von der Frage, inwiefern die Bezeichnung das Bezeichnende symbolisch repräsentiert und inwiefern Sprache mit symbolischer Bedeutungsverleihung zusammenhängt. Es ist, wie erwähnt, für die Verarbeitung starker Emotionen und Konflikte entscheidend bedeutsam, ob letztere in Form symbolischer Repräsentation eingeordnet werden können, ob im kognitiven Symbol der sprachlichen Bezeichnung auch die tiefere Bedeutungsvielfalt lebendiger Symbole mitschwingt und erfahrbar wird.

Zur Reifung der Symbolisierungsfähigkeit

Kleinkindforscher, die vornehmlich an der «gesunden» Normalentwicklung und Reifung interessiert sind und erst in zweiter Linie Störungen in Betracht ziehen, nehmen offensichtlich an, daß sich die Symbolisierungsfähigkeit, auf der die Phantasietätigkeit beruht, spontan entwickelt, gemäß dem Zeitplan der Reifung. Voraussetzung dazu ist allerdings, daß die Bezugspersonen des Kindes dieser Entwicklung möglichst fördernd zur Seite stehen, ihr jedenfalls bewußt oder unbewußt keine Hindernisse in den Weg legen. Entscheidend wichtig sind dabei die auf das Kind gerichteten Phantasien, welche sich in den wichtigen Bezugspersonen abspielen. Jedenfalls beruht Entwicklung bedeutungsstiftender Symbolisierungsfähigkeit weitgehend auf Zuwendung und günstig dosierter Anregung von seiten der Umwelt – ein Thema, auf das im nächsten Kapitel eingegangen werden soll.

Doch vorerst ist noch an Winnicotts Beobachtung zu denken, daß Kleinkinder in Abwesenheit der Mutter einen Zipfel Bettdecke oder später ein Püppchen oder einen Plüschbär so erleben, *als ob* Mütterliches von ihm ausginge. Bei genügend guter Bemutterung weiß das Kind durchaus zu unterscheiden zwischen der Präsenz der realen Mutter und der «als-ob»-Funktion dessen, was Winnicott das «Übergangsobjekt» genannt hat. Die Brückenfunktion des Symbols kommt auch im Ausdruck «als ob» zur Veranschaulichung. Die reale Welt und die vorgestellte Welt gehen eine Verbindung – aber keine *Verschmelzung* – ein, wobei der «als-ob»-Charakter des symbolischen Gebildes bewußt bleibt. Es macht Sinn anzunehmen, daß fruchtbarer Bezug zum Symbol in seiner «als-ob»-Bedeutung seine Wurzeln in der frühkindlichen Fähigkeit hat, relativ ungestört Übergangsobjekte zu schaffen und zu gebrauchen (Winnicott 1951).

11. Säugling und Umwelt

Einwirkungen des unbewußten Hintergrundes der Eltern (Jung)

C. G. Jung schrieb 1927:

> «Wir können weder die Psychologie des Kindes noch die des Erwachsenen völlig verstehen, wenn wir sie nur als subjektive Angelegenheit des Individuums betrachten, denn noch wichtiger fast ist seine *Bezogenheit*» (Jung 1927, § 80; Hervorhebung vom Autor).

Nach seiner Ansicht ist das Kind «so außerordentlich verbunden und verwachsen mit der psychologischen Einstellung seiner Eltern, daß es nicht wunder nimmt, wenn die meisten nervösen Störungen im Kindesalter auf eine gestörte seelische Atmosphäre der Eltern zurückzuführen sind» (Jung 1927, § 8). Jung nimmt an, daß bis zum Alter, in dem das Kind «ich» zu sagen beginnt – in seiner Einschätzung zwischen dem dritten und fünften Lebensjahr –, noch nicht von einer *Individualpsyche* im eigentlichen Sinne gesprochen werden könne. Die frühinfantile Psyche ist gewissermaßen nur ein Teil der mütterlichen, etwas später auch – wegen der gemeinsamen Atmosphäre – der väterlichen Psyche (Jung 1928, § 106). Wie schon erwähnt, zog Jung daraus den Schluß, daß die psychischen Störungen der Kinder bis weit ins schulpflichtige Alter hinein sozusagen ausschließlich auf Störungen der psychischen Sphäre der Eltern beruhen. Zu diesem Schluß ist er vornehmlich anhand der Beobachtung von Kindesträumen gekommen. Er berichtet beispielsweise von dem Fall eines achtjährigen Knaben, der «das ganze erotische und religiöse Problem seines Vaters träumte» (Jung 1928a, § 106). Der Vater, der bei Jung in Behandlung war, konnte sich an keinerlei Träume erinnern, und so analysierte Jung eine Zeitlang den Vater durch die Träume seines Sohnes. Schließlich begann der Vater selbst zu träumen, und die Träume des Kindes hörten auf (Jung 1928a, § 106). Dies war der Grund, weshalb Jung gegenüber den Bestrebungen, bereits Kinder psychotherapeutisch zu behandeln, sehr skeptisch war. Vielmehr war in seiner Sicht die Selbsterforschung der Eltern zu fördern, denn was in der Regel psychisch am stärksten auf das Kind wirkt, ist dasjenige Stück Leben, das sie, und vielleicht auch ihre Vorfahren, nicht gelebt haben, das aber möglicherweise hätte gelebt werden können (Jung 1927, § 87).

Die Anschauungen Jungs aus der damaligen Zeit, von denen er sich nie distanziert hatte, lassen allerdings der Individualität des Säuglings und Kleinkindes keinen Raum. Sie stützen auch die zeitweise zum Dogma erhobenen Vorurteile, daß an allen psychischen Schwierigkeiten des Kindes immer die Mutter, selten vielleicht auch noch der Vater, die Schuld trägt. Jung wollte allerdings diesem Vorurteil keinen Vorschub leisten und betonte, daß «die kausale Bedeutung der elterlichen Problematik für die Seele des Kindes falsch verstanden [würde], wollte man sie in allzu persönlicher Weise immer als moralische Frage auffassen». Es handelt sich öfters um ein «schicksalhaftes Ethos, das jenseits menschlich bewußten Ermessens steht» (Jung 1927, § 90).

Die Frage, inwieweit Säugling und Pflegeperson miteinander verwoben sind, hat viele psychoanalytische Entwicklungstheoretiker beschäftigt. Von Winnicott stammt das «geflügelte Wort»: «There is no such thing as a baby, only a nursing couple.» Von Verschmelzung und Symbiose wird in der Psychoanalyse häufig gesprochen (Jacobson 1973, Mahler 1978). Demgegenüber setzt der Jungsche Kinderanalytiker und Forscher M. Fordham, der seinen entwicklungstheoretischen Standpunkt schon im Titel seines Buches «Das Kind als Individuum» ausdrückt, das «primäre Selbst» an den Anfang. Auf diesem primären oder originären Selbst beruht nach seiner Ansicht das persönliche Realitätsgefühl, und von ihm geht die Individuation aus (Fordham 1974, S. 20).

Ich habe bewußt das Zitat Jungs, in dem er der Bezogenheit

zwischen dem Kind und dem Erwachsenen die entscheidende Bedeutung zumißt, an den Anfang gestellt. Allerdings nimmt Jung bereits im nächsten Satz keine Differenzierung zwischen «Bezogenheit» und «Verschmelzung» oder einem «psychischen Miteinander-Verwachsensein» mehr vor. Bezogenheit ist aber von symbiotischem Verwachsensein zu unterscheiden, denn sie kann nur zwischen zwei wenigstens rudimentär voneinander abgegrenzten Lebewesen stattfinden. In der Verschmelzung, dem symbiotischen Verwachsensein, sind diese Grenzen innerhalb der «Zwei-Einheit» verwischt, und infolge der Gleichsetzung von Bezogenheit und Verschmelzung vertritt Jung die Ansicht, daß von einer Individualpsyche des Säuglings nicht gesprochen werden könne. Hingegen beobachtet die moderne Säuglingsforschung ein Selbstempfinden des Säuglings sozusagen von Geburt an und untersucht in subtilster Weise, wie sich die Bezogenheit zwischen Mutter und Säugling im Laufe der Reifung differenziert und wandelt.

Niemand wird bestreiten, daß die Interaktionen zwischen Mutter (oder einer nahen Pflegeperson) und Säugling für letzteren auch psychisch von äußerster Lebensnotwendigkeit sind. Darüber sind sich – spätestens seit den Forschungen von R. Spitz – alle Beobachter einig. Im Grunde mußten sich die früheren Forschungen darauf beschränken, das *Verhalten* des Säuglings sorgfältigst zu registrieren, während zu dessen *Erleben* nur mehr oder weniger plausible Theorien aufgestellt werden konnten. Die moderne Säuglingsforschung interessiert sich deshalb besonders für die Erlebensweisen des Kindes und setzt sich mit der Frage auseinander, was diese Austauschprozesse zwischen Säugling und Pflegeperson erlebnismäßig bewirken. Sie untersucht auch, auf welche Art und Weise die seelische Entwicklung des Kleinkinds durch sie beeinflußt, gefördert, blokkiert oder fehlgeleitet wird. Ohne Zweifel hat Jung mit seiner Beobachtung der unbewußten Einwirkung der elterlichen Psyche auf das Kind zu einem großen Teil recht. Differenziertere Einzelanalysen zu diesem sehr bedeutsamen Phänomen sind aber dringend nötig. Ich glaube, daß die moderne Säuglingsforschung einen wichtigen Beitrag zu dieser Frage zu geben vermag. Daher möchte ich im folgenden anhand von Sterns (1992) Beschreibungen einige Kostproben zur großen Variabilität elterlichen «Abstimmungsverhaltens» mitteilen, welches manchmal bewußt, aber meist unbewußt auf das kindliche Erleben und die Reifungsprozesse des Kindes Einfluß ausübt. Es ist offensichtlich, daß sich dadurch gewisse, auch für den Erwachsenen gültige Verhaltens- und Erlebensweisen ein-«prägen».

Zugleich sind die feinen Beobachtungen der Austauschprozesse zwischen Mutter und Säugling auch gleichsam ein Modell dafür, auf welche Weise im menschlichen Beziehungsverhalten und -erleben unterschwellige Beeinflussungen stattfinden. Da nicht zuletzt Jung es war, der in der therapeutischen Situation die gegenseitige Beeinflussung von Arzt und Patient für unvermeidbar hielt, leisten die Beobachtungen der Säuglingsforscher zur «Ur-Bezogenheit» auch für Jungsche Therapeuten eine wertvolle Hilfestellung zur Sensibilisierung ihrer dialogischen Verstehens- und Beeinflussungsmöglichkeiten.

Zur Frage mütterlichen (elterlichen) Abstimmungsverhaltens

Stern (1992) hat die einflußreiche Wirkung elterlichen Abstimmungsverhaltens ausführlich beschrieben. Wie kommt diese Wirkung überhaupt zustande? Zur – zumindest versuchsweisen – Beantwortung dieser Frage möchte ich auf das schon erwähnte Experiment zurückkommen, in dem sich einjährige Säuglinge auf ihre Mutter beziehen, um an ihrem Gesicht abzulesen, ob es günstig oder ungünstig ist, über eine fiktive Klippe zu steigen. Daraus wurde geschlossen, daß Säuglinge der Mutter die Fähigkeit zuschreiben, einen Affekt zu empfinden und zu signalisieren, dem eine Bedeutung für ihren eigenen, realen oder potentiellen Gefühlszustand zukommt und der somit ihrer Orientierung dient. Es folgt daraus, daß etwa neun Monate alte Säuglinge die Übereinstimmung zwischen dem eigenen Affektzustand und dem Affektausdruck auf dem Gesicht einer anderen Person registrieren. Man kann daraus jedenfalls den Schluß ziehen, daß der Säugling auf irgendeine Weise eine Entsprechung zwischen dem eigenen, innerlich erlebten Gefühlszustand und dem Gefühlszustand, den er «an» oder «in» einer anderen Person beobachtet, herstellt. Stern hat hier von «Inter-Affektivität» gesprochen. Diese Inter-Affektivität ist wohl die erste, einflußreichste und in ihrer Unmittelbarkeit wichtigste Form gemeinsamen subjektiven Erlebens. Im Alter von neun bis zwölf Monaten bildet der Affektaustausch den vorherrschenden Modus und Inhalt der Kommunikation mit der Mutter. Es wurde jedenfalls beobachtet, daß gemeinsam innerhalb der Mutter-Kind-Beziehung erlebte affektive Stimmungen und Zustände früher auftreten als gemeinsam erlebte affektive Zustände, die sich auf Dinge außerhalb der Dyade beziehen (Trevarthan und Hubley 1978, in Stern 1992, S. 191).

Damit das Erleben der Inter-Affektivität, beruhend auf gegenseitiger Affektabstimmung, überhaupt zum Tragen kommt, sind folgende drei Prozesse notwendig: Erstens muß die Mutter in der Lage sein, die emotionale Befindlichkeit des Säuglings an seinem Verhalten abzulesen. Zweitens darf ihr Verhalten nicht strikte Nachahmung des Säuglings sein, muß aber trotzdem dem Verhalten des Kindes auf irgendeine Weise entsprechen. Drittens muß der Säugling fähig sein zu spüren, daß die entsprechende mütterliche Reaktion etwas mit seinem eigenen *Gefühls*zustand zu tun hat und nicht nur sein Verhalten nachahmt. Nur wenn diese drei Bedingungen erfüllt sind, stellt sich das Erleben affektiver Gemeinsamkeit ein (Stern 1992, S. 199). Wenn solche Erfahrung in Worte gekleidet werden könnte, würde sie etwa lauten: «Ich bewirke die Mutter (andere Menschen), mich und meinen Gefühlszustand wahrzunehmen, mich zu ‹spiegeln› – also *bin* ich. Denn dadurch entsteht das Erleben gegenseitiger emotionaler Resonanz.» Zusammen mit der Empathie, über die noch ausführlicher gesprochen werden soll, macht Affektabstimmung die emotionale Resonanz aus, die für die Entwicklung des menschlichen Selbstgefühls von ausschlaggebender Wichtigkeit ist.

Die affektiven Abstimmungen zwischen Pflegeperson und Säugling sind also von lebenswichtiger Bedeutung für dessen

Reifung und Entwicklung. Durch sie finden zugleich die ersten und tiefstsitzenden Einflüsse auf die zukünftigen Erlebens- und Verhaltensweisen des Kindes statt. Sie stellen auch den Beginn kindlicher Sozialisierung dar. Stern versucht, die Vielschichtigkeit des Abstimmungsverhaltens durch Setzung einiger Schwerpunkte zu differenzieren. Er unterscheidet zwischen: Nicht-Abstimmung, selektiven Abstimmungen, Fehlabstimmung und Einstimmung, nicht-authentischen Abstimmungen und übertriebener Abstimmung. Weil all diese Formen von Abstimmungsverhalten auch für die therapeutische Situation relevant sind, möchte ich einige von ihnen, wenn auch kurz, im einzelnen etwas ausführen.

Selektive Abstimmung

Bei den affektiven Abstimmungen zwischen Pflegeperson und Säugling handelt es sich im Grunde fast immer um selektive Abstimmungen. Sie sind es, die den Eltern eine der besten Möglichkeiten bieten, die Entwicklung des subjektiven und interpersonalen Lebens ihres Kindes zu beeinflussen. Sie liefern auch die Erklärung dafür, «wie aus dem Säugling allmählich das Kind seiner Mutter (seiner Eltern?) wird» (Lichtenstein 1961). Zugleich macht der Einfluß der Phantasien, die die Eltern in bezug auf ihre Säuglinge hegen, sich vor allem über das Abstimmungsverhalten geltend. Die Abstimmung ermöglicht es den Eltern, dem Kind zu vermitteln, welche subjektiven Erlebnisse innerhalb oder außerhalb der Grenzen wechselseitiger Berücksichtigung und Akzeptanz liegen. Auf diese Weise vermögen Wünsche, Befürchtungen, Verbote und Phantasien der Eltern das seelische Erleben des Kindes gleichsam zu strukturieren.

In gewissem Sinne müssen Eltern entscheiden – meist ohne sich dessen bewußt zu sein –, worauf sie sich abstimmen wollen, denn der Säugling äußert ja eine breite Skala von Gestimmtheiten und von verschiedensten Emotionen aller Aktivierungsstufen mit zahlreichen Vitalitätsaffekten. Es gibt eine fast unbegrenzte Zahl von Gelegenheiten, auf Verhaltensweisen des

Säuglings einzugehen. Manche werden ergriffen, andere hingegen bleiben unbeachtet.

Beispielsweise bewertet eine Mutter ein «enthusiastisches» Verhalten ihrer kleinen Tochter sehr hoch. Wenn nun das Kind von Natur aus begeisterungsfähig ist, kommt es zu einem «Übereinstimmungsglück» immer dann, wenn sich das Kind vor Begeisterung gleichsam überschlägt, was geradezu ansteckend wirkt. Wenn nun das Kind eher introvertiert und beschaulich ist und weniger intensiv an der Welt teilnimmt, so hat diese Stimmungslage viel weniger gelungene Abstimmungen zur Folge. Bei solch selektiver Abstimmung nimmt aber der Säugling sehr genau wahr, daß temperamentvolles Äußern von Begeisterung für die Mutter eine besondere Bedeutung hat, ja daß sich dadurch unter Umständen eine der wenigen Möglichkeiten ergibt, ein intersubjektives Einssein überhaupt zu entwickeln. Damit ist der Boden vorbereitet, Enthusiasmus zu «heucheln», um in die ersehnte Abstimmung zu kommen. Mit andern Worten sind bereits Ansätze zu beobachten, wie sich ein «falsches Selbst» im Sinne Winnicotts zu entwickeln beginnt. Wenn also ein Säugling nur in einem fröhlichen Zustand als subjektiver Partner akzeptiert wird, werden seine eher depressionsähnlichen Selbsterfahrungen aus dem Bereich des potentiell gemeinsamen Erlebens ausgegrenzt.

Allein durch ihre Wesensart machen Eltern in ihrem Abstimmungsverhalten zwangsläufig ein gewisses Maß an selektiver Voreingenommenheit geltend, die großen Einfluß auf die gemeinsam erlebbare interpersonale Welt des Säuglings ausübt. Werden bestimmte Erfahrungen aus der intersubjektiven Gemeinsamkeit ausgeschlossen, besteht, wie schon erwähnt, die Gefahr, daß ein falsches Selbst entsteht. Darauf soll zu einem späteren Zeitpunkt eingegangen werden.

Fehlabstimmung und Einstimmung

Was Stern als «Fehlabstimmungen» und «Einstimmungen» bezeichnet, stellt für Eltern eine weitere Möglichkeit dar, innerpsychische Erfahrungen des Kindes hervorzurufen, die ihren eigenen Wünschen und Phantasien entsprechen, sich beim Kind aber zu einem selbstentfremdeten Erlebens- und Verhaltensmuster ausweiten können. Fehlabstimmung und Einstimmung sind schwer zu unterscheiden, weil sie irgendwo zwischen einer gelungenen gemeinsamen Abstimmung und einer emotional nicht übereinstimmenden Reaktion liegen. Sie haben große Ähnlichkeit mit gelungenen Abstimmungen, geben sich fälschlicherweise als solche aus, zielen aber an einer genauen affektiven Entsprechung knapp vorbei. Und es sind gerade diese Nuancen, um die sie ihr Ziel verfehlen, auf denen ihre entscheidende Wirksamkeit beruht.

Dazu möchte ich in gekürzter Form ein Beispiel geben, das Stern (1992, S. 297ff.) ausführt: Eine Mutter fiel dadurch auf, daß sie auf die Affektäußerungen ihres zehn Monate alten Sohnes stets in einer etwas gedämpften Weise reagierte. Wenn er beispielsweise einen Affekt zu erkennen gab, sie mit strahlendem Gesicht ansah und aufgeregt mit den Armen fuchtelte, reagierte sie mit einem etwas nüchterneren «Ja, mein Liebling», das in seinem emotionalen Intensitätsgrad stets hinter dem des Kindes zurückblieb. Dieses Verhalten ihrerseits war besonders auffällig, weil es gar nicht zu ihrem sonst quicklebendigen Temperament passen wollte. Auf Befragung kam heraus, daß sie sich ihres diesbezüglichen Verhaltens vage bewußt war. Sie tat es deshalb, weil sie befürchtete, ihr Söhnchen würde die Initiative verlieren, wenn sie sich ganz auf ihn abstimmte und sein Erleben teilte. Schließlich sagte sie, ihrem Eindruck entsprechend sei er ein bißchen zu passiv und neige dazu, ihr die Initiative zu überlassen, und das wolle sie durch ihre Zurückhaltung verhindern.

Im weiteren kam heraus, daß sie zwischen ihrem Kind und seinem Vater große Ähnlichkeit festzustellen vermeinte. Auch er sei zu passiv und zurückhaltend und überlasse es ihr, stets die treibende Kraft in der Familie zu sein. Sie möchte deshalb verhindern, daß ihr Sohn in dieser Hinsicht wie der Vater würde. Der Zusammenhang zwischen ihren geringfügigen Fehlabstimmungen und ihren Plänen und Phantasien zur «Erziehung» ihres Sohnes war ihr nie voll zu Bewußtsein gekommen.

Dieses anschauliche Beispiel führt Stern an, um aufzuzeigen, auf welchem Weg die Einstellungen, Pläne und Phantasien der Pflegepersonen in konkretes Interaktionsverhalten umgesetzt werden, so daß sie ihr Ziel erreichen. Damit macht er auf mögliche Konsequenzen solcher Fehlabstimmungen aufmerksam, und er fügt hinzu:

> «Ein faszinierendes Paradox der Strategie dieser Mutter besteht darin, daß sie, wenn alles weiterliefe wie bisher, genau das Gegenteil dessen erreichen würde, was sie eigentlich beabsichtigt. Ihre zu niedrig angesetzten Abstimmungen würden das Kind eher dämpfen und ihm den Schwung rauben. Ohne es zu wollen, würde die Mutter dazu beitragen, den Sohn seinem Vater ähnlicher zu machen. Die Einflüsse von einer Generation zur nächsten erfolgen nicht immer auf direktem Weg» (Stern 1992, S. 298).

Fehlabstimmungen tendieren bewußt oder unbewußt dazu, Verhalten und Erleben des Kindes zu *ändern,* statt sie zu teilen. Damit eine Fehlabstimmung im Kind zur Wirksamkeit kommt, muß sie einer gemeinschaftlichen Abstimmung nah genug sein, das heißt: «Gelungene» Fehlabstimmungen erwecken das Gefühl, als habe die Mutter sich irgendwie in den subjektiven Bereich des Kindes eingeschlichen und eine *Illusion* des gemeinsamen Erlebens bewirkt, nicht aber eine wirkliche Übereinstimmung. Die Mutter hat sich also scheinbar in das Erleben des Kindes hineinversetzt, ist aber ein kleines Stück «daneben» gelandet. Manchmal nun rückt das Kind näher dorthin, wo sie sich befindet, um die Lücke zu schließen und eine Übereinstimmung zu erwirken oder wiederherzustellen. Und damit ist es der Fehlabstimmung gelungen, das Verhalten und Erleben des Kindes in der von der Mutter gewünschten Richtung zu verändern.

Damit beschreibt Stern eine sehr verbreitete und vielleicht zum Teil auch notwendige «Erziehungsmethode». Zugleich werden hier auch die Gefahren ersichtlich, die dem gesamten Bereich der selektiven Abstimmung und der Fehlabstimmung potentiell innewohnen. Das Kind muß bereits in diesem frühesten Alter erleben, daß es mit Gefahren verbunden ist, einem anderen Menschen Zugang zum eigenen subjektiven Erleben zu gewähren. Denn eine Mutter vermag sich auf den Zustand des Säuglings abzustimmen, eine Gemeinsamkeit des Erlebens zu bewirken und dieses Erleben so zu verändern, daß es dem Säugling verlorengeht. Es ist dann, als ob dem Kind die eigenen Gefühle «geraubt» würden. Wahrscheinlich ist dies der Ausgangspunkt jener langen Entwicklungslinie, an deren Ende das Bedürfnis älterer Kinder steht, zu lügen, Geheimnisse zu haben und Ausflüchte zu suchen, um ihr eigenes, subjektives Erleben zu beschützen.

Da Eltern immer nur «hinreichend gut» sein können, bleibt diesseits und jenseits des Optimums an geglückter affektiver Abstimmung ein Spielraum, in dem das Kind die verschiedensten Facetten des Abstimmungsverhaltens erfahren und erlernen kann. Der Bereich gegenseitiger Abstimmung ist ein Schlüssel, der den Menschen Zugang zur Subjektivität des andern verschafft. Hier kann psychisches Leben durch geglückte Übereinstimmung mit einem anderen (dem «Selbstobjekt» im Sinne Kohuts 1974, 1979) bereichert werden. Ebenso können aber auch Tür und Tor zu den verschiedensten Formen von Manipulation und Enteignung offenstehen, was zur Verarmung des inneren Erlebens beiträgt (Stern 1992, S. 300).

Nicht-authentische Abstimmungen

Interessant ist die subtile Unterscheidung, die Stern zwischen Fehlabstimmungen und sogenannt «nicht-authentischen Abstimmungen» vornimmt. Anders als die meisten Fehlabstimmungen sind letztere nicht durch eine verhüllte Absicht motiviert, wie dies zum Beispiel bei der erwähnten Mutter der Fall war, die durch ihr Verhalten zu vermeiden trachtete, daß ihr Söhnchen passiv und damit seinem Vater allzu ähnlich würde. Nicht-authentische Abstimmungen sind eher zufällig mißlingende Versuche, Gemeinsamkeit herzustellen, und haben wenig mit beabsichtigten Versuchen zu tun, das Verhalten des Säuglings systematisch auf eine bestimmte Weise zu verändern.

Höchstwahrscheinlich werden hier in vielen Fällen unbewußte Ambivalenzkonflikte, narzißtische Störungen und sonstige Beziehungsprobleme der Pflegeperson eine Rolle spielen. Nichtauthentische Abstimmungen haben kein konsistentes Muster, und eine Mutter, die sich nicht-authentisch verhält, wird als wenig beständig erlebt. Wenn Nicht-Authentizität im intersubjektiven Bereich vorherrscht, wird die interpersonale Orientierung sehr beeinträchtigt. Da auf den andern kein Verlaß ist, wird jegliche Vertrauensbildung wesentlich gestört.

Um aber den Müttern oder Pflegepersonen nicht ein Ideal an Authentizität aufzupfropfen, das, wie jedes Ideal, Überforderung und Einengung bewirken kann, sei auf einige Bemerkungen Sterns hingewiesen: Abstimmungsverhalten kann recht gut gelingen, auch wenn man mit dem Herzen nicht immer ganz bei der Sache ist. Begreiflicherweise gibt es für Eltern tausend Gründe, warum sie sich nicht stets mit vollem Herzen in die Zweisamkeit mit dem Säugling einbringen können. Sie mögen aufgrund eigener Sorgen absorbiert oder aus Überarbeitung erschöpft sein usw. Stern geht es also nicht um Authentizität versus Nicht-Authentizität. Wir haben es mit einem Spektrum, nicht mit einem Entweder-Oder zu tun. Eigentlich geht es um die Frage: «*Wie* authentisch ist das Verhalten?» Meistens obliegt es der Mutter, mehrere Absichten gleichzeitig zu verfolgen, während der Säugling immer nur eine davon mitverfolgt. Die Botschaften der Mutter werden über viele Kanäle ausgesandt, und es gibt viele «doppelte Botschaften» (siehe Stern 1992, S. 301 ff.).

Die Unzuverlässigkeit des nicht-authentischen Abstimmungsverhaltens mitsamt seiner doppelten Botschaften bildet Gefahrenmomente für die Entwicklung – nicht zuletzt deshalb, weil sie das kindliche Bedürfnis nach «sozialer Vergewisserung» keineswegs zu erfüllen vermag. Worauf soll sich das Kind verlassen, woran orientieren, wenn es das eine Mal akzeptiert und das nächste Mal ohne offensichtlichen Grund abgelehnt wird, wenn strukturbildende Grenzen nie konsequent vermittelt werden, die gleichen Aktivitäten unvermittelt gegensätzliche Rückmeldungen hervorrufen – je nach Stimmungslage der

Pflegeperson? Jedenfalls wirken sich hier allfällige seelische Störungen, mit denen Eltern und Pflegepersonen oft unbewußt behaftet sind, sehr schädlich aus. So beobachtete Stern eine Mutter, die ihrem einjährigen Sohn jedesmal, wenn er sich ein wenig ungeschickt anstellte und etwas umschmiß oder ein Spielzeug kaputtmachte, ihre Niedergeschlagenheit vermittelte. Dieses Signal bestand aus einem langanhaltenden Ausatmen und sinkendem Tonfall, zugleich sackte sie leicht in sich zusammen, runzelte die Stirn, ließ den Kopf ein wenig zur Seite geneigt hängen und seufzte: «Ach, Johnny!» Man kann das so deuten: «Sieh mal, was du deiner Mutter schon wieder angetan hast.» Es wurde danach beobachtet, daß Johnny, was seinen überschwenglichen Erkundungseifer anging, vorsichtiger wurde. Stern vermutet, daß es der Mutter mit dieser Haltung gelingen könnte, ihr eigenes Affekterlebnis teilweise ihrem Söhnchen einzupflanzen. Dadurch könnte auch für die Zukunft sein aktiv erkundendes Verhalten chronisch gehemmt sein. Dies wäre wiederum ein Beispiel zur Illustration von Jungs Beobachtungen, daß kindliches Erleben und Verhalten in hohem Maße durch Einwirkung unbewußter Hintergründe und Komplexe der Eltern bestimmt werden.

Die Abtrennung des «wahren» vom «falschen» Selbst

Wie bereits erwähnt, vermag die beginnende Sprachfähigkeit des Kindes das Selbsterleben in zwei Bereiche zu trennen, weil das unmittelbar Erlebte keinen vollständigen sprachlichen Ausdruck finden kann, der erst noch mitteilbar wäre. Gelebte Erfahrung, wie sie im Episodengedächtnis, den sogenannten RIGs, festgehalten wird, und sprachlich repräsentierte Erfahrung bestehen nebeneinander, kommen aber oft nicht unmittelbar zur Deckung. Die Frage stellt sich, auf welche Weise die Trennungen zwischen der gelebten und der sprachlich repräsentierten Erfahrung entstehen und wie sie – wenn überhaupt – überbrückt werden können.

Hier ist der Beginn der Entwicklung sogenannter Abwehrmechanismen wie Verdrängung, Verleugnung, Verneinung anzusiedeln (A. Freud 1936). Stern betont vor allem die Verleugnung als eine auf der Stufe der verbalen Bezogenheit fast regelmäßige Erscheinung. Verleugnung hat meist zur Konsequenz, daß zwar die Wahrnehmungen realitätsgerecht registriert werden, deren emotionale, persönliche Bedeutung aber vom Selbst nicht zugelassen und schon gar nicht mitgeteilt werden kann. Es findet also eine Spaltung des Erlebens statt, zwei verschiedene Versionen der Realität werden voneinander getrennt.

Die Beziehungen zwischen den beiden «Realitätsversionen» sind für die weitere günstige oder ungünstige Persönlichkeitsentwicklung sehr entscheidend. Winnicott hat die zwei Kategorien, in die sich das persönliche Erleben des Selbst spaltet, als das «wahre» und das «falsche» Selbst bezeichnet (Winnicott 1960). Die Entstehung des falschen Selbst wird dadurch gefördert, daß bestimmte Selbsterfahrungen ausgewählt und gesteigert werden, weil sie den Wünschen und Bedürfnissen von wichtigen Bezugspersonen entsprechen, denen das Kind sich unbewußt anzupassen hat. Damit wird unter Umständen von denjenigen Selbsterlebnissen abgewichen, die in höherem Maß durch den «inneren Entwurf» des wahren Selbst bestimmt sind. Dieser Spaltungsprozeß kann schon vor dem siebten Lebensmonat, während der Kern-Bezogenheit (zum Beispiel durch Unter- oder Überstimulierung) beginnen, er wird während der Phase des intersubjektiven Selbsterlebens mittels Abstimmung, Fehlabstimmung und Nichtabstimmung von seiten der Pflegepersonen wesentlich gefördert. Auf der Stufe des verbalen Selbsterlebens verschafft sich nach und nach das falsche Selbst durch die Kooperation von Pflegeperson und Kind die vorherrschende Gültigkeit in Form von sprachlichen Aussagen, die darüber bestimmen, wer man ist, was man tut und was man erlebt. Mit anderen Worten kommt es zu einer Identifikation mit den Vorlieben der Mutter auf Kosten der eigenen Impulse. Das wahre Selbst hingegen wird zu einem Konglomerat verleugneter Selbsterfahrungen, die sich sprachlich weder erfassen noch mitteilen lassen, für welche also «die Worte fehlen». Verleugnung trennt also die persönliche, emotional bedeutsame Wirklichkeit von dem, was gemäß sprachlicher Übereinkunft als Wirklichkeit gilt.

Das Motiv hinter der Verleugnung, welche die Trennung zwischen wahrem und falschem Selbst aufrechterhält, besteht in erster Linie aus dem Bedürfnis nach Bindung und Zusammengehörigkeit mit der Bezugsperson. Mit anderen Worten kommt es zur Entwicklung des falschen Selbst, wenn ein Kind die Erfüllung seiner Bedürfnisse nach subjektiver Bezogenheit und nach Bestätigung seines Wesens nur mittels Anpassung an die Erwartungen der Mutter erkaufen kann. Im Bereich des wahren Selbst verweigert die Mutter, aus welchen Gründen auch immer, ihre Verfügbarkeit und tut sogar so, als ob es diesen Bereich gar nicht gäbe.

Zwischen das wahre und das falsche Selbst im Sinne Winnicotts möchte Stern zu Recht noch einen Zwischenbereich einschieben, den er das «private Selbst» nennt. Die Entwicklung einer Privatsphäre, in die man wie selbstverständlich niemanden einläßt, ist mit der Entwicklung eines falschen Selbst verbunden, unterscheidet sich aber wesentlich von diesem, weil das «private Selbst» nie im eigentlichen Sinne verleugnet wird. Vielmehr besteht dieser private Selbstanteil aus Selbsterfahrungen, die weder Abstimmung noch Verstärkung erfahren haben und von niemandem geteilt wurden, die aber, wären sie offen bekundet worden, keine elterliche Abwendung nach sich gezogen hätten. Das Kind lernt einfach, daß sie kein Bestandteil gemeinsamen Erlebens sind. (Man denke an Jungs Beschreibung des geheimnisvollen Männchens, welches er als zu hütendes Geheimnis im Estrich versteckte; Jung/Jaffé 1962, S. 27ff.). Was wichtig ist: Diese privaten Erfahrungen können im Prinzip in Worte gefaßt, dem Selbst anvertraut und somit besser integriert werden als die verleugneten Selbsterfahrungen. Sie sind deshalb durch spätere Lebenserfahrungen leichter modifizierbar, sind weniger vom Anschluß ans Bewußtsein abgeschnitten. Dadurch können die Grenzen, welche die Privatsphäre umgeben, flexibler und situationsgerechter gehandhabt werden (siehe Jacoby 1991).

Die Spaltung in ein wahres und ein falsches Selbst ist aufgrund der Unvollkommenheit unserer Beziehungsmöglichkeiten bis zu einem gewissen Grade unvermeidlich, so sah es offensichtlich Winnicott. Stern schlägt deshalb eine andere Terminologie vor. Er meint, man könnte das sich entwickelnde Selbstgefühl in drei Kategorien unterteilen: das «soziale» Selbst, das «private» Selbst und das «verleugnete» Selbst. Wie «wahr» oder «falsch» diese Selbstanteile jeweils sind, sieht er als ein komplexes klinisches und nicht unbedingt als ein entwicklungsbedingtes Problem. Im günstigsten Falle nähern sich diese Selbstanteile im Laufe der Entwicklung dem «inneren Entwurf» der Persönlichkeit an, wie es der Vorstellung Kohuts (1979), aber natürlich auch dem Prozeß der Individuation im Sinne Jungs entspricht.

Ich möchte dieses Kapitel mit einer doch eher optimistisch anmutenden Aussage Sterns beenden:

> «Die Tatsache, daß die Sprache dem Selbst das Selbst zu definieren vermag [das heißt, daß ich mich in sprachlicher Form zu reflektieren und zu beurteilen vermag, d. Autor.] und daß die Eltern bei dieser Definition eine große Rolle spielen, bedeutet nicht, daß ein Kind durch diese Einflußkräfte ohne weiteres zu ‹verbiegen› wäre und ganz und gar zum Geschöpf der Wünsche und Pläne anderer werden könnte. Dem Sozialisierungsprozeß werden, im Guten wie im Bösen, durch die Biologie des Kindes Grenzen gesetzt. Man kann ein Kind nicht in jede beliebige Richtung und in uneingeschränktem Grad verbiegen, ohne daß das verleugnete Selbst, das dann auf sprachliche Ratifizierung Anspruch erhebt, zutage tritt» (Stern 1992, S. 321).

Es scheint mir, daß diese Aussage Sterns den Jungschen Auffassungen sehr nahe kommt. Die «Biologie» des Kindes – in Jungscher Terminologie wohl das Archetypisch-Vorgegebene – duldet keine allzu großen Verbiegungen durch sozialisierende Einflüsse, ohne sich früher oder später unliebsam bemerkbar zu machen, oft in Form diversester Selbstwertstörungen, auch neurotischer oder psychosomatischer Symptome.

2. Teil

Jungsche Komplextheorie und neuere Kleinkindforschung

1. Archetypen und Komplexe

Zu diesen Themen ist von Jung und manchen seiner Nachfolgerinnen und Nachfolger sehr viel geschrieben worden. So möchte ich mich hier kurz fassen und auf die entsprechende Literatur verweisen: Jung 1934, Dieckmann 1991, Jacobi 1957, Jacoby 1991, Kast 1994.

Was meines Erachtens die Beobachtungen und Gesichtspunkte der Säuglingsforschung für den Jungschen Psychotherapeuten besonders aufschlußreich macht, ist ihr Zusammenhang mit Jungs Theorie der gefühlsbetonten Komplexe. Ein integriertes Wissen um die Interaktionen zwischen Säugling und Beziehungsperson und um ihre Niederschläge in der kindlichen Psyche gibt ein äußerst verfeinertes Gespür für die Wirkweise der Komplexe im Jungschen Sinne. Es ist deshalb für den Psychotherapeuten von unschätzbarem Wert.

Stern spricht davon, daß dem Sozialisierungsprozeß durch die Biologie des Kindes Grenzen gesetzt werden. Unter Biologie sind wohl die psychischen wie körperlichen Grundgegebenheiten des Menschseins gemeint, also die arttypischen Wurzeln unseres Erlebens und Verhaltens. In Jungscher Sprache kann ebensogut von der archetypischen Grundlage unseres Menschseins gesprochen werden. Wie schon erwähnt, geht es bei den Archetypen um die grundlegenden Dispositionen, die menschliches Verhalten und Erleben anordnen und regulieren. Jung hat sich vor allem dafür interessiert, in welche bildhaften Elemente sich solche Grund-Dispositionen kleiden, er sprach von den «Inhalten des Unbewußten», die sich in Träumen, Mythen, Märchen und in der Alchemie, das heißt in symbolischen Bildern oder Bildabläufen manifestieren. Selbstverständlich sprach er auch von Affekten, die mit den Archetypen verbunden sind, ohne sie aber in differenzierter Weise zu untersuchen. Letzteres leisten meines Erachtens die moderne

Affekttheorie und die Erforschung der «Lebenswelt des Säuglings».

Archetypische Dispositionen und Bedürfnisse im einzelnen Menschen sind in komplexer Weise mit der Umwelt verwoben, was im Säuglingsalter und in der Kindheit von besonders prägendem Einfluß ist. In dieser Begegnung, diesem Aufeinandertreffen der natürlichen Dispositionen mit den Reaktionen der Umwelt (das heißt vornehmlich mit den verschiedenen Weisen von elterlichem Abstimmungsverhalten) entstehen die psychischen Komplexe. Je nachdem, wie das Zusammentreffen erlebt wird, ob auf der Skala vielfältigster Möglichkeiten befriedigende oder quälende Erfahrungen vorherrschen und chronisch immer wiederkehren, schlagen sich im Unbewußten gewisse Grunderfahrungen nieder und bilden einen gefühlsbetonten Vorstellungskomplex. Komplexe haben deshalb einen *archetypischen Kern,* um den herum sich persönliche Erfahrungen gruppieren, die ihnen den entsprechenden Gefühlston verleihen.

Das Wort Komplex stammt vom lateinischen «complexus», was soviel wie Umfassung, Verbindung, Verknüpfung bedeutet. Ein Komplex ist also aus vielen Anteilen zusammengesetzt, ist die Bezeichnung für eine Gruppe, die zur Einheit geworden ist, eine zusammengefaßte Ganzheit. Man spricht zum Beispiel von einem Häuserkomplex. Der Terminus in seiner heute üblichen begrifflichen Bestimmung wurde etwa 1905 in die Tiefenpsychologie eingeführt, und zwar zuerst von C. G. Jung.* Jung hatte anhand von Assoziationsexperimenten gefühlsbetonte Vorstellungen entdeckt, die um bestimmte Themen kreisen, wobei sie den Probanden in den meisten Fällen nicht voll bewußt, oft auch gänzlich unbewußt zu sein schienen. Er nannte diese Vorstellungen «gefühlsbetonte Komplexe». Später wurde in abgekürztem Verfahren nur noch der Ausdruck «Komplex» verwendet. Auch Freud und A. Adler bezeichneten gewisse Ent-

*Es sei hier vermerkt, daß der Ausdruck «Komplex» im Sinne von «aktuellen, wirksamen und dennoch unbewußten Vorstellungen» schon in den «Studien zur Hysterie» bei Breuer (1895) auftaucht.

deckungen in der Psyche als Komplexe. Bei Freud geht es bekanntlich vor allem um den Ödipus- und den Kastrationskomplex, bei Adler um den Minderwertigkeitskomplex.

Heute ist zum Beispiel die Diagnose «Minderwertigkeitskomplex» im Munde von jedermann, wenn von schüchternen und gehemmten Menschen die Rede ist. Und die Tiefenpsychologie ist schon so weit ins allgemeine Bewußtsein gedrungen, daß es vielen Menschen auch nicht mehr schwerfällt, hinter gewichtigem Gehabe, hochnäsiger Herablassung oder protziger Zurschaustellung eigener Verdienste ebenfalls einen Minderwertigkeitskomplex zu entdecken, der aber durch Wichtigtuerei «überkompensiert» wird. Ein vierzigjähriger Mann, der unverheiratet bei seiner Mutter lebt und für sie sorgt, wird im allgemeinen nicht für die buchstäbliche Erfüllung des vierten Gebots geachtet. Eher wird man von ihm sagen, er leide an einem «Mutterkomplex». Man weiß auch, daß Komplexe sehr verbreitet sind, nimmt aber meistens als selbstverständlich an, daß sie jeweils bei anderen Menschen, weniger bei sich selbst vorfindbar sind.

Viele Jungsche Psychotherapeuten richten ihr diagnostisches Augenmerk auf die jeweilige Beschaffenheit der Komplexe, die das Erleben und Verhalten eines Patienten dominieren, im Hintergrund wirksam sind und bei entsprechenden Gelegenheiten unliebsam «konstelliert» werden können. Es scheint mir deshalb therapeutisch hilfreich zu sein, die Art der «Verknüpftheit», das heißt die innere Dynamik einiger Grundkomplexe in ihrer möglichen Entstehungsweise zurückzuverfolgen, wozu die Kleinkindforschung wichtige Anhaltspunkte zu geben vermag.

2. Der Mutterkomplex

Archetypische Bedürfnisse nach Bemutterung

Nehmen wir zur Veranschaulichung nochmals den vielbeschworenen Mutterkomplex. Es liegt in der Natur des Säuglings, auf die Mutter und mütterliche Reaktionen bezogen und angewiesen zu sein. Mit anderen Worten ist in der ersten Lebensphase der Mutterarchetypus stark konstelliert, sowohl im Kind als auch in der Mutter, was sich biopsychisch bereits an deren Hormonhaushalt feststellen läßt. Inwiefern sich die Mutter dem in ihr selbst wirksamen Archetypisch-Mütterlichen zu öffnen vermag und zu einer gewissen Übereinstimmung mit den Bemutterungsbedürfnissen des Säuglings findet, ist eine Frage ihrer eigenen Sozialisationsgeschichte, ihrer allgemein körperlichen Gesundheit und/oder ihrer eigenen Störfaktor-Komplexe.

Was sind nun im einzelnen die archetypischen Bedürfnisse nach Bemutterung? Es sind Bedürfnisse nach Ernährt- und Gepflegtwerden, nach Geborgenheit, nach Stimulierung und Beruhigung, sie werden heute oft treffend mit dem von Winnicott stammenden Ausdruck des «Holding» charakterisiert (Winnicott 1960, S. 54). Die Säuglingsforschung erlaubt uns, diese archetypischen Grundbedürfnisse sehr viel differenzierter zu erfassen.

Aus diesem Grund sollen hier noch einige für die Komplexbildung relevante Ergänzungen aus der Kleinkindforschung hinzugefügt werden. Sander, der Säuglinge während vierundzwanzig Stunden beobachtet hat, stellt Zyklen von sich abwechselnden emotionalen Befindlichkeiten fest. Die Abfolge ist: Schreien – munteres Wachsein – ruhige Wachsamkeit – Quengeln – REM-Schlaf – Tiefschlaf. Auf diese verschiedenen Befindlichkeiten erwartet der Säugling selbstverständlich die entsprechende Abstimmung und das entsprechende Verhalten von seiten der Umwelt. Auch beobachtete Sander (1983) einen «privaten Raum in der Zeit», der dann eintrat, wenn die physiologischen Bedürfnisse befriedigt waren (das heißt, wenn die Säuglinge weder hungrig noch schlafbedürftig waren, weder zu kalt hatten noch in nassen Windeln lagen) und die Mütter sich nicht spielerisch mit ihnen beschäftigten (zum Beispiel durch Augenkontakt, stimmliche Zuwendung, also durch Beschäftigungen, die der Motivation gegenseitiger Bindung dienen. Während der Zeit, in denen Säuglinge sich selbst überlassen sein wollen, füllen sie diesen «privaten Raum» durch die spontane «Erforschung» ihrer Umgebung. Sie werden weder von innen noch von außen determiniert, sondern haben Wahlmöglichkeiten. Damit können sie ihre ersten Handlungen in Gang setzen, Initiativen entwickeln und deren Wirkung beobachten. Somit kommt hier die Motivation des Erforschens ins Spiel zusammen mit der Freude, selber etwas bewirken zu können und Eigeninitiative zu entwickeln.

Mit dieser Beschreibung habe ich zugleich drei der fünf angeborenen Motivationssysteme erwähnt (Lichtenberg 1989), die alle zur Zeit der «Dominanz des Mutterarchetypus» oder der «oralen Phase» wirksam sind. Ausgelassen wurden in diesem Zusammenhang bisher die sinnlich-sexuell motivierten Bedürfnisse und die aversiven Motivationen, die sich in den verschiedenen Formen des Schreiens und Quengelns ausdrücken. Sie appellieren an die Mutter in ihrer Funktion des «das Selbst regulierenden Anderen». Es besteht die Erwartung, daß die quälend aversiven Affekte durch Mutters beruhigende Gegenwart und ihre Aktivität des Tragens, Fütterns, Trockenlegens in ein Gefühl der Zufriedenheit verwandelt werden, in denen anhand zärtlicher Bindungsspiele die sinnlich-sexuellen Bedürfnisse des Säuglings leben dürfen.

Falls vom Kind der «private Raum in der Zeit» gewünscht wird, muß das von der Pflegeperson respektiert werden. Schon Säuglinge geben, wie erwähnt, Zeichen, wann immer sie in Ruhe gelassen werden wollen, indem sie ihr Gesicht abwenden. (Dies ist für Mütter oft schwer erträglich und kann Ängste hervorrufen, das Kind wende sich von ihnen ab. Oft versuchen sie deshalb, mittels besonders intensiver Zuwendung dem entgegenzusteuern und werden so für das Kind zur «bedrängenden» Mutterfigur («intrusive» mother). Sie verbergen ihre Enttäuschung auch hinter Ängsten, dem Kind könnte etwas fehlen.

Zu den periodisch wechselnden Gemütsverfassungen und der Wirksamkeit angeborener Motivationssysteme mit den entsprechenden Affekten kommt als integrierender Bestandteil auch noch das Selbstempfinden in seinen aufeinanderfolgenden sensiblen Phasen der Reifung und Entwicklung dazu. Wie erwähnt, bleiben die Gefühle des auftauchenden Selbst, des Kern-, des intersubjektiven und verbalen Selbst nebeneinander bestehen und beziehen die Mutter in entsprechender Weise mit ein (Stern 1992).

Die grundlegenden Gegebenheiten des Menschen, dessen Bedürfnisse und Notwendigkeiten sind in erstaunlich hohem Maße angeboren und kommen in reinster Form beim Säugling und Kleinkind zum Tragen. Es entspricht natürlich krassester Überforderung, wenn eine Mutter oder Pflegeperson von sich erwartet, sie müsse ständig ohne Unterbruch auf all diese vielfältigsten Anliegen bezogen sein. Dies ist menschenunmöglich. Winnicott spricht deshalb auch nur von ausreichend guter (good enough) Bemutterung, während Kohut gar «optimale Frustration» für günstig befindet (Kohut 1989). Dies wurde allerdings von einigen seiner Nachfolger in «optimale Responsivität» umformuliert (Wolf 1996).

Zur Entstehungsgeschichte des Mutterkomplexes

Immer entstehen die seelischen Komplexe beim Zusammenstoß mit der Welt. Wir haben gesehen, daß dem Säugling zunächst ein Episodengedächtnis eigen ist, in dem er regelmäßig wiederkehrende Abfolgen von Interaktionen mit der Pflegeperson festhält. Dabei erinnert er sich nicht an spezifische einzelne Episoden, sondern an deren wiederkehrenden Ablauf (zum Beispiel Unbehagen – Schreien – Gefüttertwerden – Wohlbehagen). Mit diesen Erinnerungen ist auch eine bestimmte Erwartungshaltung verbunden. Das Episodengedächtnis schlägt sich in dem nieder, was Stern als «RIGs» (siehe S. 86–89), als generalisierte Interaktionsrepräsentationen, bezeichnet hat. Das Kind erwartet, daß sich die Episode in gleicher Weise in Zukunft wieder einstellen wird. Die generalisierte Episode «stellt eine Struktur des wahrscheinlichen Ereignisverlaufs dar, die auf durchschnittlichen Erwartungen beruht» (Stern 1992, S. 142). Insofern sich diese Erwartungen bestätigen, wecken sie ein Gefühl der Zuverlässigkeit und des Vertrauens in das Selbst und in die Welt. Die emotionalen Begleiterscheinungen wie auch begleitende Körperempfindungen werden im «procedural memory» (Lichtenberg 1989, S. 276 ff.) festgehalten. Ich meine, daß sich in Sterns «RIGs» sowohl Erinnerungen an den generellen Ablauf einer jeweiligen Episode als auch das Gedächtnis der emotionalen und körperlich empfundenen Begleiterscheinungen niederschlägt.

Verena Kast (Kast 1994, S. 41) geht mit der von mir 1991 geäußerten Ansicht einig, daß die RIGs, die ich in meinem Buch «Scham-Angst und Selbstwertgefühl» (1991) mit «Interaktionsmustern» übersetzt hatte, einen engen Zusammenhang mit dem Jungschen Modell der Komplexe haben. Sie macht auch darauf aufmerksam, daß diese Theorie des Episodengedächtnisses eine Erklärung geben könnte für drei Phänomene, die im Zusammenhang mit Komplexreaktionen zu beobachten sind: Erstens wäre diese Theorie eine Erklärung dafür, wie Komplexe überhaupt als innere Abläufe im Gedächtnis gespeichert werden. Zweitens ist damit auch erklärt, warum «die Komplexe in bestimmten Situationen, die diesen prägenden Episoden gleichen, konstelliert oder reaktiviert werden». Und drittens, was sehr wesentlich ist, steht damit auch im Zusammenhang, daß Komplexe über «Empfindungen, die mit diesen Episoden zusammenhängen, oder mit Emotionen, die an die prägenden Episoden erinnern» (Kast 1994, S. 41), ausgelöst werden können.

Im allgemeinen Sprachgebrauch versteht man unter psychischen Komplexen meist innere Störenfriede unseres Wohlbefindens, unserer Beziehungsfähigkeit und unserer Funktionstüchtigkeit. Das würde bedeuten, daß nur diejenigen

Interaktionsmuster (RIGs), in denen schwierige Episoden generalisiert wurden, als Komplexe in Wirksamkeit treten. Dieser Vorstellung ist entgegenzuhalten, daß vertrauensfördernde RIGs geradezu die wesentlichsten Bausteine unseres Ich-*Komplexes* – des Gefühls von Ich-Identität – ausmachen. Nach Jung ist unser Ich ein Komplex von Vorstellungen, der das Zentrum des Bewußtseinsfeldes ausmacht (Jung 1921, § 810; 1994: § 730). Wenn nun im Zentrum dieses Komplexes Vorstellungen und Gefühle von erfüllbaren Erwartungen, von Angenommen- und Geliebtsein, von Vertrauen in die Stimmigkeit von Selbst und Welt und von Initiativfreudigkeit vorherrschen, so wird das Ich wahrscheinlich von einer vertrauensvollen, eher optimistischen Grundstimmung getragen sein. Es ist dann von einem «starken Ich» mit gutem Selbstwertgefühl die Rede oder vom «integralen Ich» im Sinne Neumanns (Neumann 1963, S. 63), das die Fähigkeit hat, Positives und Negatives zu integrieren.

«Positiver» und «negativer» Mutterkomplex

In der Jungschen Psychologie wird vom «positiven» und vom «negativen» Mutterkomplex gesprochen, wobei sich diese Unterscheidung zunächst um die Frage dreht: Empfinde ich vorwiegend gute oder aversive Gefühle, Liebe oder Haß gegenüber meiner Mutter, gegenüber mütterlichen Frauen überhaupt oder gegenüber allem, was von weitem an Mütterliches erinnert – bis hin zum Bereich des eigenen Unbewußten? Dabei kann auch der «positive» Mutterkomplex (zwischen Mutter und mir ist viel Liebe; ich bin von Frauen angezogen, die mich bemuttern; ich bin von einer mütterlich zugewandten Umgebung abhängig, um mich wohl zu fühlen usw.) als «negativ» empfunden und bewertet werden, nämlich dann, wenn er vom Standpunkt der Autonomiebestrebungen aus betrachtet wird. Ein «positiver» Mutterkomplex kann sich als unlösbare Mutterbindung, als Ich-Schwäche und mangelnde Selbständigkeit auswirken. Hingegen kann der «negative» Mutterkomplex unter Umständen eine «positive» Auswirkung haben, indem er beispielsweise der

Sehnsucht nach «Mütterlichem» die Attraktivität verwehrt und Impulse zu vermehrter Autonomie freisetzt. Jedenfalls sind die Dinge im Bereich unserer Komplexe wirklich komplex, und die bei vielen Jungianern so beliebten Bewertungen nach «negativ» oder «positiv» tragen nicht immer zu differenzierterem Erfassen bei.

Von einem negativen Mutterkomplex ist oft die Rede bei Menschen, die therapeutische Hilfe suchen, es lohnt sich daher, ihn mittels einiger Gesichtspunkte der Säuglingsforschung zu differenzieren. Bei diesem Komplex breitet sich vor allem Mißtrauen und Feindseligkeit aus. Der Therapeut wird oft vom Gefühl beherrscht, seiner Analysandin oder seinem Analysanden einfach nichts recht machen zu können. «Ich hasse dich – aber verlasse mich um Gottes willen nicht» ist meistens das Motto dieser Menschen. Es sieht so aus, als ob sie im aversiven Motivationssystem gefangen sind. Affekte wie Haß, Neid, Angst, Scham, Schuld scheinen alle «guten Gefühle», alle Sehnsucht nach Nähe, «Übereinstimmungsglück», alles Vertrauen in sich selbst und in die Bezugspersonen zu vergiften. Solches Überhandnehmen der aversiven Affekte hat fast immer damit zu tun, daß die Bedürfnisse und Motivationen des reifenden Selbstempfindens in traumatisierender Weise von den frühen Bezugspersonen abgelehnt, verletzt, beschämt oder auch zu eigenen Zwecken mißbraucht wurden. Das Gift mischt sich dem Selbsterleben bei und hat in Form von Haß auf das Selbst und die Welt, im Bedürfnis nach Erniedrigung und Entwertung einen allzu großen Anteil an der Zusammensetzung des Ich-Komplexes. In Jungscher Sprache ist das Ich von der destruktiven Mutterinstanz dominiert und wird zu einem «negativierten Ich» im Sinne E. Neumanns (1963, S. 81ff.).

Ein negativer Mutterkomplex, wenn er in solch massiver Weise auftritt, liegt dementsprechend oft schweren pathologischen Befindlichkeiten zugrunde. Natürlich gibt es bei all den Interaktionsmöglichkeiten zwischen den kindlichen Grundbedürfnissen und den mütterlichen Reaktionen unzählige Kombinationen. So kann es zum Beispiel in einigen Sektoren durchaus zu einem genügenden Maß an gegenseitiger Abstimmung kommen, während andere Bereiche unbeachtet bleiben oder mit traumatisierenden Fehlabstimmungen behaftet werden. Zum Beispiel kann sich ein positiver Mutterkomplex in narzißtischer Identifikation mit gewissen körperlichen oder begabungsmäßigen Eigenschaften, die von der Mutter besonders geliebt, bewundert und gefördert wurden, ausdrücken. Folglich beruht auf solchen Vorzügen das ganze Selbstwertgefühl, ja es steht und fällt damit, ob sie zum Tragen kommen, ob sie auch gesehen werden. Im negativen Sinne können dann Ängste vor Verlust dieser Schönheit oder besonderen Begabung – sei es durch Krankheit, Unfall, Alterungsprozesse – schwere Selbstwertkrisen auslösen.

In der Psychotherapie zeigen sich bei manchen Patienten Erwartungen an den Therapeuten, die mit einem «positiven» Mutterkomplex verbunden sind. Zum Beispiel stellt sich manchmal die Erwartung ein, der Therapeut sollte in der Funktion des «das Selbst regulierenden anderen» all das neurotische Unbehagen wegzaubern. Was steckt wohl dahinter? Handelt es sich um Wiederholungen, um wiederbelebte Erwartungen an die seinerzeit verwöhnend verfügbare Mutter mit übertriebenem Abstimmungsverhalten, wie sie sich im Episodengedächtnis niedergeschlagen haben? Oder sehnen sich Patienten in der therapeutischen Situation nach etwas, was in Wirklichkeit kaum je stattgefunden hat? Beide Motive können solchen Erwartungen zugrunde liegen. Im Fall der Wiederholung handelt es sich um Beispiele sogenannt «maligner Regression» (Balint 1968). Mit anderen Worten kann, aus welchen Gründen auch immer, das Stadium von «Kindsein» und Sehnsucht nach «guter Mutter» nicht aufgegeben werden. Es ist gerade dieses Reifungshindernis im Autonomiestreben, das unter Umständen zur Aufnahme einer Psychotherapie motiviert.

Andererseits kann Sehnsucht nach dem guten Mütterlichen gerade die Motivation sein, deren sich der Selbstwerdungsprozeß in entscheidender Weise bedient, und zwar im Sinne eines Neubeginns, falls das therapeutische Klima als fördernd und vertrauenserweckend erlebt wird. Hier geht es um eine gutartige, therapeutisch wirksame Regression im Sinne Balints

(Balint 1970). Dies ist möglich, weil erfahrungsgemäß archetypische Bedürfnisse in latenter Form auch dann wirksam bleiben, wenn sie keine Realisierungsmöglichkeiten finden oder gefunden haben. Mit einem hypothetischen Beispiel soll das veranschaulicht werden: Nehmen wir an, in der Kindheit eines Klienten wurden die physiologischen Bedürfnisse von der Mutter (Pflegeperson) zufriedenstellend reguliert, im Stadium der Intersubjektivität kam es dann zu Fehlabstimmungen und mangelndem affektivem Einklang, hingegen wurden die aufkommenden sprachlichen Fähigkeiten hochgeschätzt und von den Eltern gefördert. Wahrscheinlich wird aus dieser Art von Interaktion ein genügend gefestigtes Kern-Selbst hervorgehen, das sich auf sprachlich-intellektuellem Gebiet durchzusetzen vermag. Das Bedürfnis nach seelisch intimem Austausch hingegen wurde ausgeblendet, scheint «nicht in die Welt zu gehören». Nahe Beziehungen seelischer Natur, Bedürfnisse nach Verstehen und Verstandenwerden, nach «Übereinstimmungsglück», sind somit ambivalent besetzt. Solche Bedürfnisse zu fühlen, sie gar auszusprechen, wird dann oft als peinlich erlebt. Sie sind zuweilen aus dem Bewußtsein überhaupt verdrängt, sind «eines Mannes unwürdig» oder für eine Frau beängstigend, weil die innere Bereitschaft, mit ihnen umzugehen, nicht entwickelt werden konnte. Bei einer solchen Konstellation entsteht oft das Leiden an innerer Leere, an der seelischen Unerfülltheit der Liebesbeziehungen, was durch Leistungsbefriedigungen und/oder auch häufigen Partnerwechsel kompensiert werden soll.

Wenn nun in der Psychotherapie bei Menschen, die an einer solchen oder ähnlichen Problematik leiden, die Sehnsucht nach der guten Mutter auftaucht, wenn der positive Mutterkomplex sich in Träumen und Übertragungsgefühlen hervorwagt, so ist dies begrüßenswert. Es bedeutet, daß diejenigen Aspekte des Mutterarchetypus, die keinen Eingang ins persönliche Erleben finden konnten, im Unbewußten weiterhin lebendig sind und sich, insofern das therapeutische Feld als «fördernde Umwelt» erlebt wird, ins Offene wagen.

Ich möchte hier, meiner Erfahrung entsprechend, auch auf Unterschiede in Auswirkung und Entstehungsgeschichte des negativen Mutterkomplexes aufmerksam machen. Ein negativer Mutterkomplex kann sich in aversivem Rückzug, in einer dikken Abwehrmauer gegenüber jeder Annäherung, in der Abspaltung jeglicher Zuwendungs- und Bindungsbedürfnisse äußern. Die aversiven Affekte (Angst, Scham, Wut, Verachtung usw.) sind dann in der psychischen Ökonomie so alles beherrschend, daß die übrigen emotionalen Bedürfnisse weggedrängt werden. Solch innere Tyrannis bewirkt starke Isolierung, dient aber dem Schutz vor neuen Verletzungen. Meist findet sich eine starke frühkindliche Traumatisierung der Bindungs- und Zugehörigkeitsbedürfnisse, oft auch der sinnlich-sexuellen Motivationen bei einem solchen Negativismus.

Wo hingegen die Sehnsucht nach positiver Mütterlichkeit relativ leicht erwacht, findet sich in der frühen Geschichte meist keine direkte Traumatisierung, vielmehr ein mehr oder weniger gravierender Mangel im Bereich der Einfühlung und der affektiven Übereinstimmung. Mit andern Worten sind die aversiven Affekte nicht allesbeherrschend. Sie lassen Gefühlen der Sehnsucht nach Beziehung und Bindung noch Raum. Dies sind Unterschiede, die in der Psychotherapie eine große Rolle spielen, wie in einem späteren Kapitel gezeigt werden soll.

Wie immer sich ein Mutterkomplex auch auswirkt, fast immer spiegeln sich darin die frühen Austauschprozesse zwischen Mutter und Kind, die natürlich von den verschiedensten genetischen, kulturellen und biographischen Faktoren sowie von Abwehrstrategien überlagert sein können.

3. Der Vaterkomplex

Der Vaterarchetypus

Wie steht es aber um den Vater? Archetypisch gesehen steht das Väterlich-Männliche für den angriffigen, eindringenden und unterscheidenden Logos, dessen Symbol sich oft als Phallus und/oder Schwert manifestiert. Eroberung und Abenteuerlust sind mit ihm verbunden, aber auch Gesetze und Ideale. Er ist befruchtend aktiv, bestimmt das Handeln. Die Motivationen des Erforschens und der Stolz bezüglich Kompetenz und Durchsetzungskraft sind im allgemeinen Bild des Männlichen vorherrschend und werden leicht idealisiert.

Um Mißverständnissen vorzubeugen, möchte ich ausdrücklich darauf hinweisen, daß sich der Vaterarchetypus in Vorstellungen und Bildern ausdrückt, die nicht mit realen Vätern identisch sind, denen aber über Jahrhunderte hinweg in den verschiedensten Kulturen nachgestrebt wurde. Heute haben bekanntlich die Vorstellungen und Ideale des «Patriarchats» ihre selbstverständliche Gültigkeit verloren, vor allem weil sie weitgehend auf Kosten der Unterdrückung der Frau und des Innerseelisch-Weiblichen ihre Herrschaft ausübten. Es erübrigt sich, in Einzelheiten zu wiederholen, daß seit einigen Jahrzehnten eine große Unsicherheit bezüglich der Geschlechterrollen um sich gegriffen hat, daß die Geschlechterbeziehungen neu erprobt werden und die Dinge im Fluß sind.

Trotzdem ist anzunehmen, daß im allgemeinen Väter in ihren Säuglingen und Kindern vor allem das Motivationssystem des Erforschens und Sich-Durchsetzens fördern, daß sie diesbezüglich idealisiert und als Modell betrachtet werden. Der «starke» und weltgewandte Vater wird von Buben wie Mädchen geliebt. Wieviel Enttäuschungen mit diesen idealisierten Erwartungen zusammenhängen, steht auf einem anderen Blatt, sie können viel zu einer neurotisierenden Komplexbildung beitragen. Im folgenden sollen einige Gedanken über die Rolle des Vaters diskutiert werden, wie sie in der Säuglingsforschung beobachtet wird.

Der Vater in der Säuglingsforschung

In der Säuglingsforschung, die im allgemeinen die ersten zwei Lebensjahre erfaßt, ist vom Vater kaum die Rede. Das Stichwort «Vater» ist zum Beispiel in so wichtigen Büchern wie Stern (1992) oder Dornes (1993) nicht auffindbar. Der Vater spielt höchstens eine Rolle, wenn er «mütterliche» Funktionen für Säugling oder Kleinkind übernimmt. Es ist aber wahrscheinlich, daß das Kind schon früh die besondere Beziehung des Vaters zur Mutter wahrnimmt (Mahler 1978, S. 120). Nach Mahler kommt es im Alter von sechzehn bis achtzehn Monaten zu einer Erweiterung der Mutter-Kind-Welt, und zwar in erster Linie durch die Einbeziehung des Vaters. Dies würde mit dem Beginn des «verbalen» Selbsterlebens (Stern 1992) zusammenfallen.

Lichtenberg weist aber darauf hin, daß die Motive der Bindung zwischen Vater und Kind meist schon vom Säuglingsalter an von Bedeutung sind. Er verweist auf Greenberg und Morris (1974), die dreißig Väter erstgeborener Kinder studierten und bei diesen Vätern ein überraschendes Engagement für ihre Säuglinge feststellten. Sie hatten den Wunsch, den Säugling zu berühren, ihn zu halten und zu tragen. Offensichtlich gab ihnen das ein gesteigertes Selbstbewußtsein. Nun ist ja der «Vaterstolz» ein oft zu beobachtendes Phänomen, es kann ihm allerdings eine rein narzißtische Aufwertungsphantasie zugrunde liegen und nicht unbedingt ein auf das Kind bezogenes Beteiligtsein. Ich meine allerdings, wir sollten im Hinblick auf narzißtische Bedürfnisse keinen allzu puritanischen Maßstab ansetzen. Vaterstolz schließt einfühlendes Beteiligtsein am Leben des Sprößlings nicht aus. Greenberg und Morris sowie andere Forscher fanden jedenfalls, daß Väter zeitweise in der Zuwendung zu ihrem Säugling völlig aufgingen und sich oft auch mit dem Kind in seiner weiteren Entwicklung ernsthaft beschäftigten. So lieben es Väter, mit ihrem Säugling zu spielen, und sie zeigen oft viel Geschick, durch Abwechslung das Interesse des Kindes immer wieder neu zu gewinnen. In ziemlicher Häufigkeit wird der Vater von den Säuglingen bevorzugt, vor allem dann, wenn es sich um die Gelegenheit zu spielerischer Geselligkeit handelt – eine Beobachtung, die Lichtenberg, in Anbetracht der bisherigen Annahmen, überraschte (Lichtenberg 1989, S. 107).

Die Mutter wird deutlich bevorzugt, wenn sich das Kind unwohl fühlt, sei es durch Hunger, nasse Windeln, Mißbehagen, Schmerzen usw. Es sind auch die Mütter, die sich im allgemeinen für Pflege, Nahrung und Schutz des Wohlbefindens verantwortlich fühlen. Väter sehen sich vor allem als «Spielgefährten», und ihre Spiele unterscheiden sich von denen der Mutter: sie sind vermehrt energisch, handgreiflich, körperlich, gewagt und zeichnen sich durch eine größere Variationsbreite aus. Sie tragen somit dazu bei, Wagnisse einzugehen und zu neuen Entwicklungsschritten zu stimulieren. Die Freude an Intimität wird somit von der Mutter vor allem durch einfühlende Pflege und seelische Abstimmung, vom Vater mehr durch aufregende und anregende Spiele hervorgerufen. (Beispielsweise wird das Baby in die Luft geworfen, fallen gelassen und trotzdem sicher aufgefangen.) Solche Interaktionen von Vater und Säugling bringen die Genugtuung gegenseitiger Verbundenheit mit der Befriedigung des Strebens nach Erforschen und Sich-Bestätigen zusammen. Bedürfnisse sowohl der Motivationssysteme Bindung und Zugehörigkeit als auch derjenigen von Erforschen und Sich-Bestätigen finden darin Befriedigung.

Zu Recht schließt Lichtenberg (1989, S. 110) aus diesen Beobachtungen, daß die einseitige, mutterzentrierte Zuordnung der Bindungsbedürfnisse einer Revision bedarf. Die Motivation, eine Bindung einzugehen, kann schon im ersten Lebensjahr von beiden Eltern aktiviert werden, wenn beide für den Säugling genügend anwesend sind. Die befriedigende Intimitätserfahrung nimmt aber eine unterschiedliche Stimmungsqualität an, je nachdem, ob Mutter oder Vater involviert sind.

Dazu ist meines Erachtens zweierlei zu sagen: Erstens handelt es sich – wie bei den meisten psychologischen Aussagen – um Verallgemeinerungen, während im realen Leben die jeweilige Familiendynamik eine unendliche Variationsbreite an Zusammen- oder auch Gegeneinanderspiel aufweist. Selbstverständlich gibt es auch viele Väter, die sich nicht für ihren Säugling interessieren, die meist abwesend sind, die aus Eifersucht auf die enge Mutter-Kind-Beziehung in störender Weise eingreifen usw. Und zweitens besteht die Frage, ob die Feststellung, daß die Vaterbindung die explorativen und selbstbestätigenden Strebungen fördert, nicht wiederum der gängigen, sozial akzeptierten Männlichkeitsvorstellung entspricht. Allerdings hängen solche Vorstellungen mit der Wirkweise des Vaterarchetypus zusammen, und es ist verständlich, daß sie in Verbindung gebracht werden mit den Interaktionen zwischen Vater und Säugling, die dem Vaterkomplex zugrunde liegen. Das heißt aber nicht, daß sie in jedem Fall den Tatsachen entsprechen müssen.

«Positiver» und «negativer» Vaterkomplex

Auch der Vaterkomplex kann mit einem positiven oder negativen Gefühlston verbunden sein. Um die Entstehung eines negativen Vaterkomplexes beim Sohn zu verfolgen, nehmen wir zum Beispiel an, es sei der Vater, der, aus welchem Grund auch immer, die Selbstbehauptungsstrebungen seines Sprößlings nicht erträgt, der sich in Machtkämpfe einläßt, das Kind uneinfühlsam erniedrigt, ihm brutal zeigt, «wer hier Herr im Hause ist». Dadurch kann sich ohnmächtige narzißtische Wut zu Haß auf den Vater verfestigen. Voraussetzung dafür ist der Reifungsgrad des Kindes von etwa fünfzehn Monaten, in dem das «evokative» Gedächtnis auf den Plan tritt. Das heißt, der Vater muß für das Kind zu einer *stets abrufbereiten Vorstellung* geworden sein. Wenn nun der Vater in autoritärer Weise jegliche Rebellion und «Frechheit» bestraft, das Kind also immer den kürzeren ziehen muß, so kann es seinen Strauß mit dem Vater nur in der

Phantasie ausfechten. Vielleicht hat sich die Vorstellung vom Vater so sehr mit aversiven Emotionen verknüpft, daß sie kaum mehr korrigierbar ist. Was immer der Vater nun versucht, um mit dem Sprößling in ein besseres Verhältnis zu kommen, mißlingt. Er genießt kein Vertrauen mehr. Das Söhnchen und später der Sohn wird ihm alles, was er unternimmt, im Sinne des Komplexes, der sich gebildet hat, negativ auslegen. «Jetzt versucht er, mir zu schmeicheln, will sich den Nimbus eines großzügigen Vaters geben, der er in Wirklichkeit nicht ist.» Oder: «Er tut, wie wenn er auf meine Leistung stolz wäre, dabei ist er doch nur stolz auf sich selber.» Gute Gefühle haben also keinen Platz mehr, worunter letztlich beide Beteiligten leiden.

Obwohl der Vater zu einer jederzeit abrufbaren Vorstellung geworden ist, die sich in der Phantasie vielleicht mit weiteren hassenswerten Attributen angereichert hat, besteht doch eine enge Verbindung zu den frühkindlichen RIGs. Sobald nämlich die Vorstellung «Vater» zu einem Komplexinhalt geworden ist, wird er nur innerhalb des negativen Interaktionsmusters imaginiert, und zwar in der Rolle als kränkend ablehnende Gestalt. Die umfassendere Vorstellung, daß der Vater auch ein Mensch mit seinen Licht- und Schattenseiten und seinen eigenen Motivationen ist, ist nicht oder noch nicht zugänglich oder wird jeweils durch die Komplex-Affekte verdrängt. Das Interaktionsmuster von Vater und Sohn steht ganz unter der Devise: Haß gegenüber dem, der mich verachtet und kleinmacht – Wut gegenüber dem, der meine Autorität und Vaterwürde nicht anerkennt. Vom Sohn her gesehen weitet sich dieses Muster zum negativen Vaterkomplex aus, indem mit mimosenhafter Empfindlichkeit immer mehr «Autoritätspersonen» verdächtigt werden, sie würden ihn verachten und wollten ihn kleinmachen. Der persönliche Vater wird also austauschbar, vorherrschend werden immer mehr diese Interaktionsmuster (RIGs) mit ihren entsprechenden Affekten. Der «andere» (Vater) hat eigentlich kein Eigenleben. Es sind Episoden des Unterdrückt- und Verachtetwerdens, die mit emotionaler Intensität im (Episoden-)Gedächtnis haften. Sie bilden das Kernelement des Komplexes.

Daß diese Vater-Sohn-Auseinandersetzung einem archetypischen Muster entsprechen kann, wird zum Beispiel anhand des griechischen Mythus von Uranos und Kronos evident. Aus Angst, sein Sohn Kronos werde ihn einst aus seiner Herrscherposition verdrängen, will Uranos seine Kinder in die Erde, aus der sie geboren sind, zurückstoßen. Dem Sohn gelingt es, mit Hilfe seiner Mutter Erde, die unter dieser Bürde stöhnt, seinen Vater zu entmannen. Es geht also in diesem Mythus – wenn man ihn symbolisch verstehen will – um Überwindung und «Entmachtung» eines destruktiven Vaterkomplexes (Jacoby 1975). Psychologisch dient Haß und Wut auf den Vater, auf «die Väter» und auf jegliche dominante Autorität im Grunde auch der Abwehr oder dem Schutz davor, sich selber klein, entwertet und vernichtet fühlen zu müssen. Leider ist der erforderliche Preis für diesen Schutz meist allzu hoch.

Eine Variante des positiven Vaterkomplexes bei Menschen beiderlei Geschlechts drückt sich in der meist unbewußten Sehnsucht nach dem «Vater» aus – sei es nach dem persönlichen Vater, nach einer verläßlichen Vatergestalt oder/und nach einer Orientierung vermittelnden Werthierarchie. In solchen Fällen wurde in der Kindheit der Vater meist als abwesend erlebt. Er stand allzusehr im Hintergrund und hat das «Erziehungsfeld» der Mutter überlassen. Jedenfalls war es dem Kind nicht möglich, einen starken und zugleich verständnisvollen Vater zu erleben, den es lieben und bewundern konnte. Ein solcher Mangel kann unter Umständen dazu führen, daß es für die Betroffenen im späteren Leben nichts auf der Welt gibt, wofür sie sich «begeistern» oder einsetzen könnten. Transpersonale Anliegen oder Ideale haben keine vitale Anziehungskraft und vermögen nicht sinnstiftend auf Gefühle innerer Leere einzuwirken.

Diese oder ähnlich gelagerte Konstellationen sind nicht ungefährlich. Sowohl die ersehnte idealisierte Vaterinstanz als auch das entsprechende Bedürfnis nach Bindung und Zugehörigkeit sind behaftet mit archaisch undifferenzierten Zügen, da wegen der mangelnden Beziehung zum persönlichen Vater Reifung und Realitätsprüfung nur ungenügend ermöglicht wurden. Die

Folge davon kann sich darin zeigen, daß sich die Betroffenen in der Adoleszenz oder auch später einer Gruppe anschließen, die im religiösen oder politischen Sinne ideologisch ausgerichtet ist. Je archaischer die Zugehörigkeitswünsche sind, um so unkritischer geschieht Identifikation mit Ideologien, die im Namen höherer Ziele Befriedigung primitivster Impulse versprechen. Die Hoffnungen, welche in solche Gruppen investiert werden, sind meist zweifacher Natur, sie betreffen das archetypische Kernelement sowohl des Mutter- als auch des Vaterkomplexes. Zum einen wird Erfüllung von Geborgenheitswünschen ersehnt, wobei die Gruppe als «Große Mutter» (Neumann 1956) erlebt wird. Zum zweiten ist die Wirksamkeit des Vaterarchetypus spürbar in der intensiven Suche nach Normen, Autorität, Zielsetzungen und Sinnfindungen (siehe Jacoby 1985, S. 181 ff.).

Der Vaterkomplex, ob mehr mit einem positiven oder negativen Gefühlston verbunden, steht meist zum Mutterkomplex in einem kompensatorischen Verhältnis. Das heißt, positive Gefühle in bezug zur Mutterwelt gehen oft mit negativen zur Vaterwelt einher und umgekehrt.

Wie wichtig die mit dem Mutter- oder Vaterkomplex verbundenen Grundbefindlichkeiten auch immer sind, wie weitgehend sie sich innerhalb der Psychotherapie anhand der Übertragung auch manifestieren, es scheint mir für den analytischen Zugang doch wesentlich, die verschiedenen Anteile solcher Globalkomplexe nicht aus dem Auge zu verlieren. Ein differenzierterer Zugang, ein feiner abgestimmtes Verständnis für deren vielfältige Implikationen und Verästelungen dient der Einfühlung, wobei die Beobachtungen und Ergebnisse aus der Säuglingsforschung äußerst hilfreich sind.

4. Zum Minderwertigkeitskomplex

Äußerungsform und Entstehungsgeschichte

Der auch umgangssprachlich so benannte «Minderwertigkeitskomplex» ist sicherlich in unserer Gesellschaft weit verbreitet und kann von größter Schmerzhaftigkeit sein. Im Moment seines Wirksamwerdens drückt er sich oft im Gefühl aus, der Boden werde einem unter den Füßen weggezogen. Der Terminus wurde von A. Adler am Anfang dieses Jahrhunderts eingeführt im Zusammenhang mit der Beobachtung, daß Menschen, die unter diesem Komplex leiden, zu Überkompensation neigen, indem sie in hohem Maße nach Geltung und Macht streben. Heute wird in der Fachliteratur der Ausdruck Minderwertigkeitskomplex weitgehend ersetzt durch Begriffe wie «Selbstwertstörungen» oder «narzißtische Verwundbarkeit». Psychodynamisch steht dieser Komplex mit den bereits beschriebenen Erfahrungen am Mutter- und Vaterkomplex in engem Zusammenhang. In seinen vielen Verzweigungen und vielfältigsten Auswirkungen hat er etwas sehr Globales, wobei oft alle Motivationssysteme an ihm beteiligt sind, handelt es sich doch um die Zuteilung von Wert oder Unwert an das Gesamt des Selbstempfindens.

Einige Gesichtspunkte zum Selbstwertgefühl in der frühesten Kindheit habe ich, zusammen mit den entsprechenden Störungsrisiken, in «Scham-Angst und Selbstwertgefühl» (1991) bereits erörtert, so daß ich mich an dieser Stelle kurz fassen werde. Der Minderwertigkeitskomplex äußert sich in unzähligen Varianten, die manchmal auch Licht auf die Art der Entstehungsgeschichte werfen. In meiner Praxis sehe ich zum Beispiel immer wieder Menschen, die intensivste Ängste davor haben, sich zu exponieren, gesehen oder gehört zu werden. Dies kann sich deutlich innerhalb der therapeutischen Übertragungssituation manifestieren. Es zeigt sich beispielsweise daran, daß sie Mühe haben, die Initiative zu ergreifen, um von sich aus ein Thema anzuschneiden. Die Angst macht sie «sprachlos». Zwar führen sie zwischen den Sitzungsterminen in Gedanken viele Gespräche mit mir, in denen sie sich erklären, rechtfertigen, Dinge erzählen usw. Aber in meiner realen Gegenwart bleiben ihnen die Worte nicht nur im Hals stecken, sie sind ihnen gänzlich abhanden gekommen. Sie werden plötzlich von dem Gefühl überfallen, daß alles, was sie zu sagen hätten, doch gänzlich belanglos sei und nur dazu beitragen würde, sie zu entwerten und zu erniedrigen. Ebenso peinlich empfinden sie aber ihr gehemmtes Schweigen, und so tauchen Fluchtimpulse auf zusammen mit dem Wunsch, im Erdboden zu versinken. All das sind Symptome intensivster Scham-Angst (Jacoby 1991).

Der momentane «Sprachverlust» läßt zunächst daran denken, daß ihr «verbales Selbstempfinden» sehr störanfällig ist. Dabei ist zu berücksichtigen, daß sich in der Reifungsperiode des «verbalen Selbstempfindens» zugleich auch die Fähigkeit zur Bildung einer inneren «Repräsentanz» zu entwickeln beginnt, das heißt einer Vorstellung oder eines Bildes der eigenen Person, zusammen mit der Vorstellung der wichtigsten Bezugspersonen, die beide jederzeit in der Phantasie abrufbar sind. In der psychoanalytischen Terminologie spricht man von beginnender Differenzierung zwischen den Selbst- und den Objektrepräsentanzen (Jacobson 1973). Das Selbstempfinden bleibt also nicht, wie bis anhin, nur subjektiv, denn es entsteht nun zugleich eine Vorstellung, ein Bild (Repräsentanz) seiner selbst (siehe Jacoby 1991, S. 110). Damit wird es dem Kind möglich, sich selber zunehmend «objektiv» zu sehen, zu erkennen und zu beurteilen – wobei «Objektivität» gegenüber sich selbst stets fraglich bleibt, da das Bild immer mit subjektiven Gefühlen und (Vor-)Urteilen durchmischt ist.

In dieses Bild des eigenen Selbst gehen die präverbalen Erfahrungen mit ein. Das Zusammenspiel zwischen den archetypisch organisierten Reifungsprozessen und dem jeweiligen Verhalten der signifikanten Bezugspersonen resultiert in einer entsprechenden emotionalen Grundbefindlichkeit des Selbsterlebens. Darin haben sich auch die frühen präverbalen Erlebnisse und

Konflikte niedergeschlagen und beeinflussen die jeweilige Grundgestimmtheit. Es ist somit äußerst schwierig auseinanderzuhalten, was dem «wahren Selbst» der spontanen Geste entspringt und welches Erleben und Verhalten vor allem den Einfluß des mütterlichen oder väterlichen Bedeutungsrahmens widerspiegelt. Darum ist eine «fördernde» Umwelt so entwicklungsverstärkend, während eine «störende» Umwelt grundlegende Unsicherheit im Selbstempfinden und Selbstwertgefühl bewirkt.

Beispiel aus der Praxis

Ich möchte hier, vorgreifend auf die der Psychotherapie gewidmeten Kapitel, bereits ein Beispiel aus meiner Praxis anbringen. Ich denke dabei an eine Analysandin, die von Zeit zu Zeit in die erwähnte «Sprachlosigkeit» verfiel, wobei sich jeglicher faßbare und mitteilbare Inhalt auflöste, so daß sie nur noch innere Leere verspürte. Sie war als mittleres Kind inmitten einer großen Geschwisterschar aufgewachsen. Die Mutter war während ihrer frühen Kindheit offensichtlich allzu überfordert gewesen, um ihr neben der tadellosen körperlichen Pflege auch Zeit für den intersubjektiven Austausch zu widmen. Heute noch vermeint die Klientin bei jeder Begegnung mit der Mutter zu verspüren, daß sie kaum Antennen für seelische Feinheiten besitze. Den Vater hatte sie als diktatorisch erlebt und in kritisch herablassender Weise einzig auf ihre Leistungen erpicht, so daß sie ihm aus lauter Angst nach Möglichkeit auswich.

Zur Zeit der Aufnahme der Therapie bestanden die augenfälligsten Schwierigkeiten in ihren Ängsten, den in sie gesetzten Erwartungen der Umwelt, die sie zu verspüren meinte, nicht gewachsen zu sein. Sie sei zu dumm, zu ungeschickt, kleinmütig, gehemmt usw., meinte sie. Es waren also lauter Entwertungen der eigenen Person, die in ihrer Vorstellung in entmutigender Weise überhandnahmen. Sicherlich hat die Angst vor dem stets kritisierenden Vater wesentlich zur Entstehung dieses Minderwertigkeitskomplexes beigetragen. Da in der Kindheit ihre schulischen Leistungen gut waren, wurde nie deutlich, welche Leistungen, welche Werte oder welches Verhalten der Vater überhaupt von ihr erwartete. Offensichtlich war es gar nicht möglich zu wissen, was erforderlich gewesen wäre, um ihn zufriedenzustellen, von ihm Anerkennung zu finden. Die Analysandin hatte das Gefühl, eine Leistung erbringen zu müssen, ohne aber genau zu wissen, welche.

Diese Konstellation ist beim Minderwertigkeitskomplex öfters anzutreffen. Die Betroffenen fühlen sich voller Ängste, vor den an sie gestellten Erwartungen zu versagen. Was aber diese Erwartungen im einzelnen und ganz konkret eigentlich sind, ist bei näherer Befragung kaum zu eruieren. Öfters stellt sich heraus, daß es gar nicht unbedingt die Umwelt ist, die solche Erwartungen stellt, es sind vielmehr eigene, meist unbewußt wirksame überrissene Vorstellungen, die in Form von «Erwartungen» ihr Ich so ängstigen und niederdrücken. Diese Erwartungen bestehen letztlich darin, rundum perfekt und deshalb unangreifbar sein zu müssen. Solchen Erwartungen gegenüber, da niemals erfüllbar, wird man notwendigerweise immer minder-wertig bleiben. Und hier wird der Teufelskreis vieler Formen von Minderwertigkeitskomplex ersichtlich. Ein unbewußter Perfektionismus, das «Größenselbst» im Sinne Kohuts (Kohut 1974, Jacoby 1985, S. 163ff.), bewirkt die Vorstellung: Wenn ich nicht in allem perfekt bin, so bin ich eine vollständige Null. Es gibt keinen der Realität entsprechenden Zwischenbereich an Wertsetzung. Im Falle meiner Patientin war es die emotionale Vernachlässigung durch die Mutter gewesen zusammen mit der entwertenden, sie stets überfordernden Kritik des Vaters, welche diesem Komplex zugrunde lag.

Ganz allgemein fiel mir auch auf, daß sie größte Mühe zu haben schien, sich selbst, ihre Bedürfnisse, Reaktionen, Gefühle, Bewertungen überhaupt zu spüren. Es war, als ob sie gar keine Berechtigung hätte, ihre authentischen Selbstempfindungen zuzulassen, geschweige denn, sie mir mitzuteilen. Diese Schwierigkeit empfand sie wiederum als Makel und als einen weiteren Grund zur Selbstabwertung. Sie «kann» nicht einmal das, was jedermann ganz selbstverständlich zu können scheint.

Etwas allerdings vermochte sie sehr deutlich zu spüren: Sie wurde von einer Mischung von Wut, Enttäuschung, Eifersucht überfallen, wann immer sie im Wartezimmer ein paar Minuten länger als üblich auf mich warten mußte. Obwohl es ihr schwerfiel, konnte sie, auf meine Befragung hin, mit dieser «peinlichen» Emotion nach einiger Zeit herausrücken. Es war aber schwierig, weitere Einfälle dazu zu bekommen. Sie meinte, es könnte mit der Angst zu tun haben, ich hätte sie vergessen, zusammen mit der Befürchtung, zu kurz zu kommen. Schwieriger war die Mitteilung der sie quälenden Gedanken, daß ich sicher ihre «Vorgängerin» viel lieber hätte, diese gehe mir nicht durch schweigsame Langweiligkeit auf die Nerven.

Mir kam dabei die Vorstellung, daß sie als Säugling sicherlich öfters auf Trockenlegung und Gefüttertwerden hatte warten müssen, daß ihre Signale bei der überforderten Mutter nicht pünktlich gehört worden waren. Es gab also nicht genügend Verlaß auf den «das Selbst regulierenden anderen» und kaum genügend Präsenz der Mutter zur Gestaltung eines intersubjektiven Austauschs. Ihre Bemühung im Säuglingsalter um ein ausreichendes Maß an Zuwendung war sicherlich meist vergeblich, und so reagierte sie aversiv in Form von Rückzug. Damit entstand das Grundgefühl, etwas stimme nicht in ihrer Welt und bei ihr selbst, sie sei ungeliebt, abgelehnt und minderwertig.

Es war therapeutisch günstig, daß sie sich in der analytischen Situation überhaupt zur Wehr zu setzen begann. Sie hatte also gegenüber dem Gefühl totaler Wertlosigkeit nicht vollständig resigniert, sondern vermochte sich allmählich für ihr Daseinsrecht einzusetzen, wenn es ihr auch noch schwerfiel. Natürlich war es vom therapeutischen Standpunkt aus wesentlich, sie dabei zu ermutigen, ohne ihr paternalistisch «auf die Schulter zu klopfen».

Kompensationsstrategien

Ganz allgemein gesehen, hat der Minderwertigkeitskomplex mit dem Gefühl und auch der Angst zu tun, sowohl vor sich selbst als auch in den Augen anderer Menschen als «unwert» dazustehen. Es handelt sich also um einen Komplex, der das Selbstwertgefühl beeinträchtigt, wobei sich die frühen Interaktionsmuster in das Bild des eigenen Selbst eingeschliffen haben. Die Selbstrepräsentanz ist deshalb immer auch mit der Vorstellung, von der Umgebung gesehen und beurteilt zu werden, verknüpft, wobei den «anderen» ein Zuviel an Einfluß zugeschrieben wird – sowohl in «positivem» als auch in «negativem» Sinne.

Es ist einfühlbar, daß Menschen ihr Selbstbild vor den entwertenden oder als schädlich empfundenen Zugriffen anderer Menschen zu schützen trachten. Dazu dienen entsprechende, meist unbewußt wirksame Abwehr- und Kompensationsstrategien. In Jungscher Sicht ist hier an die Bildung der «Persona» zu denken, das heißt an eine Art «Seelenmaske» (Jacobi 1971), welche die als Schwachstellen abgewerteten Persönlichkeitsanteile schützend verbergen soll (siehe Asper 1987, Jacoby 1991). Dahinter steht die Angst, abgelehnt und ausgegrenzt zu werden, welche die Grundmotivation des Dazugehörenwollens (Bindung und Affiliation) empfindlich stört.

Es ist sehr langwierig, den Minderwertigkeitskomplex therapeutisch zu modifizieren, nicht zuletzt deshalb, weil er letztlich auf frühkindlich-präverbalen Interaktionsmustern beruht, die Teil des Selbstempfindens geworden sind. Er besteht in einer schwer zu beeinflussenden Grundüberzeugung bezüglich der Verteilung von Wert und Unwert, die sich im Selbstbild festgesetzt hat, zusammen mit den entsprechenden Abwehren und Kompensationen. Therapie muß danach trachten, dieses Festgesetzte wieder zu «verflüssigen». Doch die Probleme der praktischen Psychotherapie sollen später reflektiert werden.

5. Sexualkomplexe

Das sensuell-sexuelle Motivationssystem

Die klassische Psychoanalyse seit Freud mißt bekanntlich der frühkindlichen Sexualität eine grundlegende Bedeutung für das Gelingen oder Mißlingen der Persönlichkeitsentwicklung bei. Demgegenüber hat Jung, wie erwähnt, dem Kind eine «polyvalente» Anlage zugeschrieben und konnte nicht akzeptieren, daß die sexuellen Triebe von frühester Kindheit an den primären Motor unseres gesamten Seelenlebens ausmachen sollen. Die Beobachtung der Säuglingsforschung, daß es fünf separate angeborene Motivationssysteme sind, die sich normalerweise am Aufbau und an der Entwicklung des Selbstempfindens und des späteren Identitätsgefühls beteiligen, kommt der Jungschen These um einiges näher. Die Sexualität wird, zusammen mit der Sinnlichkeit (Sensualität), einem von fünf Motivationssystemen zugeschrieben (Lichtenberg 1989), wobei es Lichtenberg für wichtig erachtet, sensuelle Bedürfnisse von den eigentlich sexuellen zu unterscheiden. Seinen Beobachtungen entsprechend, werden sinnliche Freuden bei Neugeborenen von einem angeborenen Programm ausgelöst und bilden normalerweise tägliche Ereignisse im Dialog mit der Pflegeperson. Sexuelle Erregung folgt zwar demselben angeborenen Muster, kommt aber als Teil täglicher Kleinkinderfahrung erst im Alter von etwa achtzehn Monaten zur Auswirkung.

Sinnlich-sexuelle Bedürfnisse gehören zwar einem eigenständigen Motivationssystem an, gehen aber meist eine Verbindung mit Bedürfnissen anderer Motivationssysteme ein. So ist das Daumenlutschen des Säuglings von sinnlichen Bedürfnissen motiviert, dient aber oftmals zugleich der Selbstberuhigung, das heißt, die Motivation physiologischer Regulierung geht in dieser Situation mit der Sinnlichkeit eine Verbindung ein. Ähnliches ist zu beobachten an Kindern im Alter von zwei oder drei Jahren, die oftmals mit ihren Genitalien spielen. Einerseits können solche Spiele deutlich mit Erregung verbunden sein, und es scheint, als ob Kinder in diesem Alter, wenn sie gut gestimmt sind, bereits wissen, daß das Spiel mit den Genitalien zu einem lustvoll erregten Zustand führen kann. Aber auch zu Zeiten von Angst und Verlassenheit suchen Kinder oft Kontakt zu ihren Genitalien, und zwar geschieht dies zum Trost und zur Erleichterung und ist kaum von lustvoller Erregung begleitet. Körperliche Selbststimulierung kann also verschiedene Beweggründe haben und wirkt sich dementsprechend auch verschieden aus. Das gleiche Verhalten hat also manchmal einen beruhigenden und manchmal einen Erregung stimulierenden Einfluß.

Des weiteren wird in der Säuglingsforschung die allgemein bekannte Tatsache bestätigt, daß ein angeborenes Programm sinnlich-zärtlicher Bedürfnisse einen entscheidend wichtigen Anteil an der Mutter-Kind-Beziehung ausmacht. Diese Bedürfnisse sind viel bedeutsamer, als bisher angenommen wurde, und erstrecken sich über unseren gesamten Lebenszyklus. In der normalen Entwicklung sind wir auf Zuwendung angewiesen, die sich unter anderem als Befriedigung der Bedürfnisse nach Sinnlichkeit und Zärtlichkeit ausdrückt. Zugleich fördert solche Befriedigung auch die Kohäsion unseres Selbstempfindens und unseres Sicherheits- und Geborgenheitsgefühls. Der Wunsch nach Sinnlichkeit tritt somit als selbständiges Bedürfnis auf, kann aber auch Begleiterscheinung anderer Motivationen (Bindung, physiologische Regulierung) sein.

In der ursprünglichen Triebtheorie der Psychoanalyse spielen die sinnlich-zärtlichen Bedürfnisse nur als Vorspiel zum sexuellen Koitus oder als Zeichen der Abwehr eine Rolle, denn nach Freudscher Auffassung ist das Ziel des Sexualtriebes stets Erregungsabfuhr im Orgasmus. Die Säuglingsforschung hat selbstverständlich auch den Beginn und die Entwicklung der Bedürfnisse nach eigentlich sexueller Erregung untersucht. So geht aus Studien von Kleeman (Lichtenberg 1989, S. 235) hervor, daß männliche Kleinkinder ihren Penis oftmals im Alter von ungefähr zehn Monaten zum ersten Mal entdecken. Sie spielen mit ihren Genitalien und streicheln sie manchmal auch zärtlich, ähnlich wie sie es mit den Brustwarzen der Mutter tun. Solche Aktivitäten unterscheiden sich aber kaum von anderen Spielen, welche die kindlichen Bedürfnisse des Erforschens befriedigen. Kleeman zieht daraus den Schluß, daß während des ersten Lebensjahres die selbststimulierende Berührung der Genitalien und das Interesse an deren Betrachtung primär die Funktion haben, mit dem Körper in Bezug zu kommen. Die Befriedigung des erotischen Bedürfnisses ist deutlich sekundär, da die Absicht der Selbststimulierung und auch der Zustand der Selbstversunkenheit nicht zu beobachten sind (Kleeman, in Lichtenberg, 1989, S. 235). Nach dem Alter von achtzehn Monaten beginnen sich sowohl in Buben wie in Mädchen die Spiele mit den Genitalien in erregungsvolle Masturbationsaktivitäten zu wandeln. Zu diesem Zeitpunkt ist das Erwachen sexueller Lustempfindungen auszumachen.

Zärtlichkeitsbedürfnisse versus sexuelle Erregung

Obwohl den Freuden sinnlicher Natur und dem Streben nach sexueller Triebentladung das gleiche Motivationssystem unterliegt, ist deren Unterscheidung im Erleben Erwachsener von einiger Wichtigkeit. Es seien dazu einige Bemerkungen angebracht: Häufig hört man in Paarbeziehungen die Klage eines Partners, der andere könne nicht zärtlich sein, er wolle immer sofort «aufs Ganze». Vor allem Frauen haben oft das Gefühl, sie würden nur wirklich geliebt, wenn ihr Partner einfühlend zärtlich zu ihnen ist. Wenn er dies nicht zu ihrer Zufriedenheit zustande bringt, fühlen sie sich zu einem Sexobjekt erniedrigt, das zu seiner Triebentladung benötigt wird. Dementsprechend können sie sich den sexuellen Energien nicht öffnen. Dieses Muster kommt ebenfalls im umgekehrten Geschlechterverhältnis ins Spiel, wenn auch seltener, und es macht oft die Klage manch gleichgeschlechtlicher Sexualbeziehungen aus. Die Differenzierung zwischen sinnlich-zärtlichen Bedürfnissen und orgiastisch sexuellen Triebregungen macht die Tatsache verständlich, daß diese beiden Formen im Selbsterleben nicht immer als zusammengehörend integriert sind. Wie erwähnt, dient die Erfüllung sinnlich-zärtlicher Bedürfnisse weitgehend der Kohärenz des Selbst und dem Selbstwertgefühl (ich werde geliebt, also erfahre ich «Wert»-schätzung). Dies schließt nicht aus, daß auch die orgiastische Potenz den Stolz, ein «richtiger» Mann, eine «vollwertige» Frau zu sein, entscheidend beeinflußt. Der frühkindliche Zeitplan, nach dem Sinnlichkeit und Zärtlichkeitsbedürfnisse von Geburt an wirksam sind, während das eigentlich sexuelle Interesse erst nach dem achtzehnten Lebensmonat erwacht, birgt das Risiko in sich, daß Störmomente in der Interaktion zwischen Säugling und Pflegeperson(en) eine Integration von Zärtlichkeit mit orgiastischer Triebhaftigkeit mehr oder weniger behindern.

Zunächst gilt es hier, alte Klischeevorstellungen zu hinterfragen, nach denen Zärtlichkeit dem weiblichen Geschlecht und orgiastische Triebhaftigkeit dem männlichen zugeschrieben werden. Dieses Klischee kann insofern wirksam sein, als Eltern ihren Kindern solche Rollen von früh an zuteilen. Für das männliche Kind sind dann «weibliche» Bedürfnisse nach zärtlicher Anhänglichkeit verpönt, während sich orgiastische Erregungen für ein Mädchen gar nicht «ziemen».

Es ist wahrscheinlich, daß solche Männlichkeits- und Weiblichkeitsvorstellungen die sinnlich-sexuellen Motivationen von frühester Kindheit an in gewisse Bahnen lenken und ihren fragwürdigen Beitrag zur Entwicklung späterer Geschlechtsidentität abgeben. Auf jeden Fall leisten sie weiblichen Frigiditätsproblemen und unbezogenem männlichem Potenzgehabe Vorschub.

Sensuell-sexuelle Motivation und Bedürfnisse nach Bindung

Ein weiteres Ergebnis der Säuglingsforschung ist psychologisch von großem Interesse. Wie schon erwähnt, gehört das Bedürfnis, Bindungen einzugehen, zu einem eigenen Motivationssystem, das von den Bedürfnissen nach Sinnlichkeit, Zärtlichkeit und sexueller Erregung zu unterscheiden ist. Bei vielen erwachsenen Liebesbeziehungen fällt Bindung mit Zärtlichkeit und sexueller Erregung zusammen, die Motivationen sind mehr oder weniger integriert. Das geschieht aber bekanntlich nicht notwendigerweise. Es gibt starke Bindungen, die nicht sexualisiert sind, und andererseits auch sehr viel «unverbindliches» Sexualverhalten. Viele Menschen – es sind vorwiegend Männer, wenn auch keineswegs ausschließlich – empfinden deshalb sexuelle Seitensprünge nicht als «Treuebruch» gegenüber dem Lebenspartner, da es das Grundgefühl ihres Zusammengehörens keineswegs berührt, geschweige denn in Frage stellt. Ob der Anspruch auf absolute sexuelle Treue wirklich integrierter Sexualität entspricht oder vorwiegend auf Possessivität und/oder narzißtischer Kränkbarkeit beruht, bleibe dahingestellt und bedarf jeweils individueller Abklärung.

Zur Entstehung von Sexualkomplexen

Erfahrungsgemäß ist es das sensuell-sexuelle Motivationssystem, welches im Zusammenspiel mit den Pflegepersonen besonders störanfällig ist und zu entsprechender Komplexbildung neigt. Die bewußte und unbewußte Einstellung der Bezugspersonen zu Körperlichkeit und Sexualität übt von frühester Kindheit an ihren Einfluß darauf aus, ob und auf welche Weise die erwachenden sinnlichen und sexuellen Lustbarkeiten vom Kind und später auch vom Pubertierenden integriert werden können.

Der Umgang mit der Sexualität gehört zu einem der schwierigsten Menschheitsthemen. Jede Gesellschaft, angefangen von den Naturvölkern bis hin zur westlichen Moderne, schuf diesbezüglich ihre Sitten und Gebräuche, ihre Tabus und ihre kodifizierten Gesetze. Zur Kultur- und Geistesgeschichte des Eros besteht eine riesige Literatur (siehe Leibbrand 1972). Es findet sich von jeher der spezifisch zum Menschen gehörende Versuch, der großen Lebensmacht Sexualität mittels einer festen, vom jeweiligen Kollektiv gestützten und oft religiös begründeten geistigen Einstellung zu begegnen. Vor allem geht es um die Intention, ihre Mächtigkeit gesamtgesellschaftlich zu integrieren, um eine Organisation menschlichen Zusammenlebens zu ermöglichen. Selbstverständlich sind auch die Bezugspersonen des Kindes in ihrer eigenen Einstellung zur Sexualität vom jeweiligen Kulturkanon stets mitgeprägt, was sich in ihrer Beziehungsgestaltung notwendigerweise spiegelt. Und somit werden schon in früher Kindheit bestimmte Einstellungsweisen übermittelt, verinnerlicht und so von Generation zu Generation weitergegeben.

Wie erwähnt, macht sich im Alter zwischen achtzehn und vierundzwanzig Monaten sowohl bei Buben (die beim REM-Schlaf bereits Erektionen haben) als auch bei Mädchen (in Form von vaginalen Sensationen) eine verstärkte Wahrnehmung genitaler Empfindungen und dementsprechend auch verstärktes Interesse an Masturbationsaktivitäten bemerkbar (Lichtenberg 1989, S. 238). Auf diese ersten Anzeichen sexuellen Erwachens gibt es eine große Variationsbreite an Reaktionen von seiten der Bezugspersonen. Die ganze Palette der Einstellung zur Sexualität spielt hier eine Rolle. An einem Extrem wurden übelste Methoden der Kontrolle erfunden, um sicherzustellen, daß das Kind seine Hände stets «über der Bettdecke» plaziert und ja nicht mit den Genitalien spielt. Am anderen Extrem beteiligen sich Bezugspersonen in mißbräuchlicher Weise am Spiel mit den kindlichen Genitalien.

Moderne, liberal gesinnte Eltern wollen oft möglichst «keine Geschichten» aus den Masturbationspraktiken machen und halten es für das beste, sie gar nicht zu beachten. Aber auch diese Haltung hat ihre fragwürdige Seite. Lichtenberg führt zu Recht an, welch merkwürdige Erfahrung es für ein Kind sein müsse, daß diese Aktivität keine Beachtung verdient, während sonstige Verhaltensweisen und Erlebnisse beim Namen genannt werden, Aufmerksamkeit und Reaktionen von seiten der Eltern erfahren – sei es mit negativem Vorzeichen oder mit positiver Verstärkung. Auf genitale Spiele hingegen reagieren Eltern mit ausweichendem Blick oder gespannter Verlegenheit, was dem Kind signalisiert: Diese Aktivität ist «besonders», sie ist «nicht der Rede wert». Somit bleibt sie außerhalb jeglicher Kommunikation (Lichtenberg 1989, S. 240). Auch solche, eher hilflose Reaktionen der Bezugspersonen sind offensichtlich einer beginnenden Integration der sexuellen Impulse ins Gesamthafte des Erlebens nicht gerade förderlich.

Ausstrahlung der Sexualität auf andere Lebensbezirke

Es würde hier zu weit führen, der Frage nachzugehen, warum Menschen oft so riesige Schwierigkeiten haben, die Sexualität «natürlich» zu nehmen. Tatsache ist aber, daß sie sehr oft zur zentralen Problematik vieler Therapieklienten gehört – wenn auch nicht so ausschließlich, wie es Freud angenommen hatte. Auf jeden Fall wissen wir heute, daß das Phänomen der Sexualität nicht nur isoliert betrachtet werden kann. Es strahlt in sehr viele Lebensbezirke aus und vermischt sich mit vielen Bereichen des Erlebens, die sich unbewußt auch mit dem schillernden Kleid der Sexualität verkleiden können. Im letzteren Fall spricht man von «Sexualisierung».

Ich möchte hier auf die angeborenen Motivationssysteme zurückkommen. In den meisten Fällen gestörter Sexualität geht es in der Erfahrung davon Betroffener zunächst darum, daß sich aversive Motivationen einmischen, vor allem die Affekte Angst, Schuld, Scham und Ekel. Ausgelöst werden die aversiven Emotionen vornehmlich durch unbewußt wirksame Konflikte. Oft spielen Konflikte im Umkreis der Bindungsmotivation eine große Rolle, zum Beispiel der Konflikt zwischen Sehnsucht nach Nähe einerseits und andererseits der Angst, in Abhängigkeit zu geraten, ausgeliefert zu sein und damit in höchstem Maße verwundbar zu werden – ähnlich wie in der Kindheit. Auch sind sehr viele Ängste mit Vorstellungen verknüpft, den Partner zu enttäuschen, Erwartungen nicht zu erfüllen oder gar in den sexuellen Funktionen zu versagen. Es sind also Ängste vor Impotenz oder Frigidität, die meist weniger mit Sexualität an sich als vielmehr mit Selbstwertproblemen zu tun haben.

Die Schwierigkeiten bestehen also darin, die verschiedenen Motivationen zusammen mit den entsprechenden Affekten im Selbstgefühl zu integrieren. Normalerweise steht bei sexueller Betätigung das Ich im Einflußbereich der Sexualmotivation, diese ist dabei die dominierend antreibende Kraft. Falls es zu einem ganzheitlichen, voll befriedigenden Erlebnis kommt, spielen die übrigen Motivationen im Verein mit den verschiedenen Selbstempfindungen (Stern 1992, S. 30f.) in unterstützender Weise mit. Bei Störungen stehen verschiedene Motivationen zu sehr im Konflikt miteinander. Sexualkomplexe sind deshalb meist als Symptome allgemeinerer Persönlichkeitsstörungen aufzufassen, deren tiefste Wurzel oft in mißlungenen frühkindlichen Austauschprozessen mit den wichtigsten Bezugspersonen liegt. Selbstverständlich sind auch die Erfahrungen und Konflikte während der pubertären Geschlechtsreifung von großer Bedeutung für das Gelingen sexueller Integration. Die Reifung im geschlechtlichen Bereich ist aber in der Persönlichkeitsentwicklung pubertierender und adoleszenter Menschen nur ein Vorgang unter anderen, wenn auch ein entscheidender. Sie ist Teil eines Entwicklungsschubes, von dem alle Motivationen betroffen sind, was die Vielschichtigkeit der seelischen Krisen dieser Lebensphase ausmacht.

Die Sexualkomplexe verschiedenster Art haben also meist Symptomcharakter für gesamthaftere Störungen, wobei meist andere Motivationssysteme mitbeteiligt sind. So ist zum Beispiel zwanghaftes Onanieren bei Jugendlichen und Erwachsenen oftmals ein Versuch, sich selber zu spüren, aber auch Ängsten vor Fragmentierung oder unerträglichen Gefühlen innerer Leere entgegenzusteuern. Allgemeiner Mangel an sexuellem Interesse kann unter anderem mit verdrängten Schuldgefühlen, übermäßigem Ekel, aber auch mit einem depressiven Zustandsbild zusammenhängen. Sexueller Voyeurismus ist sicher mit der Motivation neugierigen Erforschens verknüpft und Exhibitionismus mit dem so existentiellen Bedürfnis, «gesehen» zu werden, den «Glanz im Auge der Mutter» (Kohut) als Selbstbestätigung zu erfahren.

Vom therapeutischen Standpunkt möchte ich vorwegnehmend bereits das folgende sagen: Es gilt als Faustregel, in der Therapie nicht das Symptom ins Zentrum der Aufmerksamkeit zu stellen, sondern die dahinterliegende Dynamik. Allerdings kann sich jegliche Regel im analytischen Dialog auch als inadäquat, ja kontraproduktiv auswirken. Wir müssen als Therapeuten auf der Hut sein, daß wir vor lauter Regelbefolgung nicht neurotisierende elterliche Haltungen wiederholen. So kann zum Beispiel das Vermeiden, auf die sexuelle Symptomatik einzugehen, für die Klientin oder den Klienten bedeuten, daß ihre sinnlich-sexuellen Aktivitäten und Nöte wiederum unbeachtet gelassen und ausgeklammert werden, wie dies schon in der Kleinkindzeit geschah. Solches Vermeidungsverhalten mag manchen Analytikern und Analytikerinnen gelegen kommen, je nach ihrer eigenen Einstellung zur Sexualität. Auch im Verhalten von Therapeuten kann ein Stück mehr oder weniger bewußter eigener Aversion stecken. Häufig handelt es sich dabei um eine Art Scham-Angst, nämlich die Befürchtung des Therapeuten, er könnte vom Patienten als indiskreter Voyeur gesehen werden, der sich an dessen sexuellen Erlebnissen selber begeilt.

Zum Schluß dieses Kapitels muß ganz allgemein betont werden, daß der sexuelle Bereich im weitesten Sinne für die Bildung von störenden Komplexen besonders anfällig ist.

6. Die Dominanz aversiver Motivationen und ihr Einfluß auf die Komplexbildung

Allgemeines zum aversiven Motivationssystem

Es ist charakteristisch für das aversive Motivationssystem, daß es auf alle Grundbedürfnisse einwirken kann. Im besten Fall dient es sowohl unserer Lebenserhaltung (z. B. Signalangst) als auch unserer Selbstregulierung. So lösen Bedrohungen jeglicher Art Ängste aus, Übersättigung an Nahrung oder an sexuellen Aktivitäten mag Ekelgefühle erzeugen, ein Zuviel an Neugierde wird durch Scham gehemmt, allzu symbiotische Intimität wird mit der Zeit durch Rückzugsimpulse aufgebrochen usw. Ein im Selbst einigermaßen integriertes aversives System übt Funktionen aus, die für die psychische Ökonomie von größter Bedeutung sind. Zugleich kann der aversive Bereich aber auch am Entstehen und Wirksamwerden störender Komplexe entscheidend beteiligt sein, wenn dessen Emotionen der Angst, Scham usw. in unadäquater Weise das Erleben dominieren.

Es scheint mir deshalb wesentlich, zunächst die Natur aversiver Reaktionen näher zu betrachten, wie sie sich bereits im Säugling manifestieren. Das Aversionssystem kann in manchen Fällen allein dadurch ausgelöst werden, daß der Säugling müde vom Saugen ist oder daß er die Brustwarze nicht richtig erreichen kann. Wenn er aber die Brustwarze aktiv ablehnt oder sich wegdreht und den Mund schließt, so ist es wesentlich, daß die Mutter auf dieses aversive Verhalten richtig reagiert, das Signal entsprechend versteht. Dieses Eingehen auf das Verhalten des Säuglings trägt wesentlich dazu bei, die physiologischen Bedürfnisse des Kindes zu regulieren. Aber nicht nur zur Regulierung physiologischer Bedürfnisse ist Aversion bedeutsam, sie dient auch als Signalsystem für ein optimales Funktionieren sowohl des Bindungs- als auch des explorativ-assertiven und des sinnlich-sexuellen Motivationssystems.

Die bekannteste aversive Reaktion von Kindern ist wahrscheinlich das laute Schreien des Neugeborenen. Sein kraftvoller Protest gegen all die notwendigen Anpassungen an eine plötzlich veränderte Umwelt ist für die Anwesenden ein Beweis für die Vitalität des Neuankömmlings. Von Anfang an leisten Säuglinge Widerstand gegen alles, was ihnen lästig und was für sie frustrierend ist. So wurde in einem Experiment (Emde 1981) ein leichtes Tuch über das Gesicht von drei Wochen alten Kindern geworfen. Einige Kinder gebrauchten Arme und den Kopf, um das Tuch loszuwerden, andere schlossen ihre Augen und zogen sich in Schlaf zurück, einige versanken geradezu in Tiefschlaf. Schon hier zeigte es sich, welche Säuglinge zu «aggressiv»-aktiven Gegenmaßnahmen neigen und welche mit passivem Rückzug reagieren. Aber nicht nur Experimente, sondern vor allem die alltäglichen Erfahrungen von Pflegepersonen zeigen deutlich, daß Kinder von Geburt an über aversive Reaktionsmuster gegen unangenehme und frustrierende Erfahrungen verfügen.

Weitere Beobachtungen lassen erkennen, wie Kinder reagieren, wenn ihre Erwartungen, zwischenmenschliche Nähe zu genießen, enttäuscht werden. Folgende Experimente werden berichtet (Lichtenberg 1989, S. 56): Eine Mutter nähert sich lächelnd ihrer zehn Wochen alten Tochter. Der Säugling reagiert sofort interessiert, sein Körper reckt sich voll Ungeduld der Mutter entgegen. Wenn das Kind dann aber nicht die Stimme der Mutter hört, sondern die auf Tonband aufgezeichnete Stimme einer anderen Frau, verwandelt sich sein Interesse in reines Erschrecken. Der zuerst freudige Gesichtsausdruck macht schmerzlichem Leid Platz, und die Augen wenden sich vom Gesicht der Mutter ab.

In einem anderen Experiment wird die Mutter eines sechs Wochen alten Jungen instruiert, ein ausdrucksloses Gesicht zu machen. Das Kind verstärkt zunächst seine Bemühungen, die Mutter zu aktivieren. Da sie aber nicht darauf reagiert, werden die Anstrengungen des Kindes immer hektischer und desorganisierter, bis es schließlich in eine schmerzhafte Gelähmtheit fällt. Ähnlich verlief ein Experiment, in dem Mütter instruiert wurden, ihre vier Monate alten Säuglinge für drei Sekunden im

Dunkeln zu lassen. Nachdem dies mehrere Male wiederholt worden war, wandten sich die Kinder von ihren Müttern ab und wehrten sich gegen ihre Versuche, den Kontakt wiederherzustellen (Papousek, H., und M. Papousek 1975).

Dies sind also Beobachtungen aversiver Reaktionen wie Widerspruch und Rückzug. Auslöser dafür sind Erfahrungen des Säuglings, die einen empfindlichen Einbruch in die ständig wiederkehrenden und auch voraussehbaren Interaktionsmuster zwischen Mutter und Kind (RIGs) bedeuten und dadurch die «Verläßlichkeit von Selbst und Welt» abrupt in Frage stellen.

Im allgemeinen sind Kinder sowohl durch ihre angeborenen Fähigkeiten als auch aufgrund ihrer Lernmöglichkeiten bemerkenswert gut darauf vorbereitet, sich selbst an der Regulierung ihrer physiologischen Bedürfnisse, ihrer Bindungsbedürfnisse und auch ihrer Bedürfnisse nach Erforschung und Selbstbehauptung zu beteiligen. Hingegen sind sie auffallend hilflos, wenn es um die Entwicklung wirksamer Maßnahmen zur Beseitigung der Quelle aversiver Affekte geht. Schreien, Erschrecken, Strampeln, Einschlafen, Abwenden von Kopf oder Blick, aber auch Zurückweisen sozialer Annäherungsversuche können für sich genommen wenig ausrichten, um die Dinge wieder in Ordnung zu bringen oder um sich vor der Quelle von Verletzungen zu schützen. Nur wenn die Intensität aversiver Reaktionen nicht allzu stark ist, kann sich das gereizte oder weinende Kind selbst beruhigen. Dies geschieht meist durch Lutschen an den Fingern (Aktivierung des sensuellen Systems) oder/und durch Verlagerung der Aufmerksamkeit auf das Erforschen eines visuellen oder auditiven Reizes (das heißt durch Aktivierung des explorativ-assertiven Systems). Im übrigen beschränkt sich die Funktion der angeborenen aversiven Reaktionsmuster in der frühen Kindheit darauf, den Pflegepersonen zu signalisieren, daß Abhilfe geschafft werden muß. Die Fähigkeit der Pflegeperson, auf Zeichen von Leiden, Angst, Frustration oder Zorn adäquat einzugehen und, wenn immer möglich, deren Ursache zu beheben – etwa durch Beruhigen, Besänftigen, Wiederherstellen von Nähe –, ist wahrscheinlich der bedeutendste Faktor, um die Bindung zwischen Pflegeperson und Kind lebendig zu erhalten.

Zugleich wurzelt an dieser Stelle größter kindlicher Hilflosigkeit auch die Gefahr beginnender Fehlentwicklung, falls körperliche oder seelische Verlassenheit das Erleben prägen.

Es sei hier die augenfällige Parallele zur psychotherapeutischen Situation erwähnt. Meines Erachtens ist es wichtig, daß Psychotherapeuten auch in den aversiven Verhaltens- und Erlebensweisen ihrer Patienten deren Signalfunktion in Betracht ziehen (siehe auch Asper, 1987). Jedenfalls bestätigt auch Lichtenberg die Erfahrung, daß die Signalfunktion des affektiven Ausdrucks aversiver Erfahrungen nach der frühen Kindheit weiterbestehen bleibt. Natürlich äußert sie sich beim Erwachsenen in komplexerer, oft auch versteckter Form.

Aversive Reaktion im Zusammenhang mit Erforschungs- und Selbstbehauptungsbedürfnissen

Die aversiven Reaktionen machen auch vor den Erforschungs- und Selbstbehauptungsbedürfnissen nicht halt. Hier ist zu beobachten, daß Kleinkinder gegen Ende des ersten Lebensjahres Ärgerreaktionen zeigen, wenn sich solchen Bedürfnissen frustrierende Hindernisse in den Weg stellen. So schob zum Beispiel ein zehn Monate alter aktiver und energischer «Krabbler» einen Spielzeuglastwagen über den Holzboden. Ein dünner Teppich bremste aber plötzlich dessen Fahrt. Mit anhaltendem Gebrumm gab er darauf dem Wagen einen Stoß, der aber ohne Wirkung blieb. Mit leicht zornigem Gesichtsausdruck verstärkte er daraufhin diesen Stoß, mit dem Erfolg, daß der Wagen in hohem Bogen über den Teppich flog. Der Junge strahlte vor Freude und begann, den Wagen mit steigender Erregung immer wieder über den Teppich zu schubsen (Lichtenberg 1989, S. 178). Hier hat die aversive Reaktion des Ärgers dem Kind Kraft gegeben, erfolgreich das Hindernis zu überwinden. Selbstbehauptung, verbunden mit Ärger oder Wut, ist also eine Quelle von Macht und kann eine geradezu berauschende Wirkung haben. Ob dabei die Motivation der Selbstbehauptung oder die zur Aversion den Ausschlag gibt, ist oft schwierig zu bestimmen. Kinder erleben vom Beginn der zweiten Hälfte des ersten Lebensjahres an das Gefühl von Macht, das durch die größere physische Bewegungsfreiheit motiviert ist. Zugleich wird es Teil ihrer subjektiven Wahrnehmung, daß Ärger bei Forschungsaktivitäten und Selbstbehauptung ihre Energien stärken kann und damit zur Überwindung von Hindernissen beizutragen vermag.

Nun geraten Kleinkinder im Zusammenhang mit ihrer größeren Bewegungsfreiheit und ihrem gesteigerten Bedürfnis nach Exploration und Selbstbehauptung öfters in Gefahrensituationen, ohne über angeborene Reaktionsmuster zu verfügen, die sie schützen könnten. Viele gefährliche Dinge wie Feuer, Messer und Steckdosen sind anziehend. Dem Ball auf der Straße nachzulaufen kann die ganze Aufmerksamkeit beanspruchen, während die Gefahren der Straße nicht beachtet werden. Gerade zur Zeit dieser entwicklungsmäßig so entscheidenden Phase wird es notwendig, daß Pflegepersonen schützend eingreifen. Dies gewährt nicht nur Sicherheit, sondern ermöglicht auch Lernerfahrungen, die das Kind zu seiner Selbstregulierung benötigt. Mit anderen Worten müssen Pflegepersonen die aversiven Reaktionen des Kindes unterstützen, wenn es in physische oder emotionale Gefahrensituationen gerät.

Hier spielen nun selbstverständlich die emotionalen Grundverfassungen der Eltern, aufgrund deren sie die Gefahren einschätzen, eine entscheidende Rolle. Eine überängstliche Mutter wird die Autonomiebestrebungen, die sich im Forschungs- und Selbstbehauptungsverhalten des Kindes manifestieren, vorschnell beschneiden wollen. Ideologien einer möglichst freien Erziehung veranlassen Eltern unter Umständen dazu, ihre instinktiven Angstreaktionen zu unterdrücken und bei wirklichen Gefahren nicht einzugreifen. Es kommt auch hier auf das Gefühl für das richtige Maß an und darauf, wie das Kind möglichst geschickt, ohne dessen Bedürfnisse nach Erforschung und Selbstbehauptung global zu entmutigen, von gefährlichen Dingen abgehalten werden kann.

Zur Pathologisierung des aversiven Motivationssystems

Die Beobachtung zeigt, daß das aversive Motivationssystem von frühester Kindheit an pathologisch reagieren kann. Anzeichen dafür ist zum Beispiel die Unfähigkeit des Kindes, sich zu wehren oder die Pflegeperson dazu zu bewegen, es aus seiner Notlage zu befreien. Angst, Schmerz oder Zorn werden gleichsam wie Selbstverständlichkeiten ins aufkommende Selbstempfinden eingebaut und werden zu vorherrschenden Grundbefindlichkeiten. In den meisten Fällen beruhen solche Entwicklungen auf Störungen der Beziehung zwischen Kleinkind und Pflegeperson. Zum Beispiel berichtet Fraiberg (1982) in einer wegweisenden Studie zum Widerspruchs- und Rückzugsverhalten in der frühen Kindheit über zwölf Kinder, deren Alter von der Neugeburt bis in den achtzehnten Monat reicht. Diese Kinder wurden wegen Vernachlässigung beziehungsweise vermuteter oder nachgewiesener Mißhandlung überwiesen. Mit Ausnahme einer als schizophren diagnostizierten Mutter waren alle Mütter schwer depressiv. Offensichtlich waren sie in der meisten Zeit für ihre Kinder psychisch abwesend. Es kam aber vor, daß unvorhersehbare Wut die mütterliche Depression durchbrach, was das Kind sehr erschreckte und ängstigte. Charakteristisch an diesen Kindern war es, daß alle ihrer Mutter gegenüber eine massive Vermeidungshaltung zeigten. Sie vermieden es, sie anzuschauen, anzulächeln, Laute ihr gegenüber zu äußern, nach ihr zu greifen, zu ihr zu krabbeln oder zu zeigen, daß sie getröstet werden wollten. Immerhin nahmen sie mit den Vätern oder mit Fremden Blickkontakt auf.

Es sind also meist frühe Traumatisierungen, welche das Kind zu einer pathologischen Organisation seines aversiven Motivationssystems prädisponieren. In der Folge werden alle übrigen Motivationen in die vorherrschende Widerspruchs- und Rückzugsneigung miteinbezogen. Das zornige, ängstliche, für Scham- und Schuldgefühle anfällige Kind erlebt somit seine Umwelt als unempfänglich, ja feindlich, verständnislos gegenüber seinen Bedürfnissen und Wünschen, was für die Stabilität des Selbst eine schwere Bedrohung ausmacht. Statt sich auf beständige gemeinsame Erfahrungen verlassen zu können, beginnt das sich entwickelnde Kind, Reaktionen zu erwarten oder häufig auch zu provozieren, die Zustände von Hilflosigkeit mit entsprechender «narzißtischer» Wut auslösen.

Haßkomplexe

Allerdings sind nach den Erkenntnissen der Kleinkindforschung Vermeidungs-, Verteidigungs- oder Wutreaktionen nicht mit Haß gleichzusetzen (Lichtenberg 1992, S. 67). Hassen kann ein Kind erst in einem Reifungsstadium, das ihm ermöglicht, eine kränkende Person, einen Gegenstand oder eine Situation in seiner Vorstellung zu evozieren und festzuhalten, *unabhängig* von deren momentaner Präsenz. Wie erwähnt, bildet sich im Alter von etwa achtzehn Monaten die erste Vorstellung (Repräsentanz) der eigenen Person heraus, die sich von der Vorstellung des anderen (Objektrepräsentanz) unterscheidet. So kann ein innerer Dialog entstehen zwischen dem Selbst und der Vorstellung der gehaßten Person. In solchen inneren Dialogen kann die erfolgte Kränkung und die Reaktion von Zorn und Rache immer wieder durchgespielt werden, wobei sie sich meist mit weiteren Zuständen und Versionen anreichert. Somit intensiviert sich die innerpsychische Verstrickung mit der gehaßten Person, was die wirkliche Beziehung natürlich im Höchstmaß tangiert. Sie gestaltet sich entweder haßerfüllt, kann aber auch vermieden oder gänzlich abgebrochen werden. Bei einem Kind führt eine solche Nicht-Beziehung aus latentem Haß – der sich auch hinter übertriebener Freundlichkeit oder Bravheit verstecken kann – zu schädlichen Isolationsgefühlen.

Lichtenberg ist es wichtig zu betonen, daß die Aversion des Kleinkindes nicht mit Haß gleichzusetzen ist. Solange nämlich die Bindungsbeziehung stabil ist und die affektive Nähe durch Trösten und Beruhigen wiederhergestellt werden kann, sind

Ausmaß und Intensität des Schreiens, des Negativismus, des Zorns oder eines Wutanfalls bei Säuglingen und Kleinkindern nicht unbedingt die unmittelbaren Vorläufer von Haß. Falls aber die heftigen Äußerungen aversiven Widerspruchsverhaltens die Eltern dazu verleiten, das «schwierige» Kind, von dem sie sich ungeliebt fühlen, auch ihrerseits abzulehnen, besteht die Gefahr der Entwicklung von Haß als ein Anzeichen der Gegenseitigkeit der Ablehnung (Lichtenberg 1992, S. 68).

Ausgereifte Haßkomplexe mit mehr oder weniger paranoidem Einschlag sind später in der Psychotherapie von Erwachsenen meist schwer angehbar. Tiefes Mißtrauen überträgt sich auch auf die Therapeutin oder den Therapeuten und steht der notwendigen Vertrauensbildung in der therapeutischen Beziehung im Wege. Der Therapeut wird stets verdächtigt, in die Kerbe der bestgehaßten Elternfigur zu schlagen, den Analysanden in verletzender Weise nicht ernst zu nehmen oder mit Deutungen zu erniedrigen. Die Chance einer eventuellen Verarbeitung sieht besser aus, falls die Kämpfe offen ausgetragen werden. Es kommt dann darauf an, ob der Therapeut nicht nur als Auslöser und/oder Zielscheibe aversiver Phantasien und Gefühle, sondern auch als Verbündeter im Durcharbeitungsprozeß erlebt wird. Ein Arbeitsbündnis ist nötig zu gemeinsamer Erforschung der Hintergründe des Haßkomplexes. Unter Umständen können sich damit explorative Motivationen aus der Umklammerung vom allbeherrschenden Haßkomplex etwas befreien. Allerdings ist bei Haßkomplexen die Gefahr nie vollständig gebannt, daß es durch Mißverständnisse zu Rückzugsimpulsen und Therapieabbruch kommen kann.

Beispiel aus der Praxis

Vorausnehmend und zum praktischen Teil dieses Buchs überleitend, möchte ich hier aus der Psychotherapie einer jungen Frau berichten, die von intensivem Haß auf den Vater erfüllt war, einem Haß, der auch Autoritätspersonen wie Lehrer, Vorgesetzte usw. miteinbezog. Ihren Vater hat sie als launischen, aggressiven Haustyrannen erlebt, der in seinen Wutanfällen auch tätlich werden konnte. Er habe es nicht ertragen, daß sie immer zur Mutter hielt, was sicher ein Grund seiner Wut gewesen sei. Jedenfalls fühlte sich die Analysandin durch sein Verhalten tief gedemütigt, und in der Folge war es stets ihr Anliegen, sich von Männern keinesfalls «unterkriegen» zu lassen.

Dies war auch das Hauptmotiv für sie gewesen, ein akademisches Studium zu absolvieren, was ihr in Anbetracht ihrer Intelligenz nicht allzu schwer fiel. Es gab ihr die Genugtuung, den Vater weit zu überflügeln. Zudem war sie ziemlich erfolgreich dabei, ein Tätigkeitsfeld als Selbständigerwerbende aufzubauen, so daß sie keine Vorgesetzten zu ertragen hatte. Auch hatte sie eine kürzere Freudsche Analyse hinter sich und war in psychoanalytischer Literatur außerordentlich belesen.

Der Wunsch, bei mir eine Analyse zu machen, wurde durch die Lektüre eines meiner Bücher ausgelöst. Bei dieser Lektüre war sie zum Schluß gekommen, daß ich kein «sturer» Jungianer sei und auch über die Freudsche Analyse Bescheid wisse. Zudem meinte sie, da ich offensichtlich «mit Empathie» arbeite, hätte ich nicht willentlich die Absicht, sie «unterzukriegen». Die Analyse benötigte sie wegen immer wiederkehrender Depressionen und Ängste.

Bald sah ich unseren analytischen Sitzungen mit zunehmendem Unbehagen entgegen. Die Patientin hatte die Tendenz, mir vorzuschreiben, wie ich sie behandeln müsse: Es gehe darum, ihre Abwehrmechanismen zu analysieren. Ihrer ausgiebigen Lektüre von psychoanalytischer Literatur hatte sie entnommen, daß sie voller Abwehrmechanismen stecke. Damit hatte sie zwar nicht unrecht, sie verstand aber darunter etwas anderes als ich. Sie dachte, es handle sich um die Abwehr gewisser Sexualimpulse, welche ihren Depressionen und manchen Gehemmtheiten zugrunde läge. Das mochte wohl sein. Für mich war es aber viel augenfälliger, daß ihr Haß auch dazu diente, ihre Bedürfnisse nach Nähe, Vertrauen und Liebe abzuwehren, worunter sie im Grunde sehr litt.

Mein Unbehagen vor und während der Sitzungen mit ihr beruhte auf verschiedenen Faktoren. Es war zwar offensichtlich, daß sich die junge Frau, entsprechend ihren Möglichkeiten, durchaus kooperativ verhielt. In ihrer Vorstellung war ich unter den Männern eine Ausnahmeerscheinung, ich war jemand, der kraft seines psychoanalytischen Wissens die Intrigenwirtschaft, Machtsucht und Brutalität der Männerwelt durchschauen und ihr bestätigen würde, wie recht sie mit ihren diesbezüglichen Ansichten habe. So waren unzählige Sitzungen mit solchen Themen ausgefüllt, und auch die meisten ihrer Träume handelten von wütenden Auseinandersetzungen mit männlichen Figuren. Zugleich sprach sie aber auch von Herzklopfen und Ängsten, die sie vor Beginn unserer Sitzungen verspürte. Sie ängstigte sich vor der Erwartung, daß ich ihre Aggressionen nicht ertragen könnte und sie deshalb beschimpfen und kleinmachen würde. Dabei pflegte sie aus dem leisesten Deutungsversuch meinerseits unweigerlich einen gegen sie gerichteten «kritischen Unterton» herauszuhören. Und es war vor allem dieser Unterton, der ihr unvergeßlich in Erinnerung blieb und den Sinn meiner Worte verzerrte. Bei jeder sich bietenden Gelegenheit konnte sie mir nach langer Zeit noch vorwerfen, was ich damals Negatives über sie gesagt hätte.

So war offensichtlich mein Unbehagen zunächst eine Widerspiegelung ihrer Ambivalenz. Einerseits wollte sie mich unbedingt als eine gute, verständnisvolle Ausnahmeerscheinung unter den hassenswerten Vätern bewahren und schützen, andererseits machte sich die Angst bemerkbar, ich würde sie, wie es ihr Vater getan hatte, erniedrigen und entwerten, wobei ihre Angst jederzeit in Haß auch gegen mich umzuschlagen drohte. Mein Unbehagen hatte aber auch damit zu tun, daß ich mich in meiner therapeutischen Funktion nahezu lahmgelegt fühlte, suchte sie doch offensichtlich ihr «Übereinstimmungsglück» mit mir in der Erwartung, daß ich ihre haßerfüllte Weltsicht teilen und ihre paranoid gefärbten Vermutungen bestätigen würde. Darin hatte schon das Zusammenspiel mit ihrer Mutter bestanden, die anscheinend den Vater ebenso haßte, wie sie es tat, die aber letztlich, wenn es darauf ankam, doch immer schwach wurde und zu ihm hielt und dadurch die Patientin in traumatisierender Weise enttäuschte. Jedenfalls war dieser

Wunsch nach Komplizenschaft unweigerlich mit ihrem Bedürfnis nach Nähe, mit ihrer Bindungsmotivation, verknüpft.

Ich stand also vor der Schwierigkeit, empathisch auf das Erleben der Patientin einzugehen, ohne all die Phantasien ihres Haßkomplexes zu bestätigen. Auch war es für mich offensichtlich, daß ihr Haßkomplex eigentlich aus «verschmähter Liebe» entstanden war und sich im Laufe der Entwicklung zu einem integrierenden Bestandteil ihres Ich-Komplexes verfestigt hat. Die Berechtigung ihrer haßerfüllten Weltsicht konnte deshalb auch von mir, ihrem Therapeuten, kaum in Frage gestellt werden, ohne ihr den Boden unter den Füßen zu entziehen und dadurch auch zu einem hassenswerten Feind zu werden.

Ich fühlte mich in meiner Gegenübertragungsreaktion vor allem unbehaglich und hilflos und fand es in dieser Verfassung am besten, zu schweigen und die Haßtiraden und Verdächtigungen gegenüber den verschiedensten Personen ihrer Umgebung über mich ergehen zu lassen. Sie selber ordnete dieses Verhalten als meine «psychoanalytische Neutralität» ein, um es nicht als Ablehnung empfinden zu müssen. Sobald aber Erinnerungen an seelische Grausamkeiten von seiten des Vaters oder anderer Autoritätspersonen auftauchten, konnte ich guten Gewissens innerlich dabei sein und je nachdem in einem kurzen Satz ihre damaligen und jetzigen Gefühle kommentieren. Sonst, wenn es um paranoide Phantasiekombinationen von feindlichen Machenschaften ging, über die sie sich erregte, hielt ich mich schweigend zurück. Ich war zwar unangenehm berührt davon, daß ich dies alles so stehenließ, wußte aber, daß die leiseste Infragestellung äußerst kontraproduktive Wirkung haben würde. Ich tröstete mich über meine Passivität hinweg, indem ich – vielleicht nicht zu Unrecht – annahm, es könnte für sie hilfreich sein, im geschützten therapeutischen Rahmen ihren Haß und ihre Verdächtigungsphantasien frei zu äußern und damit etwas abzumildern.

Es war mir auch schon lange aufgefallen, wie begabt sie war, ihre inneren Zustände, Emotionen und Phantasien wahrzunehmen, solange sie nicht in den paranoiden Haßkomplex fielen. Da sie ja von mir nicht viel Hilfe in der «Analyse ihrer Abwehren» erwarten konnte, hatte sie begonnen, ihren Assoziationen zu Hause nachzugehen und ihnen mehr oder weniger einleuchtende Deutungskonstrukte zu entnehmen, wie sie es wahrscheinlich in der Freudschen Analyse gelernt hatte. Dabei wurde es mir im Laufe der Therapie immer mehr einsichtig, daß selbst mein Gefühl therapeutischer Hilflosigkeit in der Dynamik unseres spezifischen therapeutischen Feldes ihre Bedeutung hatte. Offensichtlich war es zur Bestätigung ihres Selbstwertgefühls von immenser Wichtigkeit, daß sie die psychischen Zusammenhänge selber herausfinden konnte und sich nichts von mir sagen lassen mußte (Befriedigung des Bedürfnisses nach Exploration). Zugleich war es aber von entscheidender Wichtigkeit, daß ich «da» war, teilnehmend zuhörte und ihre Erkenntnisse nicht durch Besserwissen zerstörte.

So konnte sie nach ungefähr zweijähriger Zusammenarbeit eines Tages sagen, wie gut es ihr tue, die Dinge bei mir heraufkommen zu lassen und ihre schrecklichen Emotionen loszuwerden. Es gehe ihr in letzter Zeit auch besser, sie habe weniger Ängste und fühle sich auch etwas ausgeglichener. Es war das erste Mal, daß sie überhaupt ein anerkennendes Wort an mich richten konnte. Auch in ihren Träumen war ich vorher öfters als herablassende, sie verfolgende oder entwertende Figur aufgetaucht. Nun konnte sie zwei Träume erzählen, in denen ich ihr hilfreich väterlich zur Seite stand. In einem anderen Traum benötigte ihr Vater ihre Hilfe, da er in einer wichtigen Situation nicht zurechtkam. Nun begann sie zu äußern, wie schwer es ihr Vater im Leben eigentlich gehabt hätte und wie sein Verhalten aus seiner eigenen Kindheit und Lebenssituation heraus auch zu verstehen sei. Überhaupt stellte sie fest, daß sie sich weniger über die Machenschaften der Menschen aufrege. Jeder sei eben so, wie er sei und sein müsse.

Ganz allgemein wurde die Analysandin deutlich zugänglicher und toleranter, sich selbst und anderen Menschen gegenüber. In ihrem Fall war es also möglich geworden, die Identifikation des Ichs mit aversiven Haßemotionen weitgehend aufzulockern. Dies geschah dadurch, daß Motive der Intimitätsbedürfnisse (mein relativ zuverlässiges Dabeisein, «neutrales» Ertragen der Haßtiraden und Ernstnehmen der vom Väterlichen verletzten Gefühle) und der Erforschungs- und Selbstbehauptungsbedürfnisse (ich enthielt mich jeglichen Besserwissens und nahm an ihren Selbsterforschungsergebnissen teil) das Selbstwertgefühl schrittweise festigten und die Identifikation mit den aversiven Bedürfnissen nicht mehr notwendig war, um ihre Selbstachtung aufrechtzuerhalten. Ich möchte hier betonen, daß ich dieses Resultat nicht mit bewußten behandlungstechnischen Strategien erzielte und mich keineswegs eines Erfolges rühmen kann, der mir dank geschickt eingesetzter therapeutischer Mittel gelang. Vielmehr ging es darum, mich auf Gefühle des Unbehagens, der Hilflosigkeit, der Fragwürdigkeit meines Verhaltens einzulassen und sie langsam im Zusammenhang mit den Interaktionen im therapeutischen Feld verstehen zu lernen. Hier tun sich therapeutische Fragestellungen auf, die sich aus dem Einbezug der Säuglingsforschung ergeben und die im folgenden eingehend reflektiert werden sollen.

3. Teil

Zur Bedeutung der Kleinkindforschung für Analyse und analytische Psychotherapie

1. Grundsätzliches zur Jungschen Analyse

Gesichtspunkte C. G. Jungs

Da ich mich vorwiegend auf die Psychotherapie Jungscher Richtung beziehe, sollen zunächst kurz einige Grundsätze diskutiert werden. Psychotherapeuten oder Psychotherapeutinnen Jungscher Richtung werden größtenteils noch heute ihre Erfahrungen mit den von Jung selbst erarbeiteten Gesichtspunkten in ihr therapeutisches Handeln einbeziehen. Nun war es Jung stets ein Anliegen, theoretische Aussagen so weit und so allgemein wie möglich zu fassen, um den je individuellen Zugang durch Theorien und Techniken nicht zu verbauen. Ein sehr typisches Jung-Zitat, das für viele andere stehen könnte, sei hier angeführt:

> «Da es keinen Gaul gibt, der nicht zu Tode geritten werden könnte, so ist es eine mißliche Sache um Neurosetheorien und Behandlungsmethoden. Ich finde es jedesmal erheiternd, wenn geschäftstüchtige Badeärzte versichern, nach ‹Adler› oder ‹Künkel› oder ‹Freud› oder gar nach ‹Jung› zu behandeln. [...] Wenn ich Herrn X behandle, so bin ich genötigt, die Methode X anzuwenden und bei Frau Z die Methode Z. Das heißt, die Wege und Mittel der Behandlung werden vorwiegend durch die Natur des Kranken bestimmt» (Jung 1926, S. 131).

Es ist somit Aufgabe des Psychotherapeuten, die Intentionen der «Natur» – gemeint ist wohl die Natur des Seelischen – bestmöglich zu verstehen und zu beachten. Dies vermag ein Therapeut nur dann, wenn er es gelernt hat, die «Sprache des Unbewußten» so weitgehend wie möglich zu verstehen. Den erlebten und verstehenden Zugang zu den Manifestationen des Unbewußten, vor allem den Träumen und Imaginationen, sah Jung deshalb für den Psychotherapeuten als ein Haupterfordernis an. Solchem Verstehen galten seine lebenslänglichen Forschungen, die einen Schlüssel geliefert haben, um manch tiefere Bereiche der «Wirklichkeit der Seele» zu erschließen. Jungs Lebensarbeit – insofern sie sich auf psychotherapeutische Bestrebungen bezieht – bestand vornehmlich in der Erforschung der Traum- und Phantasieinhalte, welche die vom Selbst, dem dirigierenden Ganzheitszentrum, ausgehende Entfaltungstendenz des Individuums begleiten, stimulieren oder auch hemmen und notfalls gegen gewisse Ich-Abwehren erzwingen wollen.

Die von C. G. Jung initiierte Psychotherapie steht, bei all ihrer komplexen Vielfalt, grundsätzlich auf zwei Pfeilern, die aufeinander bezogen sind. Zum ersten geht es, wie erwähnt, um die Entdeckung, daß im Unbewußten organisierende Faktoren am Werk sein müssen, wie überall in der lebendigen Natur. Es geht also um die Hypothesen der Wirkweise des «kollektiven Unbewußten» mit seinen Strukturelementen, den Archetypen, die sich vornehmlich in symbolischen Bildabfolgen ausdrücken, wie sie zum Beispiel in Mythen, Märchen, Visionen, in der Alchemie usw. vorfindbar sind und auch in Träumen moderner Menschen auftreten können. Es ist deshalb therapeutisch von entscheidender Wichtigkeit, mit diesen im und aus dem Unbewußten wirkenden Faktoren in Beziehung zu kommen und die Symbolsprache des Unbewußten möglichst verstehen zu lernen. Zu diesem Zweck wurde es für Jungsche Therapeuten notwendig, sich ein Wissen vielfältigster Symbolik aus Mythologie, Alchemie, Religionsgeschichte, Märchen, Ethnologie, Volksglauben usw. anzueignen, um die Träume der Klienten nach Bedarf damit anzureichern, das heißt zu «amplifizieren». Dies wurde von Jung als wichtigste Verstehenshilfe angesehen. Wichtig ist auch die Erfahrung des Spontan-Schöpferischen der unbewußten Psyche und die (zugleich kritische) Offenheit gegenüber dem Numinosen, das sich nicht zuletzt in gewissen Träumen zu offenbaren vermag. Damit ist – in notwendiger Vereinfachung – ein Modell ursprünglicher Jungscher Analyse umrissen, welches sich letztlich von Jungs eigener, persönlicher Auseinandersetzung mit dem Unbewußten ableitet. In seinen «Erinnerungen» hat er von solchem Erleben eindrückliche Kostproben gegeben (Jung/Jaffé 1962).

Zugleich war Jung, und das ist der zweite Pfeiler seines Beitrags, auch der psychotherapeutische Pionier, der als erster den *gegenseitigen Einfluß* von Analytiker und Analysand zur Kenntnis nahm und damit moderne Therapiemodelle von Übertragung und «syntoner» Gegenübertragung, vom «therapeutischen Feld» und von Systemanalyse usw. vorwegnahm, wobei er den psychotherapeutischen Umgang aus der Starrheit der damaligen Freud-Schule befreite. (Freud selbst hat diese Starrheit sogar beklagt; Brief an Ferenczi 1931.) So steht bei Jung: «Es ist mit keinem Kunstgriff zu vermeiden, daß die Behandlung das Produkt einer gegenseitigen Beeinflussung ist, an welcher das ganze Wesen des Patienten sowohl wie das des Arztes teilhat» (Jung 1929, § 163). Später faßt er diesen Gedanken schärfer, indem er meint:

> «Man könnte ohne allzuviel Übertreibung sagen, daß jede tiefergreifende Behandlung etwa zur Hälfte in der Selbstprüfung des Arztes besteht, denn nur was er in sich selber richtig stellt, kann er auch beim Patienten in Ordnung bringen. Es ist kein Irrtum, wenn er sich vom Patienten betroffen und getroffen fühlt: nur im Maße seiner eigenen Verwundung vermag er zu heilen» (Jung 1951, § 239).

Diese zwei Pfeiler, auf denen die Jungsche Psychotherapie beruht, scheinen auf den ersten Blick auch der Unterscheidung von introvertierter und extravertierter Einstellung zu entsprechen (Jung 1921, § 799, § 833).

Es geht einerseits um die Hinwendung zur innerseelischen Wirklichkeit und andererseits um mitmenschliche Beziehung und, ganz allgemein, den Bezug zur Außenwelt. Allerdings sind diese zwei Bereiche nicht fein säuberlich auseinanderzuhalten, sie sind in komplexer Weise miteinander verwoben. Es ist zu berücksichtigen, daß das archetypische Potential im Unbewußten der Begegnung mit der Umwelt bedarf, um ins Leben zu treten, um wirksam zu werden. Zugleich ist das Außen unserer Begegnungen und Bezugnahmen stets mit subjektiven inneren Erlebensweisen und Erwartungshaltungen verknüpft, und umgekehrt be-ein-drucken unter Umständen äußere Ereignisse unsere Psyche in ihrer Tiefe. Jung sprach zu Recht davon, daß der

Prozeß der Individuation einerseits ein «interner, subjektiver Integrationsvorgang, anderseits aber ein ebenso unerläßlicher objektiver Beziehungsvorgang» sei (Jung 1946, § 448). Deshalb spielt in der Analyse oder Psychotherapie die Art der Beziehung zwischen Patient und Therapeut eine entscheidende Rolle, nicht zuletzt im Hinblick auf das Innenleben beider Beteiligter. Und dies hat zur Folge, daß der Therapeut größtmögliche Sensibilisierung benötigt, um die gegenseitige Beeinflussung in differenzierter Weise wahrzunehmen. Es geht hier, mit anderen Worten, um etwas, was als das gemeinsame «therapeutische Feld» bezeichnet werden kann, in dem sich die sogenannte Übertragung und Gegenübertragung abspielt. Die «Selbstprüfung» des Arztes, in der nach Jung etwa die Hälfte der Behandlung besteht, spielt hier eine entscheidende Rolle, und somit sind beide dieser Pfeiler aufeinander bezogen, haben für die Therapie ihre Wichtigkeit.

Allerdings ist hier anzufügen, daß trotz Jungs vielen fruchtbaren, für seine Zeit modernen Ansichten zur praktischen Psychotherapie, zu Übertragung und Gegenübertragung und zu dem, was heute als «interaktives Feld» bezeichnet wird, seine Anregungen weder von ihm selbst noch von der ersten Generation seiner Schüler viel beachtet und weiter differenziert wurden. Ihr Interesse galt fast ausschließlich den *Inhalten* des Unbewußten und deren symbolischer Aussage, sei es in der Therapie, sei es in der Anwendung auf weitere kulturelle oder religionsphänomenologische Bereiche. Die wenigen Darstellungen von praktischen Analysen, die er und seine frühen Schüler publiziert haben, beschränken sich meist auf Deutungen des «Materials aus dem Unbewußten» des Patienten. Es geht ihnen dabei um das optimale Verstehen der Symbolsprache des Unbewußten, wodurch die Beziehung des bewußten Ichs zu den Inhalten des Unbewußten gefördert werden soll. Die Frage, wie sich das Unbewußte im Hier und Jetzt der therapeutischen Interaktion und ihrer emotionalen Begleiterscheinungen manifestiert, blieb relativ unbearbeitet und undifferenziert. Es fehlte also weitgehend die Mikroanalyse des interaktionellen Geschehens.

Daß diese Lücke auszufüllen ist, daß eine Brücke zu finden ist zwischen den beiden Bereichen zugunsten einer differenzierten Psychotherapie, gehört heute zum Selbstverständnis nicht weniger Jungscher Analytiker.

Entwicklung seit Jung

Zunächst ging die Initiative zur Weiterentwicklung in den 60er Jahren – und zum Teil schon vorher – von Analytikern der später von Samuels so benannten «Londoner Schule» aus (Samuels 1989). Michael Fordham und einigen seiner Kollegen wurde es zum Anliegen, Jungsche Gesichtspunkte auch in der Analyse von Kindern zu erproben. Dabei sahen sie sich genötigt, neben selbst erarbeiteten psychologischen und therapeutischen Ansätzen auch Ideen und Vorgehensweisen einzubeziehen, die aus der Schule von Melanie Klein stammten und/oder von D. Winnicott angeregt waren. Damit erarbeiteten sie sich eine eigene analytische «Technik», durch die auch kindliche Anteile im Erwachsenen einer Behandlung zugänglich werden (M. Fordham et al. 1973, 1974; R. Gordon 1993, K. Lambert 1981, F. Plaut 1993). Allerdings konnte sich diese Art des Vorgehens über den Kreis der «Londoner Schule» hinaus – trotz vieler anregender Publikationen – nur spärlich verbreiten. Viele Anhänger Jungs sahen darin eine zu große Abweichung und «Freudianisierung» von dessen geistiger Haltung. Andererseits sollte nicht vergessen werden, daß Jung selbst es war, der Michael Fordham als Herausgeber der englischen Ausgabe seiner gesammelten Werke vorgeschlagen hat. Er muß ihn also sehr geschätzt haben.

Seit den frühen 80er Jahren führte die Notwendigkeit, das Geschehen im interaktiven Feld der analytischen Praxis differenzierter zu erarbeiten, sowohl in den USA als auch mancherorts in Europa zu einer Reihe von Publikationen, die zwar Anregungen der modernen Psychoanalyse (zum Beispiel Balint, Erikson, Kohut, Winnicott usw.) aufnehmen, diese aber ausdrücklich in die Offenheit des Jungschen Zugangs zur Seele integrieren wollen. Dieser Strömung in der Weiterentwicklung der Jungschen Psychotherapie mit ihrer Modellvielfalt geht es vor allem um Sensibilisierung für die Nuancen der Interaktionen im therapeutischen Feld und um das Verständnis von deren Bedeutung in der Psyche der Klienten. Mehr oder weniger betont geht es auch um den Zugang zu den Erfahrungen des «inneren Kindes», seiner Entwicklungen und Verwundungen, insofern sie in den Störungen im *Hier und Jetzt* wirksam sind. Keiner dieser Autoren oder Autorinnen legt sich aber auf «reduktive Analyse» fest oder hat eine spezifische Behandlungs-«technik» im psychoanalytischen Sinne erarbeitet oder vorgeschlagen. Spontane Interaktion und freie Beziehungsgestaltung innerhalb des therapeutischen Rahmens soll keinesfalls durch irgendwelche feststehenden Theorien behindert werden, was ganz im Sinne C. G. Jungs ist. Die einzelnen Autoren und Autorinnen dieser Richtung, zu der auch ich mich zähle, divergieren dementsprechend durchaus in Einzelheiten ihrer Auffassung. (Siehe z. B. K. Asper 1987, 1988; M. Jacoby 1985, 1993; D. Kalsched 1996; V. Kast 1987, 1990; N. Schwartz-Salant 1991; B. Spillmann 1993; B. Stevens-Sullivan 1989.) Wesentlich ist, daß all die erwähnten Analytiker – neben der bestmöglichen Beachtung der Inhalte des Unbewußten und ihrer Symbolsprache – das intersubjektive Geschehen in der analytischen Situation stets differenziert im Auge behalten.

Die instrumentale Funktion des Analytikers und das interaktive Feld

Wie erwähnt, hat Jung in pionierhafter Weise davon gesprochen, daß in einer tieferen Analyse beziehungsweise Psychotherapie stets eine gegenseitige Beeinflussung von Therapeut und Patient stattfinde. Seither spricht man treffend auch von einem gemeinsamen therapeutischen oder interaktiven Feld (Schwartz-Salant 1989), in dem sich die sogenannte Übertragung und Gegenübertragung abspielt.

Praktisch gesehen beruht das Vorgehen in der Jungschen Analyse oder Psychotherapie auf der aus Erfahrung gewonnenen Annahme, daß im Normalfall eine angeborene Disposition – das Selbst – unser seelisches Gleichgewicht und unseren Entfaltungsprozeß anordnet und steuert. Somit ist es ein zentrales Anliegen von Analyse und Psychotherapie, die Impulse dieses Entfaltungs- und zugleich Bewußtwerdungsprozesses aufzuspüren und die Störungen, die ihm im Wege stehen, möglichst wegzuräumen. Dieser Prozeß ist von Anfang an auf eine «fördernde Umwelt» angewiesen, um nochmals Winnicotts so treffende Bezeichnung zu verwenden. Viele Analysanden haben von Kindheit an vornehmlich eine verhindernde statt einer ausreichend fördernden Umwelt erlebt. Der Therapeut ist deshalb mit der Frage konfrontiert, ob und inwiefern er «Raum» zur Verfügung zu stellen vermag, in dem fördernde Umwelt zum Tragen kommt. Was aber von einzelnen Analysanden jeweils als fördernde Umwelt erlebt wird, kann nur von ihrem eigenen, inneren Prozeß her erspürt werden. Ich muß mich als Analytiker darauf einstellen, gleichsam «Instrument» zu sein und als solches dem seelischen Prozeß des Analysanden zur Verfügung zu stehen. Die Vorstellung, daß dem Analytiker eine Art instrumentaler Funktion zukommt, scheint mir zutreffend, zumindest nützlich zu sein, da sie eine günstige therapeutische Haltung zu fördern vermag. Meines Erachtens handelt es sich dabei vornehmlich um ein Instrument, das Resonanz gibt auf die Art und Weise, wie seine Saiten vom jeweiligen Spieler berührt werden, Resonanz auch als Antwort darauf, wie es «angesprochen» wird.

Problematik der Metapher: Der Analytiker als Instrument

Natürlich ist mit dieser Metapher eine gewisse Problematik verknüpft. Wenn ich sage, Therapeuten sollten sich dem Prozeß ihrer Patienten oder Patientinnen als Instrument zur Verfügung stellen, so denke ich vor allem an die vom Selbst ausgehenden Impulse. Ein Instrument, das den tiefen Anliegen der Selbstentfaltung Resonanz verleiht, ist aber auch möglichem Mißbrauch durch bewußte oder unbewußte Manipulationen ausgesetzt. Diesen Mißbrauch zu erkennen und mit entsprechenden Deutungen und therapeutischen Verhaltensweisen zu reagieren, fällt Analytikern nicht unbedingt leicht, gehört aber zu ihrem Handwerk und ihrer Kunst.

Allerdings stellt sich die Frage, ob die Vorstellung, der Analytiker/die Analytikerin würde den Belangen des Selbst gleichsam als Instrument zur Verfügung stehen, nicht eine Idealisierung des Berufs und damit eine Überforderung bedeutet. Dazu kommt die Erfahrung, daß viele Patienten von diesem Instrument oft kaum Gebrauch machen können, was den Therapeuten vor die zweifelnde Frage stellt, ob er wohl das ungeeignete Instrument für den Klienten sei oder ob es am Klient liege, der keinen oder noch keine Gebrauch davon machen kann. Und natürlich kommt der Umstand hinzu, daß ich als Therapeut nicht nur Instrument, sondern vor allem Mensch mit meinen je eigenen Gegebenheiten, Schwierigkeiten und Bedürfnissen bin. Wie komme ich mit dem Paradox zurecht, daß möglichst volles eigenes Menschsein geradezu Bedingung dafür ist, um gleichsam als Instrument seelischen Prozessen anderer Menschen zur Verfügung zu stehen? Tatsache ist, daß gerade Analytiker nur dank ihres eigenen menschlichen Erfahrungsradius und dank ihres Offenseins gegenüber eigener Verwundbarkeit den entsprechenden Resonanzboden abgeben können. Auch werden ihre eigenen subjektiven Bedürfnisse, ihre eigenen Konflikte und Schwachstellen stets irgendwie mitmischen wollen. Und ihr Autonomiebedürfnis wird zuzeiten ihrer professionellen Existenz ins Gehege kommen, die verlangt, als Instrument dem Entwicklungsprozeß anderer Menschen zu dienen.

Trotzdem ist die Metapher vom Instrument hilfreich, um als Therapeut eine adäquate Einstellung zu finden. Ich stelle mir, wie gesagt, dieses Instrument vor allem als Resonanzboden vor. Damit ein Analytiker Resonanz zu erzeugen vermag, muß er hellhörig dafür sein, welche Saiten durch die jeweilige Melodie und/oder Kakophonie seines Klienten in ihm selber berührt werden. Ein feines Ohr ist vonnöten, um wahrzunehmen, wie «es» im therapeutischen Feld spielt, stimmt oder mißstimmt.

Hier muß aber auch die von Jung geforderte «Selbstprüfung des Arztes» einsetzen, die vor allem in einer tiefgehenden analytischen Selbsterfahrung, der sogenannten «Lehranalyse», besteht – eine entscheidend wichtige Voraussetzung, auf die ich noch zurückkommen werde. Daneben halte ich es – zugunsten eines optimalen Verstehens der unbewußten Anliegen und Konflikte – auch für notwendig, daß ein Analytiker über verschiedenartige Modellvorstellungen verfügt, wie sie im Laufe eines Jahrhunderts psychotherapeutischer Bestrebungen in der Tiefenpsychologie erarbeitet wurden. Manche dieser Modelle mögen einem Jungschen Analytiker nicht liegen, andere aber können hilfreich sein, um die Palette des Verstehens und des therapeutischen Handelns zu bereichern. Ich denke da vor allem an manche neueren Entwicklungen innerhalb der auf Freud zurückgehenden Psychoanalyse, die dem Jungschen Grundansatz erstaunlich nahe verwandt sind und Finessen therapeutischen Zugangs und Verstehens vermitteln, die höchst hilfreich sein können. Dazu gehören zum Beispiel Publikationen von Searles (Sedgwick 1993), Balint (1970), Winnicott (1974), Kohut (1974, 1979, 1989), Jacoby (1985) usw. Hier sehe ich auch den Ort, wo die amerikanische Säuglingsforschung, wie sie vor allem mit den Namen von Daniel Stern und Joseph Lichtenberg verbunden ist, neue, für die Praxis relevante Ansatzpunkte zur archetypischen Grundlage des menschlichen Beziehungsaspekts beizutragen vermag. Dem Thema des vorliegenden Buchs entsprechend, werde ich anhand vieler Einzelheiten auf sie zurückkommen. Jedenfalls glaube ich, daß ein Analytiker nie aufhören sollte, sich und seine Methoden in Frage zu stellen, neue Ideen zu erproben, konstruktive Selbstkritik zu üben.

Die Selbstprüfung des Analytikers oder der Analytikerin ist also von höchster Wichtigkeit, benötigt aber, um differenziert genug zu sein, eine tiefgehende Eigenanalyse. Die Analyse sollte es ermöglichen, die eigenen mehr oder weniger pathologischen Komplexe zu erleben und damit bewußt umzugehen. Menschen, welche die Intensität neurotischer Phänomene nicht gleichsam am eigenen Leib erfahren und erlitten und sich gründlichst mit ihnen auseinandergesetzt haben, eignen sich schlecht zur Ausübung dieses Berufs. Um mich einfühlen zu können, muß ich bis zu einem gewissen Grade erlebt haben, auf welche Art seelische Schmerzen weh tun können. Des weiteren ist Bewußtwerdung der «persönlichen Gleichung», der eigenen Schwachstellen und auch der emotionalen Wurzeln meiner Weltanschauung ein anzustrebendes Ziel. Patienten haben oft instinktiv das Geschick, die jeweilige Verwundbarkeit des Analytikers herauszuspüren, sie zum Schaden der Therapie wie einen Tabubereich zu umgehen oder, umgekehrt, den Therapeuten damit zu provozieren. Auch wird ein Therapeut Bedürfnisse, Vorstellungen und Erwartungen, die ihm unbewußt sind, auf den Analysanden projizieren und ihn in seiner Gegenübertragung illusionär verkennen. Natürlich können Therapeuten durch eine noch so tiefgehende Analyse nie vollständig bewußt und unverwundbar werden, man darf diesbezüglich keine überdimensionierten Erwartungen an eine Analyse stellen. Im optimalen Falle sollte die Eigenanalyse immerhin für die ständige Möglichkeit, projektiven Gegenübertragungsillusionen zu verfallen, sensibilisieren. Selbstverständlich wäre es höchst wünschenswert, wenn dem Analytiker anhand seiner eigenen Erfahrung auch die therapeutische Wirksamkeit seelischer Reifungsprozesse vermittelbar würde.

Beispiel aus der Praxis

Ich möchte dieses Kapitel nicht abschließen, ohne in Kürze ein Beispiel zum Geschehen innerhalb des therapeutischen Feldes zu geben. Ich erinnere mich an eine Klientin, die meine inneren Saiten optimal in Schwingung zu versetzen wußte. Dabei war ich mir bewußt, daß es sich definitiv nicht vorwiegend um Schwingungen erotischer oder sexueller Natur handelte. Ich fühlte mich aber in ihrer Gegenwart innerlich stets sehr angeregt und in feinster Weise auf sie eingestimmt. Oft war ich selber erstaunt über die Präzision der Deutungen, die mir einfielen und die bei ihr auf fruchtbarem Boden landeten. Die Gemeinsamkeit unserer «Wellenlänge» war auffallend, und der therapeutische Prozeß fühlte sich in hohem Maße befriedigend an.

Allerdings sind gerade in solchen so fruchtbar anmutenden Austauschprozessen einige selbstkritische Fragen angebracht. Vor allem ist zu fragen, auf welchen Motivationen unsere so ideale gegenseitige Übereinstimmung beruhen könnte. Im Falle dieser Klientin mußte ich mir ins Bewußtsein rufen, daß sie in ihrer Kindheit und Jugend feinste Antennen zur Anpassung an die Erwartungen ihrer Umgebung entwickelt hatte. Das war und blieb für sie eine sehr notwendige Überlebensstrategie. Sie stellte sich stets mit größter Instinktsicherheit auf die Interessen und Bedürfnisse ihres Gegenübers ein, machte sich auf diese Weise beliebt, verlor aber dabei oft ihren eigenen Standpunkt und wurde auch ausgenützt. So war es ihr offensichtlich auch in der analytischen Situation ein Anliegen, vor allem «keine Last» für mich zu sein, sich auf mich einzustellen und möglichst solche Themen anzuschneiden, die ihrer Ansicht nach für mich von Interesse sein könnten. So stellte sich mir die Frage, ob ich in meinen Gegenübertragungsreaktionen ihrem zum Teil unbewußten Verhaltensmuster auf den Leim ging. Verstand sie es, mich zu animieren, meine «anima» zu konstellieren, so daß ich mich in ihrer Gegenwart inspiriert und großartig fühlen und sie entsprechend lieben würde? Es war selbstverständlich sehr wichtig für mich, diesen Aspekt unserer Interaktion im Auge zu behalten.

Genauso wesentlich war es aber auch, nicht ausschließlich auf ihre aus innerer Not geborenen «Verführungskünste» fixiert zu bleiben, denn es wäre auf jeden Fall verfehlt gewesen, unsere Beziehung frühzeitig mit einer solchen Interpretation zu entwerten und die Analysandin vielleicht zu beschämen. Zwar war das Wiederholungsmuster offensichtlich, es war aber nur die halbe Wahrheit. Trotz allem war mir deutlich, und darauf vertraute ich, daß unsere so weitgehende Übereinstimmung zugleich auch ein entscheidend wichtiges Erlebnis für sie war. Es war die Erfahrung einer echten «gemeinsamen Wellenlänge», einer tiefen Begegnung im «intersubjektiven» Bereich, um mit D. Stern zu sprechen. Und darin liegt ein kreatives seelisches Entwicklungspotential, nämlich das Gefühl, in seiner Wesensart bestätigt und als wertvoll gespiegelt zu sein. Hätte ich

– skeptisch gegenüber meiner Gegenübertragungsreaktion – nur das Wiederholungsmuster gedeutet, wäre wahrscheinlich eine entscheidende Möglichkeit therapeutischen Neubeginns verfehlt worden. Hätte ich aber nicht zugleich auch wahrgenommen, daß sie mich zu Größenphantasien verleitete, so wären wir vielleicht lange in einer «folie à deux» gegenseitiger Idealisierung oder narzißtischer Kollusion verharrt. Eine solche Kollusion würde vom Standpunkt der Patientin aus bedeuten: ich bewundere dich so sehr in der Hoffnung, daß du mich dafür liebst und schätzest. Und die Reaktion von meiner Warte her würde lauten: Du inspirierst mich zu meinen besten Möglichkeiten, also bist du besonders, und darum liebe und schätze ich dich.

An diesem Beispiel wird ersichtlich, wie entscheidend wichtig mein aus der Kleinkindforschung gewonnenes Wissen um die reifungsfördernde «Intersubjektivität» wurde. Und somit stellt sich hier ganz allgemein die Frage nach dem Stellenwert der Ergebnisse der Kleinkindforschung für die Analyse oder Psychotherapie von Erwachsenen.

Zur Auseinandersetzung mit dieser Frage sollen nun einzelne, aus der Kleinkindforschung gewonnene Aspekte in ihrer Bedeutung für die Erwachsenenanalyse zur Sprache kommen.

2. Zur Organisationsstufe der Kernselbst-Empfindung

Der «das Selbst regulierende Andere» in der therapeutischen Praxis

Zum Einstieg in die Thematik seien hier zunächst drei kurze Fallvignetten vorgestellt:

Herr C: Ein junger Student, den ich Herrn C nennen möchte, suchte meine Praxis auf, weil er unter der Vorstellung litt, alle Mitstudenten könnten während der Vorlesungen im Hörsaal sein Schlucken hören. So könne er sich nicht auf den Inhalt der Vorlesung konzentrieren, sondern müsse dauernd sein peinliches Schlucken beobachten. Dabei fühle er sich entsetzlich unwohl, exponiert und durch die Anwesenheit der Mitstudenten in seinem Selbsterleben bedrängt.

In den ersten paar Sitzungen hatten wir vor allem seine Hauptschwierigkeit herausgearbeitet, nämlich die Mühe, die es ihm bereitete, seinen Eigenbereich abzugrenzen. Nachdem ich ihm des weiteren gesagt hatte, es gehe nun in der Psychotherapie darum, mehr Vertrauen in «sein Eigenes» zu gewinnen, «sich selbst» zu spüren, fühlte er sich plötzlich um vieles selbstsicherer. Er könne sich nun sagen: «Ich bin ich», und das tue seine befreiende Wirkung. Vor allem schrieb er diese Wandlung einer Art magischen Kraft zu, über die ich anscheinend verfügen müsse. Er brauche nur an mich und unsere Begegnung zu denken, und das helfe ihm schon, den Satz «Ich bin, was ich bin» immer wieder zu beleben. Dies sei wiederum eine entscheidende Hilfe gegen den bedrängenden «Einfluß» der anderen.

Natürlich hielt diese Wirkung nicht für längere Zeit an, sie gehörte gleichsam zu den glücklichen «Flitterwochen» unserer therapeutischen Begegnung.

Herr D: Ein dreißigjähriger Akademiker, Herr D, litt darunter, von Zeit zu Zeit in tiefe «Löcher» zu fallen, wie er es nannte. Oft genügte der minimalste Anlaß, ihm «den Boden unter den Füßen wegzuziehen» und sein Selbstvertrauen dermaßen zu untergraben, daß er sich als vollständige Null vorkam. Er fühlte sich dann vollständig entwertet und schämte sich, an seinem verantwortungsvollen Arbeitsplatz überhaupt in Erscheinung zu treten. Solche Selbstentwertung hatte offensichtlich wenig mit der Realität zu tun. Vielmehr waren es überhöhte Anforderungen an sich selbst, die ihn mit Gefühlen totalen Ungenügens überschwemmten und ihn in seine «Hölle» stürzten. Therapeutisch war es wichtig, ihn in diesem «Loch» nicht allein zu lassen und in einfühlsamer Weise zu verbalisieren, in welche Qual ihn sein Verlust an Selbstwertgefühl stürzte. Offensichtlich habe er *vorübergehend* den Zugang zu seinen positiven menschlichen und beruflichen Qualitäten verloren, sagte ich. Meistens fühlte er sich nach einer solchen Sitzung erleichtert, und es ging nicht lang, bis er die Welt und vor allem sich selbst wieder in realistischeren Proportionen zu sehen vermochte. Jedoch schämte er sich jedesmal nachträglich darüber, ein solch jammerndes Baby gewesen zu sein und nur in Abhängigkeit von meiner Hilfe sein Gleichgewicht wiederzufinden. Natürlich war es dann langfristig wichtig, den lebensgeschichtlichen Hintergrund dieser Selbstwertstörungen aufzuarbeiten.

Herr E: Vor vielen Jahren war ein dreißigjähriger Mann, Herr E, bei mir in Psychotherapie, der an gravierender Agoraphobie litt, an Angst, allein im Freien zu sein. Er konnte sein Zimmer, das er in einem religiösen Heim bewohnte, nicht verlassen, weil er schlimmste Angstattacken befürchtete. Psychotherapeutische Hilfe war für ihn deswegen nur unter der Bedingung möglich, daß ich ihn in seinem Zimmer im Heim aufsuchte. Er klagte ständig, daß es ihm an «Geborgenheit» mangle, die er weder bei den frommen «Brüdern» im Heim und erst recht nicht bei seinen Eltern bekommen konnte. Nach einer gewissen Zeit hatte er genügend Vertrauen zu mir gefaßt, um in meiner Begleitung seine Therapiestunden während eines Spaziergangs im Freien abzuhalten.

Mit der Zeit brachte er sogar den Mut auf, ganz alleine einen Spaziergang zu wagen, wenn er die Gewißheit hatte, mich während seines riskanten Unternehmens von einer Telefonkabine aus anrufen zu können. Mit einigem Stolz in seiner Stimme teilte er mir dann mit, wo er sich befand. Offensichtlich genügte es ihm in dieser Phase, meine Stimme zu hören, um während des ganzen Spaziergangs Vertrauen in die eigene Autonomie aufrechtzuerhalten. Nach einem Jahr war er imstande, sich selbständig in die Straßenbahn zu setzen und zur Therapie meine Praxisräume aufzusuchen.

Alle drei Beispiele haben damit zu tun, daß das Selbstempfinden von Ängsten unterminiert wird, wobei die zur Verfügung stehenden Willenskräfte lahmgelegt werden, die Selbstgestaltung schwer gestört ist. Es handelt sich um Störungen des Kernselbst-Erlebens, wobei vier Komponenten alle mehr oder weniger in Mitleidenschaft gezogen waren.

Die vier Komponenten des Kernselbst-Empfindens

Bei den drei Patienten war

- erstens das Gefühl eigener *Urheberschaft* (das heißt der Besitz des eigenen Willens und die Kontrolle über die selbsterzeugten Aktionen) beeinträchtigt.
- Zweitens war auch die *Selbst-Kohärenz,* das Gefühl, innerhalb seiner eigenen Körpergrenzen ein Handlungszentrum zu sein, schwer verunsichert.
- Drittens war die *Selbst-Affektivität,* das innere emotionale Erleben, fast ausschließlich von Ängsten besetzt.
- Und viertens war die *Selbst-Geschichtlichkeit* (das Gefühl fortwährenden Seins, wobei man sich durchaus verändern kann, aber doch immer dieselbe Person bleibt) zumindest bedroht.

Da es sich bei keinem der Patienten um eine ausgesprochen fragmentierende Psychose handelte (was bei einer Kernselbst-Desintegration durchaus auch der Fall sein könnte), wurde es möglich, daß alle drei über kurz oder lang wieder Zugang zum Kernselbst-Gefühl finden konnten, wenigstens für eine gewisse Zeit. Diese Erholung oder Rück-holung des Selbstempfindens war sicherlich der therapeutischen Begegnung zuzuschreiben. Ich meine allerdings, daß dies wenig mit Interpretationen oder irgendeiner Intervention meinerseits zu tun hatte. Offensichtlich habe ich zumindest aber nicht verhindert, daß sie mich als eine «das Selbst regulierende Figur» erleben konnten. Alles, was ich in Wirklichkeit tun konnte, war, «da» zu sein, sie anzuhören, empathisch zu verstehen, wie sich ihr qualvoller Zustand anfühlt.

Hypothesen zum frühkindlichen Hintergrund der Störungen im Kernselbst

Erst nach einiger Zeit therapeutischer Begleitung wurde es möglich, differenziertere Hypothesen darüber aufzustellen, welche frühkindlichen Verletzungen oder welche Mangelsituationen solchen Selbstverlust-Zuständen zugrunde liegen könnten. Teilweise sind sie aus den sich präsentierenden Symptomen abzuleiten.

Was den Studenten, *Herrn C,* betrifft, so zeichnete sich sein Übertragungsverhalten durch schwierige Ambivalenz aus. Er wollte mich nahe haben, als eine «magische» Kraftquelle, und zugleich mußte er sich vor mir verschließen, aus der Befürchtung, ich könnte seiner Autonomie zu gefährlich werden. Dies alles legt die Hypothese nahe, daß er als Säugling in übertriebenem Maße beobachtet, gehalten und damit eingeengt worden war. Einerseits war er als einziger Bub bewunderter Mittelpunkt der Familie. Andererseits war aber die Mutter öfters abwesend, da sie an der Karriere des Vaters teilnahm. Dieses Wechselbad von übertriebener elterlicher Aufmerksamkeit, gefolgt von plötzlichem Verlassenwerden, ist ihm dunkel eine bleibende Erinnerung.

Ich kann an dieser Stelle weder seine Ambivalenzkonflikte

zwischen Sehnsucht nach Verschmelzung (die leicht zu beklemmendem Unbehagen führt) und Bedürfnissen nach autonomer Selbständigkeit (schnell begleitet von Verlassenheitsängsten) darstellen, noch den psychotherapeutischen Prozeß im einzelnen weiterverfolgen. Jedenfalls war es therapeutisch eine Gratwanderung: Ich durfte einerseits nicht der «Vater» sein, der sich für ihn interessierte und an seinem Wohlergehen engagiert war. Andererseits wurde er aber depressiv, sobald er sich von mir im Stich gelassen fühlte, wenn ich nicht genügend für ihn «da» war. Trotzdem fand ein allmählicher Ablösungsprozeß statt, indem die Regulierung seines Selbstgefühls von der Übertragungsbeziehung unabhängiger wurde.

Der Akademiker, *Herr D* – und dafür gibt es Evidenz aus Berichten von Drittpersonen –, muß als Säugling erlebt haben, daß sich seine Mutter keineswegs auf ihn einzustellen vermochte. Seit er sich erinnern kann, war die Mutter-Kind-Beziehung mit einer Art «Ablehnungsallergie» behaftet. Er muß als Säugling auch in gefährlicher Weise unterernährt gewesen sein, was darauf hinweist, daß er wahrscheinlich Nahrung, die von seiner Mutter kam, verweigerte. Jedenfalls muß für die Mutter das Ausüben der sein Selbst regulierenden Funktion eine Überforderung gewesen sein – aus welchen Gründen auch immer. Der Vater war offensichtlich von Anfang an stolz auf seinen erstgeborenen Sohn, hatte allerdings die Tendenz, ihn allzufrüh zu überfordern.

Auffallend war eine Tendenz in ihm, sich mittels perfektem Können unangreifbar zu machen, denn der minimste kritische «Angriff» auf seine «Unfehlbarkeit» hatte für ihn sofort vernichtende Folgen und stürzte ihn in buchstäbliche Selbstzerfleischung. Prognostisch war es meines Erachtens ein gutes Zeichen, daß der «sein Selbst regulierende andere» überhaupt in unserem therapeutischen Feld zugelassen wurde und durch unsere Beziehung zum Tragen kommen konnte. Begreiflicherweise ging dies nicht ohne intensive Schamgefühle ab, die ihn nachträglich zu überfluten pflegten. Auch wenn er jeweils froh war, aus diesem so fragmentierten Zustand wieder herausgekommen zu sein, war es für ihn doch schwer erträglich, vor mir so verwundbar und «jämmerlich» dagestanden zu haben. Es war wichtig, ihm immer wieder den psychologischen Stellenwert eines solchen Ereignisses zu deuten, was er mit der Zeit verstehen und sogar einigermaßen tolerieren lernte.

Der Patient mit Agoraphobie, *Herr E*, war ein unerwünschtes Kind gewesen, und seinetwegen hatten die Eltern, wenn auch widerstrebend, heiraten müssen, und zwar aus «religiösen» Gründen. Es ist offensichtlich, daß sich seine Mutter nur in minimalster Weise um ihn gekümmert hat. Seit er sich erinnern kann, ließ sie ihn fühlen, wie überflüssig und belastend er seit seiner Geburt für sie gewesen sei. Somit beinhalten seine frühen Beziehungsmuster (RIGs) vor allem Enttäuschungen, Ängste und Ablehnungserwartungen. Er war auch äußerst mißtrauisch. Wenn ich beispielsweise bei meinen anfänglichen Besuchen an seine Zimmertür klopfte, dauerte es jeweils eine ganze Weile, bis er zögernd einen Türspalt öffnete und mich voller Angst anstarrte, als erwarte er den Teufel in Person. Wenn ich mich aber um einige Minuten verspätete, überfiel ihn Angst, ich würde nicht kommen, ihn im Stich lassen oder ich könnte gar auf dem Weg umgekommen sein.

Zugleich war er in hohem Maße bedürftig, die Sehnsucht nach «Geborgenheit» bei der guten Mutter war trotz aller üblen Erfahrungen stets übermächtig. Geborgenheit war überhaupt sein Lieblingswort. So wurde ich vorwiegend als eine «sein Selbst regulierende» mütterliche Figur zugelassen.

Dies waren also drei Beispiele, um zu veranschaulichen, auf welche Weise die Funktion des «das Selbst regulierenden anderen» in der analytischen Situation wirksam werden kann. Es kommt also vor, daß Klienten momentan Erleichterung von Ängsten, Spannungen, Verwirrungszuständen spüren und wieder beruhigt «zu sich finden», nur weil sie zum Beispiel die Stimme des Therapeuten oder der Therapeutin am Telefon hören. Auch die Erfahrung einfühlender Teilnahme, ein bestimmter Satz des Therapeuten, manchmal selbst der Kontakt mit der

Atmosphäre des gewohnten Praxisraums mag ähnliche, natürlich meist vorübergehende Wirkungen hervorrufen. Einerseits mögen dies Äquivalente sein für die Wünsche nach bestimmter Zuwendung von seiten der Mutter, die dem Säugling optimales Wohlbefinden ermöglichen sollte. Andererseits ist nicht zu übersehen, daß manche Analysanden solche regressiven Abhängigkeitsbedürfnisse als ängstigend und/oder beschämend erleben und keineswegs zulassen können.

Zur Wirkweise analytischer Psychotherapie

Wie schon erwähnt, kann selbstverständlich ein Therapeut die Mutter weder ersetzen noch das in der Kindheit Versäumte wiedergutmachen. In den erwähnten Beispielen wurde meine Gegenwart anfänglich so erlebt, *als ob* ich im therapeutischen Feld Funktionen des «das Selbst regulierenden anderen» hätte wahrnehmen können.

Die Wirkung analytischer Psychotherapie beruht weitgehend darauf, daß Vorstellungen und die mit ihnen assoziierten emotionalen Qualitäten mehr oder weniger beeinflußbar sind. So kann ein hilfloser Analysand im Therapeuten durchaus Impulse von Hilfe und haltgebender Unterstützung hervorrufen. Allerdings wird ein Analytiker solche Impulse meist nicht konkret in die Tat umsetzen, er wird sie vielmehr registrieren und – wenn möglich gemeinsam mit dem Analysanden – nach deren Bedeutung fragen. Ich persönlich stelle dabei immer wieder fest, daß gewisse Helferimpulse und die dazugehörenden Phantasien meine Art der therapeutischen Haltung bis hin zur Stimmlage durchaus beeinflussen – auch wenn ich dabei nicht in eine «Babysprache» verfalle.

Entscheidend ist auf jeden Fall, daß Hilfe innerhalb des therapeutischen Austauschs stets Hilfe zur Selbsthilfe beinhalten sollte. Die Gefahr konkreter Befriedigung frühkindlicher Bedürfnisse des Patienten durch Analytikerin oder Analytiker besteht darin, daß sich eine sogenannte «maligne Regression» (Balint 1970) einstellt, indem ein Patient, meist unbewußt, in frühkindlicher Abhängigkeit verharrt, um immer wieder in den Genuß befriedigender Fürsorge zu kommen. Damit wird der Aspekt der Selbsthilfe nicht gefördert, im Gegenteil können die frühkindlichen Bedürfnisse suchtartig die Oberhand gewinnen.

Solange die hilfreichen, das Selbst regulierenden Funktionen von Analytiker oder Analytikerin innerhalb eines symbolischen Rahmens zum Tragen kommen, besteht die Chance, daß sie von den Selbstgestaltungs- und Reifungsprozessen der Hilfesuchenden zu eigenem Wachstum «genutzt» werden. Man spricht dann im Sinne Balints (1970) von «gutartiger» Regression, die eine Chance zum teilweisen Neubeginn eines progressiven Entwicklungsprozesses darstellen kann.

Von den drei erwähnten Analysanden waren es jedenfalls zwei, denen ich am Anfang ihrer Therapie vor allem durch Da-Sein und empathische Zuwendung beistehen konnte, ihren Bezug zum Kernselbst wiederherzustellen, so, als ob ich die «das Selbst regulierende Figur» wäre. Der dritte, an Agoraphobie leidende Patient benötigte von mir mehr konkrete Aktivität. Ich war nicht nur mittels Einfühlung auf seine Lebenswelt bezogen, sondern suchte ihn durch meine Besuche in seinem Heim ganz konkret auf. Ich begleitete ihn nicht nur symbolisch auf seinen ersten Schritten hinaus ins Freie, und er durfte sich mittels der Telefonanrufe ganz konkret immer wieder versichern, daß ich noch in zugewandter Weise für ihn «da» war. Das sind, analytisch gesehen, ganz unübliche Maßnahmen, und sie sprengen den Rahmen des therapeutischen Feldes, in dem sich die Austauschprozesse in symbolischer Weise abspielen. Ich war mir eines gewissen Risikos bewußt.

Es war aber dieser Patient, der am offensichtlichsten an einer frühen Störung litt und der sowohl emotional als auch kognitiv am wenigsten gereift war. Wir werden noch darauf zurückkommen, daß er deshalb auch sehr wenig Zugang zur Wirksamkeit symbolischer Ausdrucksweise hatte, und so mußte ich ihn – so gut es ging – dort abholen, wo er sich befand, und ihm ganz konkrete Hilfen anbieten. Eine Therapie wäre für ihn zu jener Zeit einfach nicht möglich gewesen, hätte ich nicht die erwähnte Grenzüberschreitung gewagt. Trotzdem wurde es auch ihm möglich, mich als «sein Selbst regulierenden anderen» für die Therapie einzusetzen. Dadurch gewann er mit der Zeit genügend Vertrauen in die Funktionsweisen des Kernselbst, was sich schrittweise als ein Stück Selbst-Ständigkeit auswirkte.

Das «Holding» im Sinne Winnicotts

Winnicott hat unter dem Terminus des «Holding» ganz ähnliche Phänomene beschrieben und hat festgestellt, daß in solchen Fällen die Schaffung des «Milieus der Analyse» wichtiger sei als alle Deutungen (Winnicott 1955, S. 220). Dabei hat sich der Analytiker – ähnlich der frühen Mutter – in genügender Weise den Bedürfnissen des Patienten anzupassen, wodurch im Patienten die Hoffnung erweckt wird, «das wahre Selbst werde endlich fähig sein, die mit dem Anfang des Lebens verbundenen Gefahren auf sich zu nehmen» (Winnicott 1955, S. 220). An den Analytiker stellt diese Arbeit, wie Winnicott zu Recht feststellt, sehr hohe Anforderungen, und zwar «zum Teil deshalb, weil der Analytiker für die Bedürfnisse des Patienten empfänglich sein und den Wunsch haben muß, ein Milieu zu schaffen, das diesen Bedürfnissen entspricht» (Winnicott 1955, S. 222). Bekanntlich hatte Winnicott, wie er selbst zugibt, einige Mühe, das «wahre Selbst» zu definieren. Er umschreibt es aber in anschaulicher Weise, indem er formuliert, «daß, wenn der Säugling beginne zu existieren, anstatt bloß zu reagieren, beobachte man den Ursprung des wahren Selbst. Die spontane Geste ist das wahre Selbst in Aktion. Nur das wahre Selbst kann kreativ sein, und nur das wahre Selbst kann sich real fühlen» (Winnicott 1974, S. 193).

Das Auftauchen des Kernselbst-Gefühls im Säugling mit der Empfindung, Zentrum eigener Impulse zu sein, entspricht dem «wahren Selbst», während sich das «falsche Selbst» als Schutz- und Anpassungsfunktion erst etwas später, entsprechend dem Einfluß der Bezugspersonen, bildet. Deshalb ist in der Psychotherapie einfühlsame Einstellung auf die emotionalen Bedürfnisse des Patienten von höchster Wichtigkeit.

Das Annehmen der Attribute, die dem Therapeuten zugeschrieben werden

Es soll in diesem Zusammenhang auch erwähnt werden, daß Lichtenberg et al. eine sehr brauchbare Liste therapeutischer Prinzipien aufgestellt und empfohlen haben (Lichtenberg et al., 1996). Zum Beispiel halten sie es für wichtig, daß der Analytiker seinem Patienten in optimal empathischer Haltung zuhört und dabei die Figuren und Attribute, die ihm von Analysanden zugeschrieben (auf ihn projiziert) werden, zunächst annimmt und vielleicht verkörpert. Wenn ich also so erlebt werde, als ob ich die das Selbst regulierende Mutter wäre, so ist es meistens nicht günstig, diese an mich delegierte Rolle sofort zurückzuweisen und als illusionären Wunsch zu deuten. Damit entwerte ich vielleicht die Gefühle des Patienten und kränke unter Umständen sein äußerst labiles Selbstwertgefühl. Es ist somit wichtig, dieses Attribut zunächst ernst zu nehmen und empathisch vom Erleben des Patienten her zu erfassen. Wie erwähnt, kann es auch günstig sein, diese «Rolle» gleichsam zu übernehmen. Im Jungschen Sinne kann das folgendermaßen verstanden werden: Vom Selbst als dem zentralen Anordner seelischer Entwicklung und seelischen Gleichgewichts wird auf den Analytiker oftmals eine instrumentale Funktion (siehe S. 180 ff.) zur Förderung des Reifungs- und Individuationsprozesses projiziert. Deshalb kann ein Analytiker in der Phantasie des Patienten die verschiedensten Züge annehmen, die innerhalb des Prozesses von Bedeutung sind. Somit stimmt meine Erfahrung diesbezüglich mit den Empfehlungen Lichtenbergs durchaus überein.

Ich möchte aber vor dem Mißverständnis warnen, der Therapeut sollte möglichst die frühe Mutter *sein* und zur Regulierung des Selbstempfindens aktiv agierend beitragen. Es geht darum, gewisse *Funktionen* des Mütterlichen, die erwartet und anscheinend benötigt werden, nicht prinzipiell mittels Deutungen zurückzuweisen. Es sind meist Funktionen, die vom Patienten, falls sein Autonomiestreben zum Tragen kommt, bald selber wahrgenommen werden wollen.

Das waren einige Beispiele und Gedanken zum Thema «Kernselbst» und zur Frage, wie sich die damit zusammenhängende, «das Selbst regulierende Funktion des (mütterlichen) anderen» in der Analyse Erwachsener auswirken kann.

3. Zur Organisationsstufe der Intersubjektivität in der Therapie

Die Affektabstimmung

Von Zeit zu Zeit kommt es vor, daß sich Klienten oder Klientinnen darüber beklagen, von mir in freundlich zugewandter Weise begrüßt zu werden; dies verhindere sie daran, ihren Ärger auf mich loszuwerden. Sie fühlen sich dadurch entwaffnet, und der aversive Affekt, mit dem sie zur Sitzung kamen, ist im Moment wie verflogen. Es kann auch vorkommen, daß sie sich plötzlich für schlecht halten, weil sie mir gegenüber, der ich so warmherzig sei, überhaupt feindliche Emotionen verspürt hätten. Eine Analysandin beklagte sich, daß ich in so guter und aufgeräumter Stimmung sei, sie habe mich, während sie im Wartezimmer saß, mit ihrem Vorgänger lachen gehört. Mit ihr könne ich ja nie lachen, fügte sie hinzu, sie falle mir mit ihren ständigen Depressionen nur zur Last.

Dies sind zwei alltägliche Beispiele mangelnder Affektabstimmung zwischen Analysand und Analytiker. Besonders im zweiten Beispiel schwingen offensichtlich Kränkungen mit, die aus Übertragungswiederholungen (noch nachwirkende Geschwisterrivalität) stammen. Jedenfalls ist ein momentaner Mangel an affektiver Übereinstimmung entstanden, der als Störung in der Beziehung und als momentane «Entfremdung» erlebt wird. Immerhin ist es den Klienten möglich, dieses Unbehagen überhaupt anzusprechen, was für die Offenheit und Vertrautheit der therapeutischen Beziehung spricht.

Wie erwähnt, ist nach den Beobachtungen D. Sterns «Affektabstimmung» zwischen Mutter und Säugling für die Reifung des Selbstempfindens von großer Bedeutung. Sie manifestiert sich, beginnend im Alter von etwa sieben Monaten, als vorherrschendes Bedürfnis. Affektabstimmung ist aber auch von entscheidender Wichtigkeit in der analytischen Situation, und

Hellhörigkeit für die feinen Zwischentöne im therapeutischen Austausch gehört meines Erachtens wesentlich zur Kunst eines Analytikers oder einer Analytikerin.

Leichtere Störungen der Affektabstimmung sind in jeder menschlichen Beziehung unumgänglich. Zwei Menschen können nie in ehrlicher Weise völlig eins miteinander sein. Ob es sich um eine Liebespartnerschaft, um eine Mutter-Säugling-Beziehung, um Freundschaft oder auch um eine therapeutische Beziehung handelt, immer haben zwei Menschen auch ihre individuellen Bedürfnisse, ihre verschiedenen Charaktere, nicht zuletzt auch ein gewisses Streben nach Selbstgestaltung oder Individuation. Zugleich ist aber das Bindungsbedürfnis und die Sehnsucht nach Zugehörigkeit eine angeborene menschliche Motivation (Lichtenberg 1989). Wir sind soziale Wesen und benötigen auf unsere Lebensäußerungen eine Resonanz.

Affektabstimmung und empathischer Widerhall

In Kohuts Selbstpsychologie, aber auch bei Winnicott ist viel von «Spiegelung» die Rede, deren wir – ob Säugling, Erwachsener oder Greis – bis zu einem gewissen Grade bedürfen (Kohut 1973, Jacoby 1985). Wir benötigen auf die Äußerungen unseres Daseins ein gewisses Echo, um uns als real und als Teil der menschlichen Gesellschaft anerkannt zu fühlen. Kohut sprach von «empathischem Widerhall» (Kohut 1979), den er auch als entscheidenden Faktor für das Gelingen einer Analyse ansah.

Inwiefern ist nun Affektabstimmung gleichbedeutend mit empathischem Widerhall? Sicherlich basiert Affektabstimmung auf seelischer Resonanz, was ungefähr das gleiche bedeutet wie Widerhall. Ohne seelische Resonanz ist aber auch lebendige Empathie oder Einfühlung nicht möglich. Allerdings kommen bei der Empathie noch bewußte kognitive Funktionen hinzu. Auch willentliche Entscheidung ist notwendig, um uns in die Welt anderer Menschen hineinzuversetzen und zu versuchen, nicht nur deren Gefühle, sondern auch deren Gedanken und Anschauungen nachzuvollziehen. Affektabstimmung hingegen geschieht meist spontan und überwiegend unbewußt (siehe Stern 1992, S. 207f.). Sie ist aber im intersubjektiven Bereich der Mutter-Kind-Beziehung die entscheidende Grundlage und ist wohl als Vorform von Empathie zu betrachten.

Vitalitätsaffekte in der therapeutischen Situation

Die Frage der Affektabstimmung stellt sich in der analytischen Situation zunächst ganz global: Passen die Analysepartner in ihrem Wesen und ihrem Temperament überhaupt zueinander, oder geht es unter Umständen um eine therapeutische Mesalliance? Wo sind, mit anderen Worten, die Grenzen, innerhalb deren allfällige Affektabstimmung gelingt, und wann ist sie offensichtlich nicht möglich?

Wir wissen, daß es Mutter-Säugling-Paare gibt, die sich von ihrem grundlegenden Temperament her nicht zusammenfinden können, wo kein «fit» oder «matching» zwischen den beiden zu entstehen scheint. Ähnliches gilt auch für die analytische Beziehung, und deshalb ist der Frage des grundlegenden Zusammenpassens größte Aufmerksamkeit zu schenken.

Der unmittelbarste Eindruck bei einem therapeutischen Erstgespräch sowohl beim Hilfesuchenden als auch beim Therapeuten kreist – auf jeden Fall implizit – um die Frage des «Angemutet-Seins»: Wie werde ich in und durch die Begegnung angemutet, was bewegt sich in mir, welche Gefühle werden ausgelöst? Wie erlebe ich mich in der Gegenwart des anderen? «Stimmt die Chemie zwischen uns» oder «haben wir das Heu nicht auf demselben Boden»? Es mag zwischen uns «funken», oder es entsteht «gar keine gemeinsame Wellenlänge». Ich kann mich vom Therapiepartner, von der Therapiepartnerin aber auch «überfahren», «an die Wand gedrückt», «gelähmt», «eingeschläfert», «angeregt», «angezogen» fühlen. Warum dem so ist, mag sehr schwierig zu eruieren sein, wird aber öfters an einer Äußerung, einer Geste, an der Praxiseinrichtung, an der körperlichen Erscheinung, am Naseputzen des anderen aufgehängt. Natürlich spielt spontane Sympathie oder Antipathie, deren Ursache im einzelnen immer schwer definierbar ist, eine große Rolle. Analytische Psychotherapeutinnen und -therapeuten haben durch ihre Erfahrung meist feinere Antennen für die Art des Angemutetseins und können eventuell leichter in intuitiver Weise Hypothesen bilden, womit solch Angemutetsein wohl zusammenhängen und was es bedeuten könnte. Letztlich ist es aber nicht bis ins letzte aufklärbar.

Vor allem ist in der Praxis die Frage von einiger Bedeutung, inwiefern es sich wirklich um eine grundlegende Inkompatibilität des Temperaments und der Wesensart von Analysand und Analytiker handeln könnte, oder inwiefern dahinter wohl analysierbare Übertragungs-/Gegenübertragungsgefühle mit entsprechendem Widerstand stecken. Auch bei einer besonders idealen emotionalen Übereinstimmung, bei der das Zusammenwirken der beiden Analysepartner stets gegenseitige Anregung erbringt, muß man sich die Frage stellen, inwiefern dabei gegenseitig ein illusionäres, idealisierendes Übertragungsgeschehen, eine «Folie à deux», im Spiel sein könnte, wobei in der Sichtweise des Therapeuten ein blinder Fleck überdeckt wird.

Zur Frage des Zusammenpassens der Therapiepartner

In jedem Fall ist die Frage des Zusammenpassens äußerst bedeutsam, weil nach allen heutigen Erkenntnissen das Gelingen eines therapeutischen Prozesses wesentlich davon abhängt, ob sich Partner zur Analyse oder Psychotherapie zusammenfinden, die zueinander «passen». Wie erwähnt, wirken sich therapeutische Mesalliancen jeglicher Art nur sehr selten fruchtbar aus. Es wurde, nicht zuletzt in der Säuglingsforschung, immer wieder darauf hingewiesen, daß ein allzu krasses Manko an emotionaler oder temperamentmäßiger Übereinstimmung zwischen Mutter und Kleinkind zu Frühstörungen aller Art führen kann. Das Grundgefühl, «nicht anzukommen» mit seiner Wesensart, irgendwie «verkehrt» und von aller Welt ausgegrenzt zu sein, hat hier oft seine tiefsten Wurzeln.

Ein solches Grundgefühl ist in manchen Menschen mehr oder weniger wirksam, wird aber – verständlicherweise – vielfach abgewehrt oder/und überkompensiert. Oft motiviert es dazu, einen Therapeuten aufzusuchen. Früher oder später wird dann dieses negative Grundgefühl im therapeutischen Feld Einzug halten und sich in der Übertragung auf den Analytiker oder die Analytikerin bemerkbar machen. Jedenfalls gestaltet es aus dem Unbewußten auch die gegenwärtigen Interaktionen und weist den nahen Bezugspersonen ihre Rolle im Beziehungsfeld zu. So auch in der Analyse: Wie immer Analytiker oder Analytikerinnen sich verhalten, es wird ihnen, je nachdem, die Rolle der Unzuverlässigen, Possessiven, Eindringenden, Verlassenden, Ablehnenden usw. zugeschoben. Und hier stellt sich nun die entscheidende Frage: Handelt es sich dabei um Übertragung, das heißt um Wiederholungen dessen, was ursprünglich mit Elternfiguren schiefgelaufen ist? Falls dies zutreffen sollte, könnte ein Aufarbeiten solcher Frühverletzungen in der therapeutischen Situation von etwelchem Nutzen sein. Sollte es sich hingegen um eine grundlegende Inkompatibilität in den Vitalitätsaffekten und der Wesensart der beiden therapeutischen Partner handeln, dann ist das ganze Unternehmen neu zu überdenken, wobei ein Therapeutenwechsel nicht ausgeschlossen werden sollte.

Es ist in Betracht zu ziehen, daß hinter den in der Übertragung auftretenden Neuauflagen früherer Ablehnungsschmerzen, Ängste und Enttäuschungen zugleich oft Gefühle gegenseitiger Übereinstimmung lebendig werden möchten. Zutiefst besteht oftmals «Sehnsucht nach dem Paradies». Allerdings ist der Zugang zu solch verborgenen Gefühlen durch Abwehr und/oder Kompensationen mancher Art verschüttet (Asper 1987). Ich habe schon an früherer Stelle darauf hingewiesen, daß analytische Psychotherapie wahrscheinlich ihre größte Wirkung im «interaktiven Feld»* ausübt (Jacoby 1993, S. 53). Das Unbewußte zeitigt dort seine kreativ-anordnenden, aber auch – wie

*In jenem Bereich des Unbewußten, an dem beide Therapiepartner teilhaben, wo sich gegenseitige Beeinflussung abspielt.

alles in der Natur – seine destruktiven Möglichkeiten. Dort befindet sich der «potentielle Raum» eines kreativen «Neubeginns» (Balint), durch den die alten, krankmachenden Muster und Strukturen relativiert werden können und ein Stück ihrer destruktiven Wirksamkeit einbüßen. Gerade in dem Bereich, der sich weitgehend im Zusammenhang mit der frühkindlichen Intersubjektivität organisiert, ist die geeignete «chemische Verbindung» zwischen den Analysepartnern so entscheidend.

Wahl der Therapiepartner

Wie ist es aber möglich, in einem Erstgespräch herauszufinden, ob die therapeutische Partnerwahl wohl gegenseitig stimmig ist? Ich möchte dieser Frage zunächst aus der Sicht des potentiellen Patienten nachgehen. Es liegt nicht zuletzt an ihm, herauszuspüren, ob er zu dem meist wildfremden Menschen, den er als möglichen Therapeuten aufgesucht hat, Vertrauen fassen könnte. Für viele Menschen mag das äußerst schwierig sein. Ich habe allerdings Analysanden erlebt, die im Erstinterview schon nach einer halben Stunde genau zu «wissen» schienen, daß sie bei dem betreffenden Therapeuten bestimmt am richtigen Ort sind. Dies hat sich im Laufe der Zeit oftmals auch bewahrheitet. Es ist, als ob sie vom Selbst her einen intuitiven «Wink» aus dem Unbewußten erhielten – dem Selbst, welches als unbewußter Anordnungsfaktor unserer Gesamtpersönlichkeit wirkt und deshalb gleichsam «weiß», was uns bekömmlich ist.

Ein solch «instinktives» Wissen ist durchaus ernst zu nehmen. Inwieweit ist es aber verläßlich? Eine gewisse Skepsis mag hier am Platz sein. Denn wenn der potentielle Analysand verläßlich spüren könnte, ob er die richtige Wahl trifft, so hätten wir wahrscheinlich weniger verkorkste Verwicklungen innerhalb therapeutischer Partnerschaften – nicht zu reden von den noch komplexeren Vorgängen bei der Wahl von Liebespartnern. Trotzdem ist zur Beantwortung von Beziehungsfragen das «instinktiv-gefühlshafte» Wissen in erster Linie zuständig, während rationale Begründungen, auch wenn sie in den Vordergrund geschoben werden, meist sekundär sind. Dies schließt natürlich keineswegs die Möglichkeit aus, daß eine solche «instinktive» Sicherheit in Beziehungsfragen von Illusionen, Komplexen und unbewußten Wunschvorstellungen motiviert sein kann, welche eventuelle Gegengründe auszublenden weiß.

Die erste Begegnung der potentiellen Therapiepartner wird selbstverständlich auf unterschiedlichste Weise erlebt. Ein Patient wird sich vielleicht durch die Art, wie der Therapeut zuhört und reagiert, so verstanden fühlen, daß er bereits Vertrauen faßt und dem gemeinsamen therapeutischen Unternehmen mit viel Hoffnung entgegensieht. In einem anderen Fall mag sich ein Hilfesuchender von der anscheinenden Kälte und Teilnahmslosigkeit des Therapeuten so gedemütigt fühlen, daß er nicht mehr hingehen, zumindest auf der Hut vor weiteren Kränkungen bleiben will. Vielleicht denkt er aber auch, der Therapeut habe recht, wenn er seine «Wehwehchen» nicht so ernst nehme, schließlich sei ja der Analytiker die fachliche Autorität und müsse deshalb wissen, was therapeutisch am besten ist.

Jedenfalls ist es für manchen Hilfesuchenden schwierig, mit einiger Sicherheit auszumachen, ob er bei einem Therapeuten am richtigen Ort ist. Wie kann er zum Beispiel sicher sein, daß nicht sein Therapeut recht hat, wenn er seine mißtrauischen Zweifel an dessen Kompetenz als Widerstandsphänomen deutet, welches zum Besten seiner Entwicklung durchgearbeitet werden sollte? Es ist für den Hilfesuchenden also äußerst schwierig, sich auf das eigene Gefühl verlassen zu können, nicht zuletzt deshalb, weil es gerade dieser Bereich ist, in dem er sich verunsichert fühlt. Trotzdem vermag dieses Gefühl für gewisse Patienten ein guter Indikator zu sein, wobei es meist weniger mit der «objektiven» Wirklichkeit des Analytikers als vielmehr mit den Emotionen, Ängsten, Erwartungen, Sehnsüchten, die im potentiellen Analysanden ausgelöst werden, zu tun hat. Falls solche Gefühle vom Analytiker nachvollzogen und interpretiert werden könnten, ergäben sie vielleicht sensible Hinweise auf die emotionale Wirkung der erstmaligen therapeutischen Beziehungsaufnahmne auf den potentiellen Patienten. Meist sind solche Ersteindrücke aber nicht explizit verfügbar, denn wenig potentielle Analysanden haben bereits die Fähigkeit oder Freiheit, ihre Eindrücke im oder nach dem Erstgespräch subtil wahrzunehmen und zu verbalisieren. Ich persönlich versuche allerdings, mir anhand meiner eigenen Gegenübertragungsgefühle bereits im Erstgespräch ein gewisses Bild zu machen, wie der potentielle Patient mich und das Klima zwischen uns wohl erlebt hat.

Hier schließt sich die Frage an, wie sich eine solche Wahl vom Analytiker oder von der Analytikerin aus gesehen abspielt. Zunächst ist ein Hinweis nicht überflüssig: Es gehört wesentlich zur Berufsethik eines Analytikers, daß er nicht die Hilf- und Orientierungslosigkeit des potentiellen Analysanden zu seinem Vorteil ausnützt und ihn aus eigenen (z. B. finanziellen, narzißtischen oder gar erotischen) Interessen in die Analyse hineinmanövriert. (Für das Problemfeld des Umgangs des Analytikers mit seinen persönlichen Belangen siehe Jacoby 1993.)

Für Analytikerinnen und Analytiker geht es darum, anhand ihrer beruflichen Erfahrung in verantwortlicher Weise abzuschätzen, ob eine Zusammenarbeit mit dem jeweils Hilfesuchenden angezeigt ist und therapeutisch «etwas bringen» könnte. Dabei sind manche Gesichtspunkte zu berücksichtigen, von denen ich im folgenden nur einige ausführen kann.

Der Entschluß, einen bestimmten Analysanden therapeutisch zu begleiten, beruht auf vielfältigen Motivationen. Vielleicht wird der Therapeut denjenigen Patienten auswählen, der ihm gefühlsmäßig am meisten liegt. Ich meine, dies sei berechtigt, weil er damit meist auch einen verstehenden Zugang zu den spezifischen Konfliktbereichen seines Patienten mitbringt. Ich persönlich habe allerdings immer wieder das Bedürfnis, mir meine Praxis nicht allzu bequem zu gestalten, indem ich nur Menschen in Therapie nehme, die mir «liegen», deren Problematik ich verstehe und leicht nachvollziehen kann. Es gibt immer wieder potentielle Analysanden, die für den Analytiker eine Herausforderung darstellen, Menschen, mit denen er sich auf seelische Welten einzulassen hat, die ihm ferner liegen. Damit vermag er, möglicherweise, einen erweiterten Horizont zu gewinnen und nicht zuletzt auch Bereiche in sich selbst zu entdecken, die ihm bis anhin verschlossen waren. Jung hat ja zu Recht darauf hingewiesen, daß der Analytiker, indem er sich auf den Prozeß des Analysanden einläßt, immer selbst auch in Analyse sei.

Jedenfalls ist es keinem Analytiker möglich, mit allen ihn aufsuchenden Menschen ein therapieförderndes Einvernehmen herzustellen. Er würde sich, sollte er solcher Illusion erliegen, auch gründlichst überfordern. Es liegt zwar im Sinne seines eigenen Individuationsprozesses, die Verständnisgrenzen zu erweitern und die seelische Erlebensfähigkeit zu vertiefen und zu differenzieren. Könnte es aber nicht auch einem Mißbrauch des Patienten gleichkommen, wenn er zur Förderung der Individuation des *Analytikers* herhalten soll? Jedenfalls darf trotz der Gemeinsamkeit des therapeutischen Feldes und der Gegenseitigkeit therapeutischer Partnerschaft nicht vergessen werden, daß Psychotherapie in erster Linie zum Wohl des Patienten zu geschehen hat.

Sympathie und Antipathie

Im weiteren stellt sich auch die Frage, inwiefern Sympathie und Antipathie geradezu als Gradmesser zur Abklärung der Frage des «Zusammenpassens» zweier Menschen gesehen werden können. Erfahrungsgemäß ist es viel schwieriger, jemanden abweisen zu müssen, den man als sympathisch erlebt. Obwohl Sympathie in wörtlicher Übersetzung «Übereinstimmung der Empfindung» bedeutet, ist das Phänomen des «Zusammenpassens» meines Erachtens etwas viel Komplexeres. Sicherlich ist emotionales «Zusammenpassen» ohne Sympathie schwer vorstellbar. Hingegen können wir bewundernde Sympathie beispielsweise für Menschen mit viel Charme und Sex-Appeal verspüren, ohne im tieferen Sinne von einer «gemeinsamen Wellenlänge» berührt zu sein.

Trotzdem scheint es mir auch für Analytiker wichtig, Spontanreaktionen von Sympathie oder Antipathie bei den Erstbegegnungen zuzulassen – auch wenn dies unserem Helferwillen ungerecht erscheinen mag. Unterschwellig fallen diese Gefühle bei der Entscheidung, ob therapeutische Zusammenarbeit wünschbar ist, fast immer ins Gewicht. Es ist deshalb ratsam, sich ihrer bewußt zu werden. In meiner Erfahrung gibt es zwischen den beiden Polen Sympathie und Antipathie eine große Skala an Zwischenstufen, die sich innerhalb eines Gesprächs bewegen, verschieben, ändern können. In dem Moment, wo es mir gelingt, mich in die Welt des potentiellen Patienten einzufühlen, spielt Antipathie eine viel geringere Rolle. Schließlich ist der Patient ja nicht dazu da, mir zu gefallen, mir sympathisch zu sein. Hingegen mag dieses «Unsympathisch-Sein» gerade zu seiner Problematik gehören, die nicht selten darin besteht, Ablehnung unbewußt provozieren zu müssen, und zwar aus neurotischen Gründen. Wenn ich nun das Phänomen des Unsympathisch-Seins von seiner Warte her betrachte, spüre ich das dazugehörende Leiden, und der Therapeut in mir mag angesprochen sein. Es entsteht bei mir «Sym-pathie» mit seiner leidenden Seite.

Wenn es mir aber, was auch schon vorgekommen ist, während der ersten ein oder zwei Gespräche nicht gelingt, meine Gefühle der Antipathie zu überwinden, wenn sich also diese Gefühle spontan nicht verändern, so ist dies für mich ein deutliches Indiz, keine langfristige Psychotherapie zu beginnen. Wie schon erwähnt, ist es außerordentlich wichtig, daß jegliche Form der therapeutischen Zuwendung echt ist und gefühlsmäßig stimmt. Wenn der Therapeut zuerst seine Antipathie überwinden muß, um sich einem Patienten zuzuwenden, steht das ganze Unternehmen auf wackligen Beinen, und etwas Grundlegendes ist nicht stimmig.

Affektabstimmung und Übertragung/Gegenübertragung

Wie erwähnt, spielt die Organisationsstufe der Intersubjektivität, deren Entwicklung zwischen dem siebten und dem fünfzehnten Monat beginnt, selbstverständlich auch im therapeutischen Austauschgeschehen eine entscheidende Rolle. Es geht dabei hauptsächlich um die menschlichen Grundbedürfnisse nach Gemeinsamkeit des Erlebens und nach sozialer Vergewisserung. Der bedeutungsstiftende Austausch zwischen Mutter und Kind verleiht zunächst auf affektiver Grundlage gewisse Akzente in bezug auf Attraktivität oder Unattraktivität von Selbst und begegnender Welt. Eine breite Skala an Gesten und Tönen begleitet die elterliche Bezugnahme zum Kind, von ermunternden Lauten wie «gudi, gudi, ja, ja, m-mmm» bis hin zu Angst oder Ekel ausdrückendem «pfui, pfui». In der Therapie stellt sich die Frage, welche Aspekte solcher (meist unbewußt wirkender) Bedeutungsverleihung der Entwicklung förderlich waren und welche sich der kindlichen Natur als neurotisierende Hemmschuhe in den Weg stellten und sich weiterhin an der Wurzel seelischer Leiden befinden. Je nachdem besteht in der Therapie die Notwendigkeit, manche als selbstverständlich erachteten Bedeutungszusammenhänge in Frage zu stellen, bewußt zu machen oder umzudeuten. Darauf wird noch zurückzukommen sein.

Ursprünglich war es das Bedürfnis nach der Gemeinsamkeit affektiven Erlebens auf der Organisationsstufe frühkindlicher Intersubjektivität, welches die hohe Beeinflußbarkeit durch das emotionelle Klima und die Art der seelischen Austauschprozesse bewirkte und in der Folge prägendes Gewicht auf die weitere Persönlichkeitsentwicklung hatte. Die differenzierende Beschreibung verschiedener Formen mütterlicher Affektabstimmung, die von D. Stern (Stern 1992) stammt, ist deshalb auch für Psychotherapeuten in zweifacher Weise von hoher Bedeutung: Erstens vermag sie das Verständnis für den lebensgeschichtlichen Hintergrund der gegenwärtigen emotionalen Verfassung eines Analysanden zu fördern, da sich die früheren Erfahrungen, Erwartungen und Enttäuschungen mit großer Wahrscheinlichkeit im Hier und Jetzt wiederholen. Und zweitens kann sie dazu beitragen, die Sensibilität des Therapeuten für die Nuancen der emotionalen Austauschprozesse in der gegenwärtigen therapeutischen Situation zu verfeinern.

Wie schon erwähnt, hat Stern eine nuancierte Skala elterlichen Abstimmungsverhaltens differenziert beschrieben (*selektive Abstimmung, Fehlabstimmung und Einstimmung, nichtauthentische Abstimmung,* usw; siehe Stern 1992, S. 198–230). Es ist Sterns realistischer Einschätzung zu verdanken, daß er nicht explizit von vollständiger affektiver «Übereinstimmung» spricht, die vielleicht für kurze Momente zum Erlebnis werden kann. In der Regel handelt es sich um selektive Abstimmungen. Sie sind es, die den Eltern die besten Möglichkeiten bieten, die Entwicklung des subjektiven und interpersonalen Lebens ihrer Kinder zu beeinflussen.

Bei erwachsenen Klienten haben sich Erlebens- und Verhaltensmuster, die aus den frühen Abstimmungserlebnissen stammen, meist unbewußt in der Psyche niedergeschlagen, beeinflussen das Selbsterleben und wiederholen sich weitgehend auch in den Erwartungen, die an die Interaktion mit dem Therapeuten gerichtet sind.

Allerdings gibt es unzählige Varianten der Kontaktaufnahme. Da Analysanden zunächst nicht wissen können, welches Verhalten die Therapeutin oder der Therapeut von ihnen erwartet, werden sie in ihrer Unsicherheit auf gewohnte Muster zurückgreifen. Nach einer gewissen Zeit des Sich-Kennenlernens kann es deshalb für einen geübten Analytiker durchaus möglich sein, Hypothesen darüber aufzustellen, auf welche Weise der frühkindliche intersubjektive Austausch vom Klienten erlebt worden war und auf welche Weise seine grundlegenden Gefühle bezüglich Selbst und Welt davon geprägt wurden.

Ich möchte aber ausdrücklich betonen, daß es sich dabei nur um *Hypothesen* handeln kann, denen keine Beweiskraft innewohnt. Der Mensch ist stets Produkt von Anlage und Umwelt und steht im Laufe seiner Entwicklung sehr vielen Einflüssen offen. Vor allem ist es weitgehend durch seine gegebene Veranlagung bedingt, auf welche Weise die Einflüsse der Umwelt verarbeitet werden. Zudem werden die prägenden Einflüsse der intersubjektiven Organisationsstufe auch modifiziert, überlagert, abgewehrt in der Komplexität weiterer psychosomatischer und kultureller Einflüsse. An sich können Hypothesen, insofern sie locker aufgestellt und nicht zur unumstößlichen

«Wahrheit» verfestigt werden, nichts schaden. Im Gegenteil vermögen sie manchmal Wegweiser zum besseren Verständnis seelischer Vorgänge zu sein.

Praktisches Beispiel

Als Beispiel fällt mir ein Analysand ein, der von sich aus kaum je die Initiative ergreift und stets darauf wartet, daß der Therapeut ein Gesprächsthema anschneidet oder, falls es ins Stocken gerät, den Faden weiterführt. Manche Analytiker pflegen in solchen Fällen zu warten und unerbittlich zu schweigen, bis der Patient unter diesem Druck seinen «Widerstand» überwindet und die Initiative ergreift. Ich persönlich neige eher dazu, vorsichtig die Schwierigkeit anzusprechen und mich verständnisvoll nach der inneren Befindlichkeit zu erkundigen, die der Kontaktaufnahme im Wege steht. Oft lautet die Antwort: «Ich weiß nicht, wo ich anfangen soll.» Durch weiteres vorsichtiges Explorieren, in das ich langsam die Mitarbeit des Analysanden einzubeziehen suche, taucht bei mir intuitiv die Hypothese auf: Es liegt in diesem Fall nicht an einem *bestimmten* Thema, welches die Äußerungshemmung meines Klienten verursacht. Vielmehr steht die Befürchtung dahinter, daß *jedes* Thema, das er anzuschneiden wagt, bei mir auf Desinteresse stoßen könnte. Eigentlich geht es darum, daß er nicht weiß, ob und auf welche Weise er meiner Anteilnahme überhaupt sicher sein kann. Nichts fürchtet er im Moment so sehr als das Ausbleiben einer Resonanz auf seine Anliegen, denn dadurch tauchen bei ihm Gefühle von Entwertung, Abgelehntsein und Nicht-dazu-Gehören auf. Hier versuche ich, diese Intuition, die mir in dem Moment zugeflossen war, in Worte, das heißt in eine Form von verbaler Deutung zu kleiden. Ich wähle dazu die Frageform, so daß der Analysand sich deutlich einbezogen fühlen kann und möglichst frei ist, die Hypothese anzunehmen oder auch abzulehnen, und beginne den Satz etwa mit «Ich habe das Gefühl, daß...» oder «Könnte es nicht sein, daß...?». Ich habe «Glück» mit meiner Intervention. Er fühlt sich verstanden, und es stellt sich deutlich Entspannung ein. Es war uns somit möglich, das Wissen um seine ihn beschämende Angst zu *teilen,* so daß sie für beide verständlich wird.

Was nun die aus der frühesten Organisationsform der Intersubjektivität stammende Schwierigkeit betrifft, so komme ich entsprechend vieler seiner lebensgeschichtlichen Indizien zur Hypothese, daß seine Mutter als vielbeschäftigte Frau nicht genügend Muße und Lockerheit aufbringen konnte, sich gemeinsam mit dem Kind an dessen spielerischen Interessen zu beteiligen. Somit war einer seiner ersten Eindrücke, daß Impulse, die von ihm ausgingen, nicht «von Bedeutung» sein können.

Die Tatsache, daß dieses lähmende Gefühl meines Patienten, nichts sei von Bedeutung, was sich in ihm abspiele, von uns gemeinsam entdeckt und gemeinsam verstanden werden konnte, war für ihn eine wichtige Neuerfahrung. So wichtig solche Erfahrungen auch sind, sie bleiben zunächst Einzelereignisse, wobei damit zu rechnen ist, daß sie von den eingeschliffengewohnten Erlebensmustern schnell wieder eingeholt und eingeebnet werden. Man kann nicht davon ausgehen, daß sie sofort bleibende Wirkung haben, und bald wird vielleicht das Gefühl eines einmaligen «Glückstreffers» zurückbleiben, der im Grunde nichts ändert. Es kann sogar beim Analysanden vermehrte Angst auftauchen, nur wieder enttäuschen zu müssen und in Zukunft nichts mehr zu solcher Übereinstimmung beitragen zu können, also wieder nichts von Bedeutung zu sein und dem Therapeuten nichts zu bedeuten.

Es war nun wichtig, den Analysanden zu beruhigen, indem ich ihm das Wissen um die Langwierigkeit solcher Wandlungsprozesse mitteilte zusammen mit dem Wissen um die erforderliche Geduld, die beide Analysepartner aufzubringen haben. Im erwähnten Fall war es ja höchstwahrscheinlich gerade die mangelnde Geduld der Mutter, welche ihre Teilnahme am Eigenrhythmus des Kindes verhindert hatte. Geduld bedeutet innerhalb der Analyse unter anderem auch, den Gelegenheiten günstiger Affektabstimmungsmomente nachzuspüren – sofern sie zugelassen werden. Dieses Zulassen ist für gewisse Patienten sehr schwierig, vor allem wegen ihrer Angst vor emotionaler

Nähe. Wie emotional nahe sich Analysepartner kommen dürfen, muß oft zunächst wortlos durch reines Gespür «ausgehandelt» werden.

Es gibt natürlich unzählige Formen von Prägung durch die jeweilige Art früher Affektabstimmung. Beeindruckend ist, daß solches «Wissen» um den Zusammenhang früher Bemutterung mit der Entwicklung eines gewünschten Sozialverhaltens schon bei archaischen Stämmen vorhanden zu sein scheint. Zum Beispiel schreibt Margaret Mead von ihren Beobachtungen beim Stamm der Mundugumor auf Neuguinea, der Kopfjagd und Kannibalismus betrieb: «Die Säuglinge werden dort in einen engen, grobgeflochtenen Tragkorb plaziert, und der Kontakt mit ihnen geschieht meist mittels eines von Fingernägeln verursachten Kratzgeräusches am Korb. Beim Stillen halten die Frauen die Säuglinge beim Stehen an die Brust, und das Baby darf nur soviel Nahrung zu sich nehmen, daß es nicht mehr schreit und sich in seinen Korb zurücklegen läßt. Sobald es auch nur einen Moment zu trinken aufhört, muß es in sein Gefängnis zurück» (Mead 1970, S. 182). Damit werden früh Gewalttätigkeit, Ehrgeiz, Rachsucht, Eifersucht, Freude am Kampf gezüchtet, was dem Idealtyp der Mundugumor entspricht.

Auf abendländische Verhältnisse übersetzt, wäre solches oder ähnliches Mutterverhalten der Nährboden für die Entwicklung eines Verhaltens und Erlebens, welches durch intensiv destruktive «narzißtische Wut» gekennzeichnet ist (siehe Kohut 1973).

Fragen der Regulierung der Affektabstimmung

Ein Patient bringt seine spezielle Welt emotionaler Empfindlichkeiten früher oder später in das therapeutische Feld ein. Aus ihr ergeben sich – zum großen Teil unbewußt – die Erwartungen an die Art der Interaktionen mit dem Therapeuten. Der Analytiker wird nach Möglichkeit versuchen, sich in die Gefühlswelt des Analysanden hineinzuversetzen. Vielleicht gelingt ihm dadurch ein gewisses Maß an Affektabstimmung, woraus ein zweifacher

Gewinn entstehen kann: Einmal bekommt er einen gewissen Einblick in die emotionale Verfassung des Analysanden. Zugleich hat beteiligtes Zuhören an sich oftmals eine erstaunliche therapeutische Wirkung.

Sicherlich ist es zunächst einmal wichtig, sich auf die «Melodie» des Analysanden einzustimmen, denn nur so können deren auffallendste Dissonanzen gehört werden. Auch der Therapeut bringt natürlich seine Melodie und seinen Rhythmus in das Feld ein, und es kann bald zu Diskrepanzen kommen. Wenn aber zwei Menschen zusammen «musizieren», ist stets gegenseitiges Aufeinanderhören und gegenseitige Anpassung vonnöten. Natürlich ist es vornehmlich der Therapeut, der bewußt die Anpassungsleistung an die emotionale Verfassung des Patienten zu leisten hat, ohne sich selbst in der Gefühlswelt seines Gegenübers zu verlieren.

Stern spricht anhand seiner Beobachtungen zu Recht davon, daß der Affektabstimmung von seiten der Eltern zwei Motive zugrunde liegen. Man kann die Absicht haben, die kindlichen Emotionen zu *teilen,* man kann sie aber auch *verändern* wollen. Oft sind die Grenzen fließend, und manchmal werden sie kaum bewußt wahrgenommen. Zum Beispiel sind wohlmeinende Eltern allzu schnell bereit, ihr Kind, das an seelischen oder körperlichen Schmerzen leidet, zu trösten mit der Mitteilung, daß alles gar nicht schlimm sei und bald wieder vergehe usw. Damit findet aber die kindliche Emotion keine Resonanz, wird nicht ernst genommen. Oft sind es die Eltern, die zu ihrer *eigenen* Beruhigung ein zufriedenes Kind benötigen und sich nicht stören lassen wollen.

In diesem Zusammenhang fällt mir eine Klientin ein, die, wenn sie mir ernsthaft ihre Nöte mitteilen wollte, stets vorausschickte: «Sicherlich werden Sie denken, daß ich wieder furchtbar übertreibe.» In Wirklichkeit waren mir aber solche Gedanken in Anbetracht des Schweregrads ihrer psychischen Verwundung sehr fern. Es war vielmehr eine Projektion der Stimme ihrer Mutter, die sie stets damit hatte trösten wollen, daß ihr Zustand gar nicht so schlimm sei und sie mit ihrem Jammern doch sehr übertreibe. Die Patientin hatte das als Vorwurf aufgefaßt und gelernt, daß ihre Mutter gewisse Affektäußerungen nicht ertragen konnte. Zudem hatte sie diesen Vorwurf im Laufe der Entwicklung als Selbstvorwurf verinnerlicht, und eines ihrer Probleme bestand tatsächlich in einer tiefen Unsicherheit, inwiefern sie eigene Gefühle, Gedanken, Impulse oder Schmerzen überhaupt ernst nehmen dürfe.

In der Psychotherapie geht es allerdings sehr oft darum, Leiden oder destruktive Affekte zu modifizieren. Hier möchte ich nochmals an Sterns Beobachtungen der affektiven «Fehlabstimmungen» und «Einstimmungen» erinnern (Stern 1992, S. 296 ff.). Die Mutter bedient sich dabei, bewußt oder oft auch unbewußt, folgender Strategie: Sie erzeugt eine «Illusion» des gemeinsamen Erlebens, verläßt aber diese Gemeinsamkeit um ein kleines Stück in der von ihr gewünschten Richtung. Das Kind, um die Übereinstimmung wiederherzustellen, rückt näher zur Mutter. Damit ist es ihr gelungen, das Verhalten und Erleben des Kindes in der von ihr gewünschten Richtung zu verändern.

Damit hat Stern die «Methode» beschrieben, deren sich normalerweise Sozialisierung und «Erziehung» in der frühen Kindheit bedienen. Im Extremfall ist damit allerdings auch die Gefahr verbunden, daß die Bezugsperson soviel an gewünschter Veränderung in die Gemeinsamkeit des Erlebens einbringt, daß das Kind seiner eigenen Gefühle gleichsam beraubt wird.

Inwiefern bedienen sich Analytikerinnen oder Analytiker, in bester therapeutischer Absicht, ähnlicher Strategien, oftmals ohne es zu merken? Gerade bei Übertragungs- und/oder Traumdeutungen ist es ein leichtes, kleine Akzente in die gewünschte Richtung einfließen zu lassen. Wahrscheinlich ist diesbezügliche Beeinflussung nicht nur kaum zu vermeiden, sie kann unter Umständen ein wichtiges therapeutisches Agens sein. Dies allerdings unter der Voraussetzung, daß der Therapeut oder die Therapeutin seiner oder ihrer «Strategie» gewahr wird. Sonst ist es beispielsweise möglich, daß ein Analysand auftretende Diskrepanzen automatisch ausklammert und sich wie selbstverständlich an die reale oder auch nur zu erwartende Affektlage des Therapeuten anzupassen sucht. Vielleicht ist ihm dieses

Verhalten so selbstverständlich, daß er es nicht einmal bewußt wahrnimmt. Noch schlimmer ist es, wenn sich der Analytiker über seinen so «motivierten» und aufnahmebereiten Analysanden freut und nicht merkt, wie letzterer dabei in eine Übertragungswiederholung schlittert und vor lauter Anpassung den Bezug zu sich selbst verliert. Dabei ist es vornehmlich der Therapeut, der bewußt die Anpassungsleistung an die emotionale Verfassung des Patienten zu vollbringen hat, ohne sich selbst in der Gefühlswelt seines Gegenübers zu verlieren.

Die Forderung, der Therapeut müsse sich jederzeit darüber bewußt sein, ob seine Interventionen unverfälschte Resonanz auf die emotionale Verfassung des Patienten abgeben oder ob sie suggestiv auf Veränderung hinwirken, ist etwas hoch gegriffen. Dies nicht zuletzt deshalb, weil Interventionen eine gewisse Spontaneität benötigen. Trotzdem ist stetige Selbstprüfung des Therapeuten notwendig ebenso wie seine sensible Wachheit, um zu erspüren, was seine Interventionen und seine jeweilige Einstellung beim Klienten bewirken.

Patienten oder Patientinnen haben meist den Wunsch, etwas an ihrer desolaten seelischen oder psychosomatischen Verfassung möge sich verändern. Wandlung ist ja meist das Ziel einer Analyse. Zwei Grundsätze jeglicher tieferer Psychotherapie sind anscheinend miteinander im Widerspruch. Einerseits geht es stets darum, daß der Patient oder die Patientin sich selbst *anzunehmen* lernt. Andererseits wird Veränderung, Wandlung erstrebt. Oft ist eine Veränderung der seelischen Einstellung nötig, um sich überhaupt annehmen und bejahen zu können. Aber es gibt auch satte Selbstzufriedenheit, eine Haltung, die einem lebendigen Menschsein nicht eben förderlich ist. Der Zustand von Selbstakzeptanz und das Streben nach Veränderung können miteinander in einem Spannungsverhältnis stehen.

Wenn aber von Selbstakzeptanz die Rede ist, so geht es zunächst um das Erspüren der authentischen Manifestation des Selbst. Gerade die schon so früh – in der intersubjektiven Organisationsform – beginnende Sozialisierung mit ihren entsprechenden Anpassungsleistungen mag zur Selbst-Entfremdung oder zu mancher Art Störung an authentischem Selbsterleben führen. Andererseits sind das Selbst und seine Entwicklung auf eine fördernde Umwelt angewiesen. Der Mensch ist, wie Gehlen es ausdrückte, wirklich das «riskierte» Wesen. Was ein Therapeut mit seiner Affektabstimmung, später mit dem Nachvollzug mittels Empathie und mit seinem verstehenden Bezug zu den Träumen zu erreichen sucht, ist eine Annäherung an das authentische Wesen, das im Patienten oft verborgen ist. Dies könnte ihm letztlich dazu verhelfen, seinen ihm gemäßen Weg zu finden.

4. Die Organisationsform des verbalen Selbstempfindens

Affektabstimmung und Empathie

Bis anhin bin ich in diesem dritten Teil den von Stern beobachteten und nachgezeichneten Entwicklungslinien gefolgt, um die verschiedenen Organisationsformen des Selbstempfindens auch innerhalb der Psychotherapie erwachsener Menschen zu reflektieren und nach Möglichkeit zu veranschaulichen. Dabei wurde es – vornehmlich bei der Beschäftigung mit den verschiedenen Weisen der emotionalen Abstimmung zwischen Pflegeperson und Kind – zunehmend schwieriger und einengender, ohne die Beschreibung sprachlicher Kommunikationsformen auskommen zu müssen. Das heißt, ich mußte mit sprachlichen Mitteln auf die möglichen Empfindungen, Erfahrungen und Austauschformen des Kleinkinds hinweisen, die der Sprache im eigentlichen Sinne noch gar nicht zugänglich sind. Dies wurde mühsam, sobald es sich in der Intersubjektivität um Kommunikation von Bedeutungszuweisungen handelte. Das Problem zum Beispiel, inwiefern Affektabstimmung als Bestätigung oder als Veränderung im Kinde wirksam ist, zeigt sich als schwer angehbar, wenn der von Sprache begleitete Dia-«log» ausgeklammert werden muß. Sobald der Schritt von der Affektabstimmung zu dem komplexeren Phänomen der Empathie vollzogen wird, spielt die spezifisch menschliche Kommunikationsform der Sprache eine Rolle. So definiert Heinz Kohut die Empathie als «diejenige Modalität, durch welche wir psychische Fakten über andere Menschen erfahren und die uns, wenn andere *sagen* [kursiv vom Autor!], was sie denken und fühlen, vorzustellen erlaubt, was sie innerlich erleben, obwohl das der direkten Beobachtung nicht zugänglich ist» (Kohut 1966, S. 578). Affektabstimmung bedeutet also den emotionalen Bezug zu der jeweiligen Gestimmtheit des Gegenübers, während Empathie oder Einfühlung das Ziel hat, «in einem einzigen Akt sicherer Erkenntnis komplexe psychische Konfigurationen zu erfassen» (Kohut 1966, S. 578). Mit anderen Worten könnte man Empathie auch definieren als die Fähigkeit, Erlebnisweisen anderer Menschen nachzuvollziehen und sie dadurch sowohl *gefühlsmäßig* als auch *kognitiv* zu verstehen. Zur Empathie gehört auch der Nachvollzug begrifflich ausdrückbarer Anschauungen über Selbst und Welt, sie schließt also den jeweiligen Bezug zwischen emotionalen und kognitiv-sprachlichen Komponenten mit ein.*

Jedenfalls ermöglicht der Einbezug der Organisationsformen des verbalen Selbst eine Vielfalt an neuen Bedeutungsebenen und die Beschreibung einer viel reichhaltigeren Erlebnispalette.

So geht es offensichtlich auch dem Kleinkind, für das dieser Entwicklungsschub, der um das Auftauchen der Welt der Sprache kreist, einer «Revolution» gleichkommt. Neben der sukzessiven Sprachentwicklung tritt neu am Horizont auch die Fähigkeit auf, sich selbst zum Objekt der Reflexion zu machen, wodurch gleichsam ein «objektives» Selbst gegenüber dem «subjektiven» Selbst früherer Phasen entsteht. Daß Kinder sich selbst nun im Spiegel erkennen, ist ein deutliches Zeichen dieser auftauchenden Fähigkeit. Damit hängt zudem die Entdeckung zusammen, daß die eigene Person auch durch andere Personen von außen gesehen und beurteilt werden kann.

Zur Dissoziabilität der Psyche (Jung)

Es wurde bereits erwähnt (siehe S. 83 ff.), daß es in dieser Phase auch zu einer Krise des Selbstverständnisses kommt, weil sich das Kind zum ersten Mal entzweit erlebt und ganz zu Recht das Gefühl hat, daß niemand diese Teilung aufheben kann. Es ist der Erwerb der Sprache, die einen Keil zwischen zwei Formen von Erfahrung treibt, nämlich die unmittelbar gelebte und die verbal repräsentierte. Das Kind wird sich selber zum Rätsel. Es

* Zur Problematik der Empathie siehe auch Kohut 1973 sowie Jacoby 1985.

merkt, daß es Schichten und Ebenen des Selbsterlebens gibt, die in gewissem Ausmaß den offiziellen, durch Sprache allgemein anerkannten Erlebnisweisen entfremdet sind (Stern 1992, S. 247 ff.). Mit andern Worten gewinnt das Kind einerseits Zutritt zu seiner Kultur, verliert dabei aber die Ganzheit seines ursprünglichen Erlebens.

Schon Jung hat zu Recht von der Dissoziabilität unserer Psyche gesprochen (Jung 1947, § 365–370). Dabei geht es zumindest um die «zwei Seelen, ach», die in unserer Brust wohnen, wie Goethe seinen «Faust» zu Recht seufzen läßt. Auch Jungs Entdeckung von Persönlichkeit Nr. 1 und Persönlichkeit Nr. 2, die ihm in seiner Kindheit so viele Rätsel aufgab, gehört hierher (Jung/Jaffé 1962, S. 63 ff.). Die heutige Hirnforschung glaubt die Lokalisierung verschiedener, oft gegensätzlicher Befindlichkeiten und Funktionsweisen in den beiden Hirnhälften entdeckt zu haben. Erfahrungsgemäß gibt es allerdings nicht nur «zwei Seelen», sondern eine Vielheit von Seelen «in uns» und auch «um uns», was archaische Menschen, welche in «animistischer» Weise die Natur als beseelt erleben, deutlicher spüren. Auch das Pantheon der vielen, oft im Streit miteinander liegenden Götter polytheistischer Religionen ist davon ein Abbild.

Diese Dissoziabilität unserer Psyche ist an sich nichts Pathologisches, sie ist unsere spezifische Befindlichkeit und Lebensbedingung, unsere Chance und unser Fluch. Wir sind nicht einfach Ausführende einer in der Natur angeordneten Programmierung, wie es für das Tierreich weitgehend zutrifft. Normale Entwicklung von früher Kindheit an führt dazu, daß wir in gewissen Bereichen «entscheidungsfrei» (Portmann 1958) werden. Wir sind, wie das Herder ausdrückte, von der Natur «freigelassen» (Herder 1966, S. 119). Dieser Ort anscheinender Freiheit, den C. G. Jung mit «Ich-Bewußtsein» bezeichnet hat, ist nur möglich unter Verlust der Einheit mit unserer sogenannten «Instinktnatur», der ursprünglichen Ganzheit. Auch ist es eine Freiheit, die wiederum auf Orientierung angewiesen ist, auf Richtlinien des Verhaltens. Zu diesem Zweck werden kollektive Tabus, Sitten und Gebräuche, später ethische Normen und Gesetze notwendig. Das heißt, der Mensch benötigt einen wie immer gearteten Kulturkanon, beruhend auf einer entsprechenden Weltanschauung und deren Werthierarchie. Und somit sind wir gleichzeitig Natur- und Kulturwesen und haben zu Zeiten unendlich Mühe, den Widerstreit der verschiedensten Anforderungen und Bedürfnisse zu verkraften, um einigermaßen eins mit uns selber zu sein.

Ohne Dissoziabilität der Psyche wäre die spezifisch menschliche Fähigkeit zur Entwicklung eines reflektierenden Bewußtseins nicht möglich. Wir müssen uns «zu uns selbst verhalten», zu unserem Dasein und unserer Wesensart einstellen. Die von Stern so anschaulich beschriebene «Krise» in der frühen Kindheit, die mit der Reifung des «verbalen Selbstempfindens» einhergeht, steht am Beginn dieser Entwicklung. Der damit gewonnene Zutritt zur Kultur geht, wie schon gesagt, auf Kosten der Ganzheit des Erlebens.

Die Dissoziabilität liegt wohl der seelischen Beweglichkeit und dem Reichtum seelischer Erfahrung zugrunde, sie muß aber von Wirkkräften kompensiert werden, die der Aufrechterhaltung des psychischen Gleichgewichts dienen. Die Fragmentierung des Selbst (Kohut 1979) ist eine ständige Bedrohung und entsprechend angstbesetzt. Unser psychisches Gleichgewicht im Zusammenspiel verschiedener, oft gegensätzlicher Motivationen und Affekte, autonomer Komplexe, Wirkkräfte des Unbewußten und bewußter Entscheidungen ist äußerst prekär. Hier ist unter anderem das weite Feld der Psychotherapie angesprochen.

Es war aber auch Jung, der gegenüber der Dissoziabilität unserer Psyche eine Gegenbewegung festgestellt hat, einen seelischen Prozeß, der – oft kaum wahrnehmbar – nach Integration und Zentrierung strebt. Es ist deshalb ein zentrales Anliegen unserer Analyse und Psychotherapie, die Prozesse der Integration aufzuspüren, ihnen Raum zu geben und möglichst die jeweiligen Störungen, die ihnen hinderlich sind, therapeutisch-analytisch anzugehen. Wenn solche Prozesse nicht von Natur in uns angelegt wären, könnte eine ganzheitliche Psychotherapie überhaupt nicht wirksam sein. Es sind die Prozesse, die vom «Selbst» (im Jungschen Sinne), dem im Unbewußten wirksamen Anordnungs- und Integrierungszentrum, ausgehen und gesteuert werden.

Verbales Selbstempfinden und Jungscher Ich-Komplex

Das Auftauchen des menschlichen Bewußtseins, wie Jung es auffaßt und mit dem Ich-Komplex verknüpft, entspricht in etwa der Organisationsform des verbalen Selbstempfindens und dessen zunehmender Fähigkeit, sich selbst zum Objekt der Betrachtung und Bewertung zu machen. Hier wäre der Beginn des zu Reflexion befähigten Bewußtseins anzusetzen, das auf den Gegensätzen von Subjekt und Objekt, Innen und Außen, Gut und Böse usw. beruht. Hier finden wir aber auch den Beginn des «objektiven» Selbstbildes, welches als ein «Inhalt» des mit dem Ich verknüpften Bewußtseins gesehen werden muß. Bekanntlich sprechen am Anfang der Sprachentwicklung Kinder von sich selber zuerst in dritter Person. Sie sprechen von sich so, wie sie von den Bezugspersonen angesprochen werden, und wiederholen dabei Urteile, die sie von Bezugspersonen gehört und übernommen haben: «Das Maieli, der Hansli ist lieb oder bös oder müde» usw. Es ist, als ob sie sich von außen her, mit den Augen ihrer Bezugspersonen, sehen und beurteilen. Dabei ist manchmal zu beobachten, daß das Maieli, weil es als «bös» taxiert wird, eine Puppe, mit der es sich identifiziert, von sich wegwirft, beschimpft und ablehnt. Hier sehen wir die Entstehung des Phämomens, daß später Erwachsene mit sich selber so umgehen, wie Bezugspersonen in der frühen Kindheit mit ihnen umgegangen sind. Es wäre ein Beispiel von Selbstablehnung.

Wie dem auch sei, jedenfalls wurzelt die Fähigkeit, sich selbst zu reflektieren und gleichsam von außen zu betrachten, schon in präverbalen Erlebnissen vom «Selbst mit anderen», das heißt im Niederschlag früherer Interaktionsmuster, die aber nun zum Teil verbalisierbar werden. Damit gehören sie zum Bereich des Vorstellungskomplexes, dessen Zentrum von Jung «das Ich» genannt wird. Es dauert allerdings eine gewisse Zeit, bis diese verbalisierbare «Repräsentanz» mit dem Ich-Gefühl verschmilzt und als Identitätsgefühl integriert wird.

Jung war der Ansicht, daß das Ich, «als das angeblich und fiktiv Allerbekannteste», in Wirklichkeit ein höchst komplexer Tatbestand sei, «der unergründliche Dunkelheiten in sich schließt» (Jung 1954, § 125). Die Bedingung unserer Fähigkeit, ein im Ich zentriertes Bewußtsein zu entwickeln, das heißt die «Wurzeln» dieses Bewußtseins, reicht ins Unbewußte, in dessen Zentrum Kräfte wirksam sind, welche die Entwicklungsprozesse «anordnen» und organisieren. Dieses hypothetische Zentrum wird im Jungschen Sinne das Selbst genannt.* Es ist deshalb wichtig, daß der Bezug des Ichs zum Selbst, der zwar vielen Wandlungen unterliegt, weder abgespalten wird noch verlorengeht. Vom Selbst gehen die schöpferischen Kräfte im Menschen aus. Von ihm wird gleichsam der Mensch «erschaffen», denn es ist dessen Wirken, das erfahrbar wird nicht zuletzt in den verschiedenen, auch von Stern beschriebenen «Bereichen des Selbstempfindens», die schließlich zum reifen Selbst-Bewußtsein führen.

Hier befindet sich ein Jungscher Analytiker auf bekanntem Boden, wenn man bedenkt, daß es zum Hauptanliegen der Analyse gehört, eine Beziehung zwischen diesen beiden Seinsweisen, die später auch als Ich und Unbewußtes bezeichnet werden, herzustellen. Ein adäquates Verstehen dessen, was sich bei Erwachsenen in Träumen, Phantasien, Symptomen, Komplexen usw. äußert, dient bekanntlich solcher Brückenbildung. Oftmals wird Analyse auch «talking cure» genannt, und vielleicht wird es durch obige Ausführungen verständlicher, warum Sprache eine heilende Wirkung haben kann, geht es im analytischen Dialog doch darum, den namenlosen Bereichen des Erlebens

* Es ist in diesem Zusammenhang sicher von Interesse beizufügen, daß auch in der modernen Psychoanalyse die Hypothese eines «übergeordneten Ichs» aufgestellt wird, eines Konstrukts, das sich zum Teil mit Jungschen Vorstellungen vom «Selbst» deckt. Das übergeordnete Ich «strebt stets nach der Erhaltung des Organismus, indem es Konflikte löst und laufende Entwicklungsprozesse fördert» (R. und G. Blanck, 1989).

Sprache und Bedeutung zu verleihen und sie damit unserer Welt des Bewußtseins anzuschließen. Es sei zugegeben, daß Jung zu Recht gegenüber «Wörtern» skeptisch war, da sie ja allzu oft intellektualisierender Abwehr dienen. Andererseits hat er schon in jungen Jahren das Assoziationsexperiment entwickelt, das auf dem Prinzip beruht, daß Worte Auslöser gefühlsbetonter Komplexe sein können. Erfahrungsgemäß ist auch in der analytischen Situation die Wahl der Worte in den Kommentaren, Reaktionen und Deutungen des Analytikers – neben Körpersprache und stimmlichem Ausdruck – von emotionaler Bedeutung für den Klienten. Manchmal obliegt es der Analytikerin oder dem Analytiker, Inhalten, die bisher namenlos und unaussprechbar blieben, zum ersten Mal Sprache zu verleihen.

Beispiel aus der Praxis

Als Beispiel möchte ich nochmals auf die bereits Seite 146 ff. erwähnte Analysandin zurückkommen, welche zuzeiten in «Sprachlosigkeit» verfiel, weil sich alles, was sie mir ursprünglich hatte mitteilen wollen, in die Unauffindbarkeit zurückzog und sie sich deshalb von mir zurückziehen mußte. Nichts blieb übrig als ein Gefühl von Leere, nicht einmal mehr die Emotionen Angst und Scham waren ihr zugänglich.

Offensichtlich hatte ihr verstummender Rückzug etwas mit dem Beziehungsaspekt, das heißt ihren Übertragungsgefühlen zu tun. In einer Sitzung, in der ihr wieder einmal die Sprache abhanden gekommen war, saß ich neben der Couch, auf der sie lag. Während sie schwieg, liefen in mir folgende Fragen und Überlegungen ab, die ich nun in allen Einzelheiten, so wie ich sie damals notiert hatte, referieren möchte: «Was macht diese Frau eigentlich mit mir? Sie zieht sich zurück, als ob ich nicht existieren würde. Oder zieht sie sich deshalb ins Schneckenhaus zurück, weil ich für sie zu bedrohlich bin? Es kommt mir die Erinnerung an ihren sie mit grausamen Abwertungen bedrohenden Vater. Hat sie ihn unbewußt vielleicht auch zu seiner destruktiven Haltung provoziert? Oder hat sie seine Kritik und

Abwertung mit ähnlich schweigendem Rückzug quittiert? Hat sich da ein masochistisches Muster entwickelt, das sich nun auch in unserem interaktiven Feld wiederholt und mich zu Ärger und Ablehnung provozieren soll? Würde es im therapeutisch günstigen Sinne etwas bringen, wenn ich diese Wiederholung anhand einer Deutung ansprechen würde? Damit würde ich eine Methode der psychoanalytischen ‹Objektbeziehungstheorie› anwenden, indem ich aus Gefühlen meiner Gegenübertragung wahrnehme, was die Analysandin ‹mit mir tut›, und ihr eine entsprechende Deutung geben. Ich würde aber nicht mit ablehnendem Ärger reagieren, wie das ihr Vater offensichtlich getan hat. Statt dessen würde ich ihr mit ruhiger Stimme mitteilen, daß sie mich offensichtlich zum ablehnenden Vater machen müsse. Vielleicht könnten wir uns dann im Laufe vieler folgender Sitzungen ihrem unbewußten Masochismus annähern. Dabei erinnere ich mich, daß ich schon einmal vor einiger Zeit vorsichtig versucht hatte, diesen Weg einzuschlagen. Als ich ihr die Deutung anbot, mir scheine, als ob sie in ähnlicher Weise Angst vor mir hätte wie seinerzeit vor ihrem Vater, kam als Reaktion von ihr nur: ‹Das ist schon möglich, ich weiß es nicht.› Diese abwehrende Antwort: ‹Ich weiß es nicht› hatte es dann in sich, wirklich ärgerliche Gefühle in mir zu mobilisieren.»

Ich spürte also, daß dieser von mir phantasierte Weg nicht weiterführen würde. Ich nahm auch wahr, daß ich in meinen Gegenübertragungsgefühlen vor allem darauf fokussiert war, was sie unbewußt mit mir *tat,* welche Rolle sie mir zuschob. Statt dessen versuchte ich nun, mich in empathischer Weise in ihre innere Situation zu versetzen und tiefer in die Atmosphäre in unserem «therapeutischen Raum» einzutauchen. Dabei merkte ich, daß ich eigentlich gar keinen Ärger spürte, vielmehr war ich von Lähmung befallen, einhergehend mit bleierner Müdigkeit.

Es würde nun an mir liegen, nicht dieser bleiernen Müdigkeit zu verfallen, sondern die Energie aufzubringen, diese Wahrnehmungen beim Namen zu nennen, zu verbalisieren. Und zwar nicht in vorwurfsvollem Ton, so, als ob sie alle Schuld daran tragen würde. Dabei schien es mir genügend evident, daß das Wort «bleierne Lähmung» auch das ausdrückte, was nicht nur ich, sondern auch sie soeben erlebte. Noch genauer könnte man sagen «lähmende Isolation». Ich fühlte mich von ihr isoliert und sie von mir. Mir schien auch, daß ihr alle Gefühle, Gedanken, Erlebnisinhalte abhanden gekommen waren, sie also inhaltslos-leer auf der Couch lag. Dies erinnert an die früheste Säuglingszeit, an Situationen, in denen zu langes oder häufiges Verlassensein jegliche Erwartungshaltung auf Interaktionen mit dem «das Selbst regulierenden Anderen» zum Erlöschen bringt.

Es wurde mir also immer deutlicher, daß ich diese Atmosphäre von gelähmter Isoliertheit, so gut es ging, in Sprache fassen und näher ausführen müßte, und ich raffte mich dazu auf, etwa in folgendem Sinne: «Es muß doch im Moment hier ein quälend lähmendes Gefühl für Sie sein. Sie kommen zu mir, hatten zu Hause schon Gedanken, die Sie mir mitteilen wollten, und plötzlich wird ‹die ganze Elektrizität abgestellt›. Nichts geht mehr.» Offenbar lag ich mit meinen Worten nicht ganz daneben, denn sie war nun «an-sprechbar». Was löste ich mit meiner Intervention bei ihr wohl aus? Erstens hörte sie meine Stimme, ich ließ mich ver-lauten. Diese Stimme war höchstwahrscheinlich auf die isolierende Lähmung «abgestimmt», hatte ich diese Lähmung doch ebenfalls verspürt. Somit hat sie offensichtlich als Affektabstimmung gewirkt. Zugleich hörte die Analysandin auch den *Inhalt* meiner Worte. Indem ich für das, was sie in der Isolierung erlebt hatte, einigermaßen passende Worte vermittelte, wirkte das als momentane Aufhebung eben dieser Isolierung. Sie erlebte, daß es anscheinend für den Zustand solch qualvoll lähmender Isoliertheit eine sprachliche Ausdrucksform gibt. Durch die Wahrnehmung, daß ihr Erlebnis in allgemein anerkannter Sprachform ausgedrückt werden kann, wurde es ihr bewußt, daß auch solche Grenzerfahrungen zum Menschen gehören. Dadurch wird sie wieder Teil der Menschheit – auch wenn sie sich noch so oft als Ausgestoßene fühlt, besonders in Situationen, in denen die ganze Leere und Isolation in ihr aufsteigen.

Es sieht so aus, als ob keine innere Figur da wäre, die sie davor schützt, in den Abgrund hoffnungsloser Isoliertheit zu fallen. Natürlich kann meine Phantasie, daß dieser Zustand manchen Erfahrungen vollständigen Verlassenseins in der frühen Kindheit entspricht, nur spekulativ sein, sie macht mir gefühlsmäßig aber Sinn. Erfahrungen mangelnder emotionaler Abstimmung und wahrscheinlich manch entwertender Fehlabstimmungen (bis hin zu Brutalitäten von seiten des Vaters) von frühester Kindheit an scheinen mir mehr als wahrscheinlich. Ihr «Verlust» der Sprache bedeutet deshalb auch, aus der Zugehörigkeit zur menschlichen Gemeinschaft hinauszufallen.

Immerhin war sie für meine Intervention empfänglich. Sie «kam zurück», fand ihre Stimme, ihre Worte, ihre Gefühle und Gedanken wieder, konnte wieder in das therapeutische Klima einsteigen, in dem gegenseitiger Austausch sowie gemeinsames Explorieren möglich war. Sie war von ihrem Minderwertigkeitskomplex überwältigt gewesen, der zu gewissen Zeiten ihre ganze Persönlichkeit beherrscht, zu anderen Zeiten aber in den Hintergrund tritt. Die Offenheit gegenüber emotional korrektiven Erfahrungen war bei ihr nicht vollständig verschüttet oder abgekapselt.

Heilsame Wirkungsmöglichkeit der Sprache

Daß Sprache heilende Wirkung haben kann, wußten schon die alten Griechen. Sokrates äußert im Dialog «Charmides» (Platon, Sämtl. Werke 1, S. 132), daß alles aus der Seele entspringe, das Böse und das Gute, auch für den Leib und für den ganzen Menschen. Jenes (die Seele) also müsse man zuerst und am sorgfältigsten behandeln, wenn es dem Kopf und auch dem ganzen Leib gutgehen solle. «Die Seele aber, mein Guter, werde behandelt durch gewisse Besprechungen [...] Dadurch entstehe in der Seele Besonnenheit, und wenn diese entstanden und da wäre, würde es leicht, Gesundheit auch dem Kopf und dem übrigen Körper zu verschaffen» (Übersetzung von Friedrich Schleiermacher). Sokrates hat also eine ganzheitliche Behandlungsmethode empfohlen, welche selbst Zustände miteinbezieht, die man heute psychosomatisch nennen würde.

Jedenfalls ist «sich aussprechen» ein spezifisch menschliches

Bedürfnis, das mit verschiedenen Motivationen verknüpft ist. Es dient zunächst der zwischenmenschlichen Kommunikation, denn Menschen, die mit sich selber laut sprechen, sind eher selten und sind «auffällig» für die Umgebung. Sprache ist also das Mittel, sich anderen verständlich zu machen, direkt oder indirekt. Viele Motivationen drücken sich unter anderem auch sprachlich aus, man denke an Bedürfnisse der Bindung oder des Zugehörenwollens, an aversive Motive wie Ärger, Haß, Traurigkeit usw. Auch das Explorieren und Sich-Durchsetzen kann sich einer Fachterminologie oder einer besonders geschliffenen, aggressiven, witzigen, ironischen Sprache bedienen. Bei den Bedürfnissen sinnlich-sexueller Provenienz tritt Sprache, wenn es um die eigentliche Bedürfniserfüllung geht, eher zurück und wird zur Hilfs- und eventuell Verständigungsfunktion, ähnliches gilt für die Bedürfnisse nach physiologischer Regulierung.

In der Sprache kann also, neben ganz konkreten Mitteilungen, das ganze Bedürfnis-Universum enthalten sein, ob es sich manifest ausdrückt oder nicht. Sie kann aber auch zur Verdekkung innerer Zustände dienen und zur Abwehr mittels sogenannter Rationalisierung. Sie kommt dort an ihre jeweilige Grenze, wo es sich um Ahnungen von Unvorstellbarem handelt oder wo man Dinge fühlt, die sich sprachlich nicht oder nur schwer ausdrücken lassen. Ebenfalls versagt sie unter Umständen auch dort, wo die Affekte so stark sind, daß sie sich direkt in Handlungen umsetzen müssen oder gar die ganze Person in Mit-«Leidenschaft» ziehen, wo man also «sprachlos» wird.

Sokrates spricht zu Recht davon, daß gewisse Besprechungen der Seele zu «Besonnenheit» verhelfen. Zustände der Besonnenheit könnte man als Bewußtheit seiner selbst oder auch als eine nicht rigide, flexible, den Situationen angepaßte Selbstkontrolle bezeichnen. Im besten Falle würde sie auf eine Organisationsform des verbalen Selbstempfindens hinweisen, in dem «präverbale» Erlebnisweisen relativ integriert sind. Besonnenheit heißt also, sich auf sich selbst und die Welt besinnen, vielleicht auch Sinn finden. Die Möglichkeit, sich selbst zu reflektieren, stößt auf eine Innenwelt, die sich bereits vorsprachlich formiert hat und zu der durch Bewußtwerdung ein Bezug hergestellt wird.

Verbale Deutungen in der Analyse

Ich möchte hier selbstverständlich nicht Sprachphilosophie betreiben. Vielmehr geht es um die Frage, warum und wann Sprache «heilend» sein kann und auf welche Weise sprachliche Deutungen – das Hauptinstrument in der Psychoanalyse – wirksam sind und wann sie keine Wirksamkeit entfalten.

Stern hat zu Recht betont, daß mittels Sprache das Kind den Eintritt in seine Kultur erwirbt. Da es seit dem «Turmbau zu Babel» verschiedenste Sprachen mit ihren Kulturen gibt, verknüpft sich Sprache mit dem angeborenen Bedürfnis nach Zugehörigkeit. Die mit ihrer Sprache nicht dazugehörigen Menschen werden leicht ausgegrenzt. «Wir sprechen eine gemeinsame Sprache» hat deshalb auch eine metaphorische Bedeutung im Sinne von: «Wir verstehen uns.» Wer nicht unsere Sprache spricht, ist ein Fremder. Man denke hier an die vielen, auch blutig verlaufenden «Sprachkonflikte».

In der analytischen Psychotherapie, wo gegenseitiges Verstehen eine so entscheidende Rolle spielt, ist es deshalb wichtig, daß verbale Interventionen oder Deutungen in einer dem Analysanden verständlichen Sprache abgegeben werden. Der intersubjektive Bereich ist auch entscheidender Bestandteil in jeglicher auf Gespräch beruhender Psychotherapie. Es ist manchmal fraglich, ob dieselben Worte oder Sätze in der Vorstellungswelt des Analytikers dasselbe bedeuten wie in derjenigen des Analysanden. Hier kommt es wesentlich auf empathische Sensibilität an. Ich persönlich habe gute Erfahrungen damit gemacht, den Inhalt mir wichtig erscheinender Äußerungen von Klienten mit eigenen Worten zu wiederholen, etwa im Sinne: «Wenn ich Sie richtig verstehe, wollen Sie mir jetzt das oder jenes sagen.» Als Antwort mag dann ein Ja, ein Nein oder – was am vielversprechendsten ist – eine differenzierende und vielleicht weiterführende Korrektur kommen.

Für viele Menschen, besonders für diejenigen, die sich innerlich nicht «zur Menschheit gehörend» oder in irgendeiner Weise ausgegrenzt fühlen, mag es heilsam sein, im sprachlichen Ausdruck des Therapeuten ihr eigenes Erleben gespiegelt zu finden und zu ihrem Erstaunen eine mögliche Gemeinsamkeit mit ihren eigenen Erfahrungen zu spüren.

Beispiel aus der Praxis

Dazu möchte ich ein kurzes Beispiel aus der Praxis erwähnen. Eine zu Depressionen und Suizidgedanken neigende 40jährige Frau bringt zur Sitzung einen Traum, in dem sie von ihrem Vater, ihrem Bruder und ihrem Ehemann entwertet und lächerlich gemacht wird.

Der Traum stellt meines Erachtens ihre selbstentwertenden, für depressive Gemütsverfassungen typischen inneren Attacken dar. In Jungscher Terminologie würde man von negativen «Animusattacken» sprechen (Jung 1928). In meiner Reaktion auf den Traum vermeide ich allerdings das Wort «Animus», obwohl sich die Klientin in Jungscher Psychologie genügend auskennt, um diesen Fachterminus ungefähr zu verstehen. Er scheint mir aber in unserer momentanen Situation zu abstrakt zu sein, da er aus einer ganzen Palette möglicher emotionaler und kognitiver Bedeutungen «herausgezogen» (abstrahiert) ist. Noch wichtiger ist mir ein weiteres: Unter Umständen kann das Wort «Animus» sogar noch zusätzliche Munition liefern, um die Attacke auf ihr eigenes Selbstgefühl zu verstärken: «Ich bin so hoffnungslos ‹animusbesessen›, bin nur ‹eine Pest› für meine Umgebung, hoffnungslos unnütz und destruktiv. Kann mich nur noch umbringen, wäre für alle das beste. *Auch der Analytiker bestätigt das (indem er mich auch als ‹animusbesessen› sieht).*

Zugleich habe ich im Moment den Eindruck, daß sie mir diesen Traum nicht deshalb erzählt hat, um vor allem eine «Deutung» seines Inhalts zu bekommen. Es ist vielmehr ein leises, zögerliches Mitteilen, wie schlecht es ihr geht, und ich spüre, daß ich auf ihre Stimmungslage, so gut es mir möglich ist, reagieren müßte. Ich versuche, mich in ihre emotionale Verfassung zu versetzen, und riskiere es, ungefähr das folgende zu sagen: «Ich meine zu spüren, daß Sie etwas, was von unendlicher Schwere ist, niederdrückt. Dazu ist es auch, als ob Ihnen der Boden unter den Füßen weggezogen wurde. Und so scheint nirgends Stand und Halt zu sein. Alles, was Ihnen am Leben und an sich selber etwas wert war, sinnvoll schien, entpuppt sich im jetzigen Moment plötzlich als Illusion. Es ist so qualvoll, daß Sie jetzt vielleicht sogar einen handfesten Unfall oder ein Nicht-mehr-sein-Müssen herbeisehnen, um diesen Scherbenhaufen, als den Sie sich fühlen, loszuwerden. All das ist einfühlbar, aber niemand auf der Welt scheint dies alles zu verstehen.» Sie hört immer aufmerksamer zu und sagt dann, deutlich erleichtert: «Ja, genau so ist es, Sie scheinen das zu wissen.»

Es entstand ein Moment des «Übereinstimmungsglücks». Die Verwendung der Sprache hatte in dieser Situation heilsam gewirkt. Sie war mir aus der Stimmung im interaktiven Feld aus tieferen inneren Quellen zugeflossen, und letztlich schien mir auch das Selbst im Sinne Jungs daran beteiligt zu sein. Jedenfalls hatte sich bei der Analysandin eine im Moment wirksame stimmungsmäßige Umstellung ereignet. Eine solche Erfahrung ist ein kleines Steinchen, welches in einem meist längeren Prozeß allmählich zum Aufbau einer etwas stabileren Persönlichkeitsstruktur beiträgt.

Natürlich hatte ich auch ihren Traum im Hinterkopf behalten. Es stellt sich bei solchen Träumen unter anderem die Frage, inwiefern auch ich mich, als Übertragungsfigur in der Analyse, zu den sie entwertenden und mißachtenden männlichen Figuren zählen muß. Normalerweise wäre es wichtig, negative und ambivalente Gefühle gegenüber dem Analytiker «zur Sprache» zu bringen. Früher oder später müssen eventuelles Mißtrauen und Vorbehalte ihm gegenüber offengelegt werden. In der gedrückten Stimmung aber, in der unser Gespräch stattgefunden hatte, wäre es sicherlich kontraproduktiv gewesen, *über* unsere gegenseitige Beziehung (d. h. Übertragung) zu reden, es hätte jeglicher Affektabstimmung widersprochen. Es war vielmehr wichtig, mit verbalen Mitteln auf einfühlende Weise *direkt* in gegenseitige Nähe zu kommen.

Im allgemeinen erachte ich es für therapeutisch bedeutsam, feine Antennen für Übertragungsangebote und eigene Gegenübertragungsimpulse zu entwickeln, die in vielen manifest zur Sprache kommenden Themen mitschwingen. Was die verbalisierenden Deutungen des Übertragungsgeschehens betrifft, so erfordern sie Einfühlungsvermögen und viel Fingerspitzengefühl. Oft ist es therapeutisch kontraproduktiv, die Aufmerksamkeit des Patienten auf seine Übertragungsgefühle zu lenken, besteht doch – wie im verbalen Bereich überhaupt – die Gefahr, daß sie zerredet, intellektualisiert und damit abgewehrt werden, vor allem in einer Phase, in der sie erst am Aufkeimen sind. Auch während Phasen, in denen eine «milde» positive Übertragung und ein genügendes Maß an Vertrauen das Aufarbeiten von Lebensproblemen und Träumen unterschwellig begleiten und günstig beeinflussen, steht ihre verbale Deutung nicht notwendigerweise im Vordergrund. Dringendst benötigt hingegen wird Ansprechen und wenn möglich Deutung der Übertragungssituation immer dann, wenn aversive Emotionen mitschwingen, die sich als beziehungs*störend* erweisen und Widerstände hervorrufen. Dabei ist anzufügen, daß negativ gefärbte Gefühle in jeder tiefergehenden Analyse in mehr oder weniger verkleideter Form auftreten. Für manche Klienten bedeutet es eine Neuerfahrung, daß sie Ärger, Wut und Kritik am Analytiker überhaupt aussprechen können, ohne mit Liebesverlust bestraft zu werden.

In allen sprachlichen Äußerungen innerhalb der therapeutischen Situation ist die intersubjektive oder interaffektive Dimension stets mitzubeachten. Jede verbale Deutung hat nicht nur eine inhaltlich-kognitive, sondern auch eine emotionale Bedeutung. Es gehört deshalb zur Kunst einer Analytikerin oder eines Analytikers, herauszuspüren, welche *emotionale* Bedeutung unsere jeweilige Art des Deutens im Erleben des Analysanden bekommt, was meines Erachtens für das Gelingen eines therapeutischen Prozesses grundlegend ist.

Es ist eine anthropologische Gegebenheit schlechthin, daß wir Erfahrungen an Welt und Selbst stets deuten müssen, damit sie Sinn und Be-deutung bekommen. Wir stecken voller Deutungen, die wir unbewußt schon früh aus Bedeutungszuweisungen übernommen haben, die uns selbstverständlich sind, zu unserem Selbstverständnis gehören. Sie haben entscheidenden Anteil an unseren tiefstsitzenden Überzeugungen, an unserer unbewußt-selbstverständlich wirkenden Wertskala, an Vorurteilen pauschaler Art gegenüber uns selber und gegenüber Menschen und Weltanschauungen, die zu idealisieren oder zu verachten sind. Oft sind sie von neurotisierender oder sozialschädlicher Wirksamkeit. Es ist wichtig, wenn mit Hilfe des Therapeuten solche Selbstverständlichkeiten verbalisierbar und damit bewußt werden, wobei zu differenzieren ist, inwiefern analytisches Deuten klärend-erklärend wirken soll und inwiefern es sich dabei um Um-deutungen handelt, die notwendigerweise mit Infragestellungen einhergehen. Vielleicht liegt in solchen Infragestellungen eine der Ursachen, die den Widerstand gegenüber der Analyse begreiflich machen.

Von einem Analytiker muß jedenfalls erwartet werden können, daß er sowohl mit Träumen und Imaginationen deutend umzugehen weiß als auch sensible Antennen zur Wahrnehmung der Nuancen des jeweiligen Gefühlsklimas entwickelt hat und seine Wahrnehmungen, wenn nötig, zu verbalisieren und psychologisch einzuordnen versteht. Gerade was das letztere betrifft, sind meines Erachtens die Funde der Säuglingsforschung von großer Hilfe.

5. Deutender Umgang mit Träumen

Einleitende Bemerkungen

In der Vorstellung mancher Menschen besteht Analyse darin, daß ihnen der Analytiker deutet, was ihre Träume aussagen. Es wird also erwartet, daß er ihnen sprachlich mitteilt, was er, als geübter Traumdeuter, aus den «verschlüsselten» Inhalten ihres Unbewußten lesen kann. Die fruchtbare Beschäftigung mit Träumen ist jedoch ein Unterfangen von größerer Vielschichtigkeit. Das Traumgeschehen wirkt auf das Wachbewußtsein ein, und es bedarf meistens vertiefter Re-flexion (wörtlich Zurück- oder Hinwendung), damit es gleichsam durch «Zwiesprache» in seiner möglichen Bedeutung lebendig wird. Der Analytiker hat die Aufgabe, diese Zwiesprache zwischen dem Ich und dem Unbewußten anzuregen, zu vertiefen und als Dialogpartner vermittelnde Hilfestellung zu leisten. Der Dialog findet also einerseits zwischen dem Ich und dem Unbewußten und andererseits intersubjektiv zwischen Analysand und Analytiker statt.

Es sind also zwei Ebenen, die im Umgang mit Träumen innerhalb der Psychotherapie eine Rolle spielen: Einmal geht es darum, dem Traum*inhalt* einen Sinn abzugewinnen, wofür die Einfälle des Träumers nötig sind und auch ein gewisser Einblick in dessen Lebensumstände, dessen «bewußte Einstellung», wie Jung dies nannte. Auch im Analytiker werden Einfälle auftauchen. Allerdings ist hier Differenzierungsfähigkeit sehr gefragt, denn es geht nicht um wildes Herumphantasieren. Vielmehr ist zu unterscheiden zwischen den Einfällen, die er im Rahmen einfühlender Bezogenheit auf die Welt des Patienten gewinnt, und denjenigen, die aus seiner persönlichen Erlebenssphäre stammen. Bei den letzteren ist Vorsicht geboten, wirken sie sich doch meist ablenkend und/oder störend auf die gemeinsame Erarbeitung eines Traumsinnes, aber auch störend auf den gesamten therapeutischen Prozeß aus.

Neben der Beschäftigung mit den Traum*inhalten* ist das Augenmerk auch auf die Art der *Kommunikation* zu richten, die damit einhergeht. Zum Beispiel gibt es verschiedenste Weisen, Träume zu erzählen, zu betonen, ernst zu nehmen, zu vergessen. Es gibt viele Varianten, von Traumbesprechungen beeindruckt oder nicht beeindruckt zu sein, worin sich oft spezifische Übertragungsgefühle manifestieren. Jedenfalls gehören sowohl die Aufmerksamkeit in bezug auf den Trauminhalt als auch die sensible Beachtung der begleitenden Austauschprozesse ins Gesamtbild, zusammen mit der Wahrnehmung von Gefühlen und Gedanken, die während der Beschäftigung mit dem Traum spontan aufsteigen und anscheinend gar nichts mit dem Thema zu tun haben.

Schwierigkeiten, die symbolische Dimension zu erfassen – ein Fallbeispiel

Es ist in Betracht zu ziehen, daß die Ansprechbarkeit auf die *symbolischen* Dimensionen des Traumverständnisses unterschiedlich sein kann. So ist manchen Menschen – vor allem, wenn sie an einer Frühstörung leiden – oftmals nur die konkrete Ebene des Trauminhalts zugänglich. Ich möchte diese Schwierigkeit anhand eines Beispiels aufzeigen und auf Herrn *E* zurückkommen, dessen auffallendstes Symptom in einer Agoraphobie bestand, das heißt in seinen Ängsten, er würde außerhalb seiner vier Wände seinen «Halt» verlieren, ohnmächtig werden und fragmentieren (siehe Seite 88 f.). Er war ein unerwünschtes Kind gewesen, und die Eltern hatten später seinetwegen geheiratet, allerdings sehr widerstrebend. In seinen Träumen waren es vor allem zwei Themenkreise, die in verschiedensten Variationen immer wieder auftauchten: Beim ersten handelte es sich darum, daß er das dringendste Bedürfnis verspürte, seinen Darm zu entleeren, aber nirgends einen passenden Ort dafür fand. Oft blieb ihm in seiner Not nichts anderes übrig, als sein Geschäft an einem Ort zu verrichten, an dem er mißbilligenden Blicken von Zuschauern ausgesetzt war und sich unsäglich dafür schämen mußte. Das zweite stets wiederkehrende Thema hatte den Rektor und die «Brüder» seines Diakoniehauses, dem er angehörte, zum Inhalt. Stets wurde er vom Rektor ausgeschimpft und in erniedrigender Weise gequält, und die Brüder lachten ihn in solchen Träumen schadenfroh aus.

Wenn er mir Träume, die vom Brüderhaus handelten, erzählte, folgte darauf stets ein Jammern: Da sehe man wieder, wie schrecklich die im Brüderhaus doch alle seien. Von den Kotträumen wollte er möglichst überhaupt nichts wissen. Voll Scham pflegte er bloß anzudeuten, daß er schon wieder einen dieser «schmutzigen» Träume gehabt hätte, und machte dazu Gesten des Abscheus.

Natürlich wollte ich ihm diese Träume, die für mein Empfinden sehr plastisch seinem inneren Zustand Ausdruck gaben, «deutend» näherbringen. Sobald ich aber meinen Mund öffnete, begann er gleich über ein anderes Thema zu jammern. Er ließ mich nicht zu Worte kommen, machte abwehrende Gesten, und es schien, als ob ich für ihn plötzlich zum «Rektor» in Person geworden war, von dem er brutal entwertenden Tadel befürchtete. Es war somit nicht möglich, in gemeinsamer Arbeit diese Träume anzugehen, schon gar nicht, ihren symbolisch-psychologischen Gehalt auszuloten.

Ich war also mit diesen Träumen alleingelassen, und es war nötig, zu meinem eigenen Verständnis über deren Bedeutung nachzusinnen. Ganz allgemein scheint es mir zu diesem Zweck günstig, sich zunächst einfühlend in die Lage des Träumers hineinzuversetzen. Was die Kotträume betrifft, so liegt die Frage nahe: Wie fühlt es sich an, unbedingt und dringendst sein «Geschäft» loswerden zu müssen und nirgends die entsprechende Gelegenheit zu finden? Da man dem Drang schließlich nachgeben muß, wird man entweder zum «Hosenscheißer», oder man muß sich an einem ungeschützten Ort – also nicht im «Klosett» (von lateinisch «clausus» = geschlossen) – in peinlicher Weise exponieren. Dies könnte Grund genug sein, das geschützte eigene Zimmer und das jederzeit verfügbare Klosett nicht zu verlassen, also nicht allein ins Freie zu gehen.

Damit ist mir bereits eine Hypothese eingefallen zur Frage, was wohl im Hintergrund seiner Agoraphobie, seiner Angst, das sichere Zimmer zu verlassen, stehen könnte. Wollte ich aber einen solchen Zusammenhang gemeinsam mit dem Klienten explorieren, würden sich zwei Hindernisse einstellen. Erstens hinderte ihn sein Schamgefühl daran, überhaupt auf dieses Thema einzugehen. Und zweitens würde er zu Recht sagen, daß seine Ängste im Freien nichts mit dem «schmutzigen» Geschehen im Traum zu tun hätten. Er klebte nämlich an der rein konkretwörtlichen Bedeutung und hatte keinen Zugang zu möglichen symbolischen Dimensionen.

Er hatte auch wenig Offenheit für die weitere Hypothese, daß sich diese Träume auf Schlüsselerlebnisse seiner Kindheit beziehen könnten, die seiner Erinnerung entschwunden sind. Da sich der Trauminhalt so oft wiederholte, war anzunehmen, daß es sich dabei um ein wichtiges Lebensthema traumatischer Natur handeln könnte, das über den im Traum dargestellten konkreten Anlaß weit hinausging.

Sicherlich wäre hier zunächst an die frühe Sauberkeitserziehung zu denken. Man kann sich vorstellen, daß ihn die Mutter allzu früh dazu erziehen wollte, aufs Töpfchen zu gehen, schon deshalb, weil sie sich manch unappetitlicher Arbeit für das ihr lästige Kind möglichst entledigen wollte. Zugleich war sie, wenn er sich wegen Stuhldrangs bemerkbar machte und aufs Töpfchen gesetzt werden wollte, sehr oft nicht erreich- oder verfügbar, weswegen er, zu ihrem Mißvergnügen, wieder die Windeln «beschmutzen» mußte. Jedenfalls konnte er es der Mutter nie recht machen und war ihr mit seinen Bedürfnissen nur lästig. Im Traum ist ihm nicht einmal ein Ort zugestanden, an dem er sich auf normale, angepaßte Weise Erleichterung von den ihn bedrängenden Bedürfnissen verschaffen könnte. (Diese Schwierigkeit bestand später auch mit seinen sexuellen Bedürfnissen.) Meine Hypothese, daß die Ereignisse im Zusammenhang mit der Sauberkeitserziehung besondere Wunden hinterließen, wird anhand mancher Indizien plausibel. Die Träume, die er zur Zeit der Psychotherapie träumte und die sich auf seine Befindlichkeit im Hier und Jetzt bezogen, drückten sein Gefühl aus, daß, was immer er tat, nie recht sein konnte. Es bestand stets die Gefahr, daß er mit seinen Bedürfnissen auf Ablehnung und auf Hohn und Tadel stieß.

Das Traumthema, sich seines «Scheißdrecks» zu entledigen, sich Erleichterung zu verschaffen, steht oftmals als Metapher auch für die therapeutische Situation, ist letztere doch legitimerweise das «Klosett», das stille, verschlossene Örtchen, wo belastende Dinge «deponiert» werden können. Das ist einer der Gründe, warum einfühlende Aufnahmebereitschaft von seiten des Therapeuten so wichtig ist.

Offensichtlich hatte Herr *E* zu dieser Zeit noch kein volles Vertrauen, bei mir diesen Ort gefunden zu haben. Mir scheint, daß der sadistische Rektor seiner Träume auch zeitweise zwischen uns ins Spiel kam. Es ist sehr wahrscheinlich, daß seine ängstliche Erwartung, von mir ausgeschimpft und schikaniert zu werden, Ähnlichkeit hat mit seiner Angst vor dem Rektor und daß wiederum die Angst vor dem Rektor den Gefühlen, die er schon früher gegenüber seinem unberechenbar tyrannischen Vater verspürt hatte, ähnlich sein könnte. Dies waren Zusammenhänge, die ihm zur Zeit nicht evident werden konnten. Und zwar ist dies nicht notwendigerweise mangelnder Intelligenz zuzuschreiben. Vielmehr war seine Fähigkeit, in symbolischer Weise zu kombinieren, nicht entwickelt. Kot war für ihn Kot, und der Rektor war der Rektor, und es war für ihn undenkbar, daß der Rektor vielleicht auch innerpsychisch gesehen werden könnte, und zwar als sadistisch wirkendes «Überich». Er konnte auch mit den Vorstellungen, die im Traum auftauchten, nicht spielen, war also nicht imstande zu imaginieren. Die Welt des «Als ob» war ihm noch verschlossen. Dazu gehört auch die Beobachtung, daß er auffallend wenig Distanz zu sich selber nehmen konnte und damit auch völlig ohne Humor war.

In solchen Fällen ist es wichtig, daß zumindest der Analytiker die symbolische Dimension der Trauminhalte so gut wie möglich erfassen kann, um Einfühlung in die innere Verfassung des Träumers zu gewinnen. Die Therapie besteht dann weniger in

Interpretationen als in direkten Reaktionen auf seine Ängste und Mangelerscheinungen, die sich im Traum ausdrücken. Im Falle von Herrn *E* machte es wahrscheinlich therapeutischen Sinn, daß ich ihm gleichsam «ein Klosett» zur Verfügung stellte, das heißt einen Ort, in den er seinen ihn bedrückenden Ballast loswerden konnte. Praktisch hieß das, geduldig all sein Jammern und Klagen anzuhören und in seinem Stellenwert ernst zu nehmen, das heißt, durch hinreichende Affektabstimmung und Empathie seinen Rest an Selbstwertgefühl zu stützen. Es war auch nötig, die destruktive Wirkung der inneren Rektorgestalt etwas zu unterlaufen, indem sich in der Beziehung zu mir seine Befürchtungen, getadelt und sadistisch entwertet zu werden, nicht erfüllten. Im Gegenteil war es mir echt möglich, eine ausreichend zugewandte Vaterfigur für ihn zu sein und mich auf seine Möglichkeiten einzustellen. Wie erwähnt, war ich damals, am Anfang meiner Praxistätigkeit, noch zeitlich in der Lage, ihn im Heim aufzusuchen und ihm damit – ganz gegen jegliche analytische Regel – manche Hilfestellung im ganz konkreten Sinn zu geben. Jedenfalls war es uns möglich, im Laufe von etwa zwei Jahren diese sadistische Rektorfigur zu modifizieren, was unter anderem seine Ängste sehr milderte und ihn viel selbständiger machte.

Die Schwierigkeit des Patienten im Umgang mit seinen Träumen bestand darin, daß die differenzierende Abgrenzung zwischen den realen und den geträumten Erfahrungen nicht genügend entwickelt war. Damit zusammen hing beispielsweise die Mühe, die er bekundete, mit mir *über* den Schamtraum oder *über* den sadistischen Rektor zu sprechen. Ich *wurde* für sein Gefühl zu diesem Rektor, auch wenn er mich kognitiv durchaus als seinen – vielleicht? – wohlmeinenden Therapeuten sehen konnte. In diesem «vielleicht» lag sein Mißtrauen, sein Zweifel, ob ich nicht doch letztlich Züge des Rektors haben könnte und ihn verdammen würde. Wenn der symbolische Raum wirksam gewesen wäre, hätte er mich so erleben können, «als ob» ich die Reaktionsweise dieses Rektors hätte, aber er hätte *zugleich* auch gewußt, daß er die Möglichkeit hatte, mit mir, dem Therapeuten, diese aus seinen Erwartungsängsten stammende

Übertragungsphantasie in seiner Bedeutung zu besprechen. Daß auch seine Kotträume mannigfache «Bedeutung» hatten, wurde durch die starken Schamaffekte vollständig verdeckt.

Aus der Säuglingsforschung wissen wir, daß die Entwicklung einer bedeutungsstiftenden Symbolisierungsfähigkeit weitgehend auf Zuwendung und günstig dosierter Anregung von seiten der Umwelt beruht. Die Früherfahrung von Herrn *E* war weitgehend durch Ablehnungsreaktionen bestimmt, so daß die Bedeutung seiner Vorstellungen vor allem von aversiven Affekten besetzt war, die ihn in seinen Möglichkeiten, Bedeutung zu stiften, schwer einschränkten. Sein Selbstempfinden war nirgends verankert, da er in seinem So-Sein keine zuverlässige Spiegelung erfahren hatte. In Jungscher Sprache handelte es sich um ein ausgesprochen schwaches Ich, das sich aus Angst vor Fragmentierung an ein eng konkretistisches Verstehen klammern mußte.

Ein «archetypischer» Traum und die Erfahrung des «auftauchenden Selbst»

Im folgenden möchte ich ein Beispiel eines sogenannten «großen» oder «archetypischen» Traums geben, dem meines Erachtens zugleich die Wirkweise des «auftauchenden Selbst» im Sinne Sterns zugrunde liegen könnte – im Sinne eines «Neu-Beginns» (Balint). Für einen Träumer, einen 31jährigen, künstlerisch begabten Akademiker, den ich Herrn *A* nennen möchte, kam die symbolische Dimension des Traumgeschehens echt zum Tragen und eröffnete ihm einen neuen Erfahrungshorizont. Der Traum wurde mir in der 120. Stunde erzählt und lautete folgendermaßen:

Ich bin in einem riesigen, schloßartigen Haus. Da ist die Besitzerin, die viele Domestiken und ein Zimmermädchen hat. Die Frau hat nichts zu tun und verbringt ihren Tag müßig oder mit Kartenspiel. Sie besitzt einen riesigen Hund, den sie scharf dressiert hat und der ihr auf Kommando gehorcht. Das Zimmer-

mädchen ist zu einem jungen Manne im Haus ziemlich aufdringlich. Der gleiche Mann scheint aber auch der Hausherrin zu gefallen. Sie beschließt deshalb, das Mädchen beiseite zu schaffen. Sie ruft ihren Hund, steckt ihm einen Finger in die Schnauze bis zuhinterst in den Rachen und hetzt ihn auf das Mädchen. Ich (Träumer) habe furchtbare Angst vor dem Hund, denke, er könnte auch mich angreifen. So sage ich zur Herrin, sie solle in meiner Nähe bleiben, da mir ihre Gegenwart Schutz vor dem Hund verschafft. Sie aber entgegnet, der Hund tue nur genau das, was sie ihm befehle. Ich höre nun Hundegekläff, das Licht geht aus, und ich glaube mich im dunklen Raum bereits vom Hund verfolgt. Habe aber in dieser riesigen Angst das Gefühl, daß mir nichts übrigbleibt, als mich einfach in mein Schicksal zu ergeben.

Diese Szene ist nun fertig. Die Herrin ruft mich und sagt kaltblütig, das Mädchen sei nun tot, vom Hund zerrissen, und der junge Mann bedeute ihr selber nun auch nichts mehr. Während des Essens erzählt sie den Gästen in allen Einzelheiten, wie der Hund das Mädchen zerrissen habe. Ich kann diesen Grausamkeiten nicht mehr zuhören und bitte sie, das Thema zu wechseln. Überlege mir auch, wie ich dieses Haus, in dem solche Untaten geschehen, verlassen könnte, habe aber zugleich Angst, daß sie in einem solchen Fall den Hund auf mich hetzen würde.

In diesem Moment klopft es unten ans Tor, und eine Männerstimme ruft, man wolle die Hausherrin sprechen wegen dem Tod des Mädchens. Erleichtert denke ich: «Sie ist doch nicht so allmächtig, wird nun doch zur Rechenschaft gezogen und muß sich verantworten.»

Zunächst ein paar Worte zur Anamnese des Träumers: Der junge Mann suchte eine Analyse auf, weil er an schweren Selbstwertkomplexen und Depressionen mit suizidalen Tendenzen litt. Aus dem Hochgefühl, in ihm stecke etwas ganz Besonderes, konnte er aus minimstem Anlaß in ein emotionelles Tief fallen, in dem er sich als vollständiger Versager vorkam. Mit anderen Worten war eine klassische narzißtische Persönlichkeitsstörung im Sinne Kohuts diagnostizierbar (Kohut 1974).

Herr *A* schilderte seine Mutter als eifersüchtige, äußerst launische Haustyrannin mit einem starken Bedürfnis, stets das Zentrum von Bewunderung zu sein. Je nach Laune war sie verwöhnend oder versagend. Sie war abwechselnd stolz auf ihn und seine Begabungen, um gleich neidisch zu werden und ihn abzuwerten, weil er es sich, nach ihrem Dafürhalten, im Leben «zu schön» mache und sich etwas auf sich selbst «einbilde». Der Vater war, nach Aussage von Herrn *A*, ziemlich weltfremd, ging vollständig in seinem Beruf auf und war von der Mutter manipulierbar. Jedenfalls war auf ihn kein Verlaß.

Beide, der Träumer sowie der Analytiker, waren vom Traum tief beeindruckt, zeichnet er sich doch durch einen bedeutsam mythischen Charakter aus. Dieser Umstand weist erfahrungsgemäß darauf hin, daß Wandlungs- oder Entwicklungsimpulse, die in arttypischer Weise beim Menschen vorhanden sind, im persönlichen Erleben des Träumers zur Verwirklichung drängen. Man denke zum Beispiel an den Lebensdrang, autonomer zu werden, sich aus mütterlicher Abhängigkeit zu befreien und via Vater die männliche Geschlechtsidentität zu stärken.

Falls man, so nahe das auch liegt, die mächtige Herrin als des Träumers persönliche Mutter interpretieren wollte, greift man viel zu kurz. Sie ist vielmehr eine archetypische Gestalt, das heißt eine der vielen Erscheinungsformen, in denen sich der Erlebnisbereich, der ganz allgemein mit dem Mütterlich-Weiblichen assoziiert ist, versinnbildlicht. Sie erinnert an die mythologische Gestalt der «Herrin der Tiere», wie sie beispielsweise durch die Göttin Artemis verkörpert wird. Sicherlich ist das Mutterbild des Träumers in dieser Gestalt enthalten. Sie mag ein Symbol sein für die Gefühle und Verhaltensmuster, die sich in ihm selber durch die wenig förderliche Interaktion mit seiner Mutter ausgeprägt haben. Im Traum ist er Gefangener in ihrem Bereich, kann nicht entfliehen. Im Gegenteil zwingt ihn die Angst, von ihrem Hund «zerrissen» zu werden (das heißt psychologisch: durch ihre untergrabende Kritik, ihren «Verriss» zu fragmentieren oder desintegrieren), ihre Nähe und ihren Schutz zu suchen.

Herr *A* ist also in seinem negativen Mutterkomplex gefangen. Praktisch resultiert daraus eine Schwäche des Ich-Standpunkts, die Schwierigkeit, in sich selbst zu gründen und sich nicht durch den kleinsten Windhauch umstoßen zu lassen. Er ist äußerst beeinflußbar, labil, stets seinen Stimmungen und Ängsten ausgesetzt.

Daß die im Traum auftauchende archetypisch weibliche Symbolgestalt auch für die Empfindungen aus dem Bereich des intersubjektiven Selbst stehen kann, zeigt sich an folgendem: Der Analysand hatte große Angst, zu seinem eigenen Standpunkt zu stehen und durch einen divergierenden Standpunkt, durch Nicht-Übereinstimmung, die Erwartungen des Gegenübers zu enttäuschen. Wie er sich erinnert, hatte früher eine von der Ansicht der Mutter abweichende Meinung stets die Bedeutung, er liebe sie nicht mehr oder er beleidige sie, indem er sie ins Unrecht versetze. Dies führte dazu, daß er nach Möglichkeit immer übereinzustimmen suchte, sich sogleich überanpaßte, nicht nein sagen konnte, sie nur heimlich kritisierte und sich später, wenn ihm das bewußt wurde, als Heuchler vorkam. (Im Traum: Er muß aus Angst, von dem Hund attackiert zu werden, in größter Nähe der Herrin bleiben.)

Wer ist aber die männliche Figur im Traum, die anklopft und die grausam-tyrannische Gestalt zur Rechenschaft zwingt? Es war für den Träumer naheliegend, sie mit mir, dem Analytiker, zu assoziieren. Das muß aber, in Anbetracht des mythischen Rahmens dieses Traums, sehr relativiert werden. Sicherlich war in seiner idealisierenden Übertragung auf mich auch die Erwartung enthalten, in mir einen Retter aus den Fängen seiner ihn so labilisierenden Komplexe zu finden. Aber ich *bin* nicht die rettende Instanz, und es wäre eine inflationäre Überforderung, sollte ich mich je damit identifizieren.

In Wirklichkeit war es wohl in erster Linie der starke Befreiungsdrang im Patienten selbst, der in fruchtbarer Weise seine Analyse motivierte. Als Analytiker gewann ich spontanes Interesse an seiner Welt und seiner Weise des Erlebens und Denkens, was bei ihm offensichtlich Bedürfnisse nach Spiegelung und Intersubjektivität befriedigte und zur Bestätigung seines eigenen Wesens beitrug. Im übrigen war es vornehmlich das explorativassertive Motivationssystem, das in unserem Feld zum Tragen kam. Er erlebte auf seine Weise, was die Redewendung bedeutet: Wissen ist Macht. Durch unsere gemeinsame Exploration der Dynamik und Entstehungsgeschichte seines ihn lähmenden Mutterkomplexes fand er immer mehr zu einem Stück abgegrenzter Sicherheit gegenüber den ihn untergrabenden Selbstzweifeln.

Die Szene im Traum, in der die männliche Gestalt auftritt, kann somit die Bedeutung haben, daß der Träumer das «Recht» zu seiner eigenen, aus der Exploration gewonnenen Sicht beanspruchen darf. Die Berechtigung zu seinem eigenen Standpunkt wird ihm bestätigt, während die Herrin ihre willkürliche Allmacht verliert und selber Rechenschaft ablegen muß. Damit werden innere Sicherheit, Selbstgefühl und Ich-Stärke gefördert. Ich nehme an, daß ich als Analytiker durch Einfühlung in seinen subjektiven Standpunkt und durch fördernde Teilnahme an der gemeinsamen Exploration mitgeholfen habe, dieser inneren Festigkeit zum Durchbruch zu verhelfen.

Der Traum ist insofern sehr eindrücklich, als er eine Schlüsselszene im Prozeß innerer Wandlung ins Bild bringt. In weiteren Träumen, die offensichtlich von diesem Prozeß handelten, tauchten die Mutterfiguren zunehmend in Gestalt seiner persönlichen Mutter auf. Dabei begann sich sowohl ihr Verhalten als auch die Interaktion zwischen ihr und dem Träumer immer mehr zu wandeln. Sie wurde verständig, unterstützend, auch hilfsbedürftig, so daß er sich ganz neu mit ihr ins Einvernehmen setzen konnte. In der Realität hatte er zu dieser Zeit wenig Kontakt mit seiner Mutter. Er spürte aber in sich ein Mehr an Freiheit und Mut, um zu sich selbst zu stehen, was sich auch auf seine Beziehungen auswirkte.

Gedanken zum «auftauchenden Selbst»

Im erwähnten Traum taucht von irgendwoher eine neue Figur auf, die mit Macht und Kompetenz ausgestattet ist und die versklavende Einseitigkeit des bisher herrschenden seelischen Zustands neu ordnet. Es entsteht eine Neuorganisation, eine gerechtere und freiere seelische Welt, ein Zuwachs an Lebens- und Erfahrungsmöglichkeiten im Sinne vermehrter Ganzheit. Dies ist immer wieder in Träumen zu beobachten, die von Wandlung, manchmal auch direkt von einer Geburt handeln: Auch viele Märchen verlaufen in unzähligen Variationen nach diesem Muster.

In Jungscher Sicht weisen diese Muster auf den angeborenen, aus dem Unbewußten wirkenden Drang hin, die jeweils spezifische Individualität zu verwirklichen. Quelle dieses Drangs ist das Selbst, das aus dem Unbewußten den Prozeß menschlicher Individuation stimuliert und das psychische Gleichgewicht reguliert. Jung nennt das Selbst auch die «ursprünglich im embryonalen Keim angelegte Persönlichkeit mit allen ihren Aspekten» (Jung 1943, § 186). Das Selbst an sich ist aber unanschaulich und kann nur mittelbar an seinen Wirkungen erfahren werden, die sich vor allem in entsprechenden symbolischen Figurationen manifestieren. Kann deshalb die im Traum meines Analysanden auftauchende männliche Autorität als Aspekt des Selbst aufgefaßt werden? Jedenfalls symbolisiert sie einen sehr entscheidenden Aspekt subjektiven Erlebens, der bis anhin in der Erfahrung des jungen Mannes kaum oder nur in untergeordneter oder verzerrter Form zum Tragen gekommen war. Das Auftauchen dieses Aspektes gibt dem gesamten Identitätsgefühl des Träumers deshalb eine nie gekannte Verankerung. Eine regulierende Kraft muß am Werk sein, welche im Lauf der Analyse, unter der Voraussetzung «fördernder Umwelt», ein neues seelisches Gleichgewicht schafft, indem die einseitige Dominanz des Mutterarchetypus durch das Wirksamwerden des männlich-väterlichen Prinzips kompensiert wird.

Hier möchte ich auf Sterns Vorstellungen vom «auftauchenden Selbstempfinden» zurückkommen. Nach seiner Ansicht entwickelt der Säugling während der ersten zwei Monate nach der Geburt ein Empfinden seines auftauchenden Selbst, das heißt einer im Entstehen begriffenen Organisation (Stern 1992, S. 61). Es ist nicht so, daß der Säugling einem chaotischen Strudel von Erlebnissen ausgesetzt wäre, denn er ordnet allmählich systematisch die Aspekte seines Erlebens und kann die invarianten (unveränderlichen) Anteile des Selbst und des anderen identifizieren. Dadurch erlebt er das «Auftauchen von Organisation».

Stern gibt sich unendliche Mühe, diese «subjektiven» Geschehnisse, die der Säugling in ganzheitlich-globaler Weise empfindet, in ihre einzelnen Aspekte zu differenzieren und von verschiedenen wissenschaftlichen Gesichtspunkten aus zu analysieren. Dies ist aber kaum formulierbar und vom Leser äußerst schwer nachzuvollziehen. Jedenfalls handelt es sich beim Säugling um das Empfinden, daß sich im «subjektiven» Bereich etwas bewegt, etwas auftaucht, welches zunächst global oder ganzheitlich anmutet. Stern nennt dieses Empfinden die «subjektive Welt auftauchender Organisation» (Stern 1992, S. 61). Sie ist und bleibt der grundlegende Bereich menschlicher Subjektivität. In ihr entsteht die Erfahrungsmatrix, aus der später Gedanken, wahrgenommene Formen, identifizierbare Handlungen und verbalisierte Gefühle hervorgehen. Ihr liegt auch die kontinuierliche emotionale Bewertung aller Vorgänge zugrunde. Und schließlich wird sie zum Urquell schöpferischen Erlebens schlechthin.

In Jungscher Sprache hat der Bereich des «auftauchenden Selbst» archetypischen Charakter, er gehört zum Funktionsbereich des Selbst als dem unbewußten Anordnungsfaktor unserer Gesamtpersönlichkeit, von dem eine sukzessive Entwicklung des im Ich-Komplex sich zentrierenden Bewußtseins stimuliert wird. Das Wunder der schrittweisen Entstehung von Bewußtsein macht die schöpferischen Kräfte in der Natur unmittelbar erfahrbar. Es sind die wichtigen erwachsenen Bezugspersonen des Säuglings, welche an ihm das schöpferische Walten in der Natur beobachten und miterleben können.

Bis anhin ist die Frage, wie dies vom Kind selbst erfahren wird, weitgehend der Spekulation Erwachsener überlassen gewesen, da ja das Kind diesen Geschehnissen gegenüber noch sprachlos ist. Inzwischen ist es zum Anliegen der modernen Säuglingsforschung geworden, einen vertieften Einblick in das subjektive Erleben des Säuglings zu gewinnen, einen Einblick, der zugleich den allgemeinen Grundgegebenheiten menschlicher Subjektivität gilt.

Das auftauchende Selbstempfinden ist keine Struktur, sondern ein Prozeßgeschehen, das jeweils zu neuen Strukturen führen kann. Es ist das Schöpferisch-Lebendige in der Psyche – auf welchem Niveau es sich auch manifestiert. Es sind innere Ereignisse, Ideen, Einsichten, Emotionen, die «auftauchen» und ein Gefühl innerer Lebendigkeit vermitteln.

Ich kann nicht beurteilen, ob Daniel Stern den Säugling mit seiner eigenen Kreativität belebt oder ob er das «Auftauchende» aus dem Baby herausspürt. Es mag das Geheimnis jener Austauschprozesse sein, das den schöpferischen, unendlich einfühlsamen Forscher dazu befähigt, das «Tagebuch eines Babys» (Stern 1990) zu schreiben, indem er in dessen «Haut schlüpft» und den Erwachsenen erzählt, was es innerlich erlebt. Es ist allerdings wahrscheinlich, daß in einem Säugling und Kleinkind sehr viel «auftaucht», daß auch subjektiv sehr viel in Bewegung ist, was mit den beobachtbaren Reifungs- und Bewußtwerdungsprozessen einhergeht. Jedenfalls ist das Prozeßhafte des «auftauchenden Selbst» nicht sehr weit entfernt von den Jungschen Vorstellungen eines vom Selbst gesteuerten lebenslangen Bewußtwerdungs- und Individuationsprozesses.

Schlußbemerkungen

Etwas soll zum Schluß noch gesagt werden: Wenn man als Therapeut Ergebnisse der Kleinkindforschung studiert, ist es meines Erachtens notwendig, in die eigene Geschichte emotionalen Erlebens einzutauchen. Dabei werden häufig Erinnerungen wieder lebendig, die es erlauben, nachzuspüren, wie es sich für mich anfühlte, unverstanden, isoliert, beschämt, entwertet zu sein, aber auch, wie es sich anfühlte, wenn ich offen, erfolgreich etwas «eroberte», wenn ich ein «Herz und eine Seele» mit einem Menschen war auf einer Wanderung, oder, viel später, beim Geschlechtsverkehr, oder in Situationen, wo all dies Ersehnte gerade nicht eintraf. Da es sich bei den Kleinkinderfahrungen so sehr um Grundbefindlichkeiten handelt, müßte erlebter Zugang dazu nicht allzu schwierig sein, auch wenn dies mittels viel späterer Erlebnisse geschehen sollte. Mir scheint, daß evozierte Erinnerungen die beste Voraussetzung sind, um die Ergebnisse der Kleinkindforschung sowohl zum kognitiven Verständnis als auch als Einfühlungshilfe nutzen zu können. Wichtig ist es, daß die auf der Säuglingsforschung beruhenden Vorgehensweisen nie aufgeklebt wirken. Vielmehr wäre es wünschenswert, daß sie als spontane Resonanzmöglichkeit dem Analytiker oder der Analytikerin zur Verfügung stünden.

Es kann aber darüber hinaus gefragt werden, was ein Analytiker für Erwachsene aus der Kleinkindforschung lernt. Natürlich wäre es naiv, anzunehmen, die Austauschprozesse zwischen Mutter und Kleinkind ließen sich nahtlos auf die Interaktionen innerhalb der analytischen Situation Erwachsener übertragen. Dem steht die banale Selbstverständlichkeit entgegen, daß Analytiker(innen) weder Mutter noch Vater, Analysandinnen oder Analysanden keine Säuglinge sind. Das Bemerkenswerte an den Ergebnissen der Säuglingsforschung ist aber gerade die Erkenntnis, daß die Grundmotivationen, Grundbedürfnisse und

Grundemotionen angeboren sind oder sich sehr früh zum ersten Mal manifestieren, sich aber in verschiedenster Weise durch die ganze Lebenszeit erhalten, da sie zur menschlichen Grundausstattung gehören. Daher ist auch im therapeutischen Feld das frühkindliche interpersonale Modell enthalten, als Grundvoraussetzung jeglicher Kommunikation. Im einzelnen beruhen diese Erkenntnisse auf folgenden Erfahrungen:

1. Es wurden Grundformen von Bezogenheit zwischen Mutter und Säugling beobachtet, die für den Säugling nicht nur zum Überleben, sondern auch zur Förderung seiner körperlichen und seelischen Reifung und Entwicklung unabdingbar sind. Die Verwobenheit des Säuglings mit der Umwelt, deren Hauptrepräsentantin normalerweise die Mutter ist, gehört gemäß Stern zur frühesten postnatalen «Erfahrung». Man könnte formulieren: «Am Anfang jeder menschlichen Existenz war Beziehung» – dies zum Beispiel in Form der von Stern so benannten RIGs (Representations of Interactions which have been Generalized) oder Schemas «of-being-with». Es ist aber beispielsweise auch an Balint zu denken, der als erster schon 1937 von «primärer Liebe» sprach (Balint 1937), im Gegensatz zu Freuds Auffassung des «primären Narzißmus». Das Geschehen im Beziehungsaustausch zwischen Mutter und Kind, bestehend aus regelmäßigem Füttern, Trockenlegen, Liebkosen, aber auch aus Alleingelassen- und Frustriertwerden usw. wird im Gedächtnis festgehalten und von neuem erwartet. Es prägt sich mit der Zeit als Erwartungshaltung ein.

   Austauschprozesse gehören also zu den Grundgegebenheiten artgemäßer menschlicher Bedürfnisse, sie sind archetypisch, was auch Jung ausdrückte, wenn er zum Beispiel davon sprach, daß die Seele «nur aus der menschlichen Beziehung lebt»(Jung 1946, § 444). Die Kleinkindforschung untersucht dementsprechend die Grundformen des emotionalen Austauschs. Sie versucht festzustellen, welche Art der Interaktionen den Grundbedürfnissen der kindlichen Reifung eher förderlich sind und auf welche Art überhaupt Beeinflussung durch Bezugspersonen stattfindet und wirkt. Diese sehr detaillierten Untersuchungen scheinen mir für den Psychotherapeuten äußerst fruchtbar zu sein.

2. Im Laufe der ersten zwei Lebensjahre reifen in einem relativ festgelegten Zeitplan die verschiedenen Empfindungen des eigenen Selbst, welche als das Grunderleben des In-der-Welt-Seins zu bezeichnen sind: auftauchendes Selbst, Kernselbst, intersubjektives und verbales Selbst, wobei jedes dieser «Stadien» mit den reifungsentsprechenden Beziehungsbedürfnissen ausgestattet ist. Immer wieder ist zu betonen, daß die vier entsprechenden Selbsterfahrungen während des ganzen Lebens erhalten bleiben und sich – den Lebensumständen entsprechend – entwickeln und differenzieren. Sie können aber auch verkümmern oder abgewehrt werden. Jedenfalls spielen sie im Erleben und auch in der Analyse Erwachsener eine große Rolle.

3. Eine wesentliche Hilfe besteht im Einbezug der von Lichtenberg erforschten angeborenen Motivationssysteme mit ihren entsprechenden Affekten. Sie geben dem jeweiligen «seelischen Gefälle» Ausdruck, sind, in der Sprache Jungs, Elemente der «Energetik der Seele». Sie stimulieren uns zur Wahrnehmung unserer Grundbedürfnisse und motivieren uns, nach deren Erfüllung zu streben. Auf welcher Ebene dies jeweils geschieht und welche Konflikte damit in unserer Kultur programmiert sind, wird oft auch zum Thema der Psychotherapie.

4. Ein wichtiger Faktor Jungscher analytischer Psychotherapie ist die Offenheit des Analysanden für die Wirksamkeit symbolischer Erfahrung und Imagination. Wie erwähnt, ist für Therapeuten das Wissen notwendig, daß diese so wesentliche Fähigkeit symbolischen Verstehens einen gewissen Reifungsgrad voraussetzt und bei ungünstiger früher Umwelt Störungen unterliegen oder sogar verkümmern kann.

Zusammenfassend läßt sich sagen, daß die Kleinkindforschung Hypothesen zur angeborenen seelischen Ausstattung aufzustellen sucht. Ferner untersucht sie, auf welche Weise Beeinflussung durch Bezugspersonen stattfindet und wirkt und welche Art der Interaktionen den Grundbedürfnissen kindlicher Reifung und Entwicklung förderlich oder hinderlich ist. Es sind also sehr detaillierte Untersuchungen, die sowohl für Kindertherapeuten als auch für Psychotherapeuten Erwachsener fruchtbar sein können.

Die Ergebnisse der Säuglingsforschung sind für analytische Psychotherapeuten in zweifacher Weise von Bedeutung. Zum einen vermitteln sie Hypothesen, wie sich die Innenwelt eines Analysanden mit ihren Vorstellungsinhalten (Repräsentanzen) entwickelt hat und wie die seelischen Komplexe entstanden sind. Zum zweiten beschreiben sie die Feinheiten des seelischen Austauschs, wie sie ganz allgemein den menschlichen Bedürfnissen entsprechen und oftmals im Hier und Jetzt der analytischen Interaktion zum Tragen kommen. So besteht die Hoffnung, daß störend wirkende Komplexmuster durch fördernde therapeutische Austauschprozesse modifiziert werden können. Deshalb scheint es mir außerordentlich nützlich, wenn Therapeuten für die grundlegenden Wirkweisen emotionaler Austauschprozesse ein Gespür entwickeln. Darauf kommt es letztendlich an in der therapeutischen Situation.

Anhang

Literatur

Asper, K. (1987): *Verlassenheit und Selbstentfremdung.* Olten: Walter.

– (1988): *Von der Kindheit zum Kind in uns.* Olten: Walter.

Balint, M. (1937): «Frühe Entwicklungsstadien des Ichs. Primäre Objektliebe.» In: *Die Urformen der Liebe und die Technik der Psychoanalyse.* Bern: Huber; Stuttgart: Klett.

– (1966): *Die Urformen der Liebe und die Technik der Psychoanalyse.* Bern: Huber; Stuttgart: Klett. Orig.: Primary love and psycho-analytic technique. London: Tavistock Publications, 1965.

– (1970): *Therapeutische Aspekte der Regression.* Stuttgart: Klett. Orig.: The basic fault. Therapeutic aspects of regression. London: Tavistock Publications, 1968.

Blanck, G. und R. (1981): *Angewandte Ich-Psychologie.* 2. Aufl.; Stuttgart: Klett-Cotta. Orig.: Ego psychology. New York und London: Columbia University Press, 1974.

Blanck, R. und G. (1989): *Jenseits der Ich-Psychologie.* Stuttgart: Klett-Cotta. Orig.: Beyond ego psychology. New York, Columbia University Press, 1986.

Dieckmann, H. (1991): *Komplexe.* Berlin etc.: Springer.

Dornes, M. (1993): *Der kompetente Säugling.* Frankfurt/Main: Fischer Taschenbuch.

– (1997): *Die frühe Kindheit.* Frankfurt/Main: Fischer Taschenbuch.

Eibl-Eibesfeldt, I. (1970): *Liebe und Haß.* München: Piper.

Emde, R. (1980): «Toward a psychoanalytic theory of affect.» In: Greenspan, S. et al. (Hrsg.): *The course of life.* Washington: Mental Health Study Center.

– (1981): «Changing models of infancy and the nature of early development.» *Journal Americ. Psychoanal. Ass.,* 29: 179–219.

Erikson, E. H. (1968): *Kindheit und Gesellschaft;* 3. Aufl., Stuttgart: Klett. Orig.: Childhood and society. New York: Norton, 1950/63.

Fordham, M. et al. (1973): «Technique in Jungian analysis.» *Library of analytical psychology,* vol. 2. London: Heinemann.

– (1974): *Das Kind als Individuum.* Basel, München: Reinhardt. Orig.: Children as individuals. London: Hodder & Stoughton, 1969.

– (1989): «Some historical reflections.» *Journal of Analytical Psychology,* vol. 34.

Fraiberg, S. (1982): «Pathological defenses in infancy.» *Psychoanal. Quart.,* 51: 612–635.

Freud, A. (1936): *Das Ich und die Abwehrmechanismen.* München: Kindler 1964.

Freud, S. (1909): *Analyse der Phobie eines fünfjährigen Knaben.* GW 7, S. 241–397. Frankfurt/Main: Fischer 1941.
– (1921): *Massenpsychologie und Ich-Analyse.* GW 13. Frankfurt/Main, Fischer 1940.
– (1923): *Das Ich und das Es.* GW 13, S. 253–290. A. a. O.
– (1928): «Brief an Ferenczi.» In: Cremerius, J. (1990): *Vom Handwerk des Psychoanalytikers.* Bd. 2, S. 389. Stuttgart-Bad Cannstadt: Fromann-Holzboog, 1990.
Gordon, R. (1993): *Bridges.* London: Karnac Books.
Greenberg, J.; Morris, N. (1974): «Engrossment: The newborn's impact upon the father.» In: Lichtenberg, J. D. (1989).
Harris, M.; Bick, E. (1987): *Collected papers.* Perthshire: Clunie Press.
Hartmann, H. (1972): *Ich-Psychologie.* Stuttgart: Klett. Orig.: Essays on ego psychology. New York: International Universities Press, 1964.
Herder, J. H. (1966): *Ideen zur Philosophie der Menschheit.* Darmstadt: Melzer.
Izard, C. E. (1981): *Die Emotionen des Menschen.* Weinheim etc.: Beltz. Orig.: Human emotions. New York: Plenum Press.
Jacobi, J. (1957): *Komplex, Archetypus, Symbol in der Psychologie C. G. Jungs.* Zürich: Rascher.
– (1971): *Die Seelenmaske.* Olten: Walter.
Jacobson, E. (1973): *Das Selbst und die Welt der Objekte.* Frankfurt/Main: Suhrkamp. Orig.: The self and the object world. New York: International Universities Press, 1964.
Jacoby, M. (1975): «Autorität und Revolte – der Mythus vom Vatermord.» *Ztsch. f. Analytische Psychologie,* Vol. 6, Nr. 4, S. 524–540.
– (1980): *Sehnsucht nach dem Paradies.* Fellbach: Bonz.
– (1985): *Individuation und Narzißmus.* München: Pfeiffer.
– (1991): *Scham-Angst und Selbstwertgefühl.* Olten: Walter.
– (1993): *Übertragung und Gegenübertragung in der Jungschen Praxis.* Solothurn; Düsseldorf: Walter. Orig.: The analytic encounter; transference and human relationship. Toronto: Inner City Books, 1984.
Jaffé, A. (1962): s. Jung, C. G./Jaffé, A.
Jones, E. (1957): *Sigmund Freud: Life and work,* vol. 3. New York: Basic Books.
Jung, C. G.: *Gesammelte Werke* in 20 Bänden, hrsg. von Lilly Jung-Merker, Elisabeth Rüf und Leonie Zander. Olten: Walter 1971 ff. [zit. als GW mit Bandnummer und §], daraus:
– (1910): «Über Konflikte der kindlichen Seele.» *GW 17.*
– (1912): «Wandlungen und Symbole der Libido.» Neu: (1952) Symbole der Wandlung. *GW 5.*
– (1915): «Vorwort zur 2. Aufl. ‹Über Konflikte der kindlichen Seele›.» *GW 17.*
– (1921): «Psychologische Typen.» *GW 6.*
– (1923): «Die Bedeutung der analytischen Psychologie für die Erziehung.» *GW 17.*

– (1926): «Analytische Psychologie und Erziehung.» *GW 17*.
– (1927): «Einführung zu F. G. Wickes ‹Analyse der Kinderseele›.» *GW 17*.
– (1928): «Die Beziehungen zwischen dem Ich und dem Unbewußten.» *GW 7*.
– (1928a): «Bedeutung der Analytischen Psychologie für die Erziehung.» *GW 17*.
– (1929): «Ziele der Psychotherapie.» *GW 16*.
– (1929a): «Die Probleme der modernen Psychotherapie.» *GW 16*.
– (1934): «Allgemeines zur Komplextheorie.» *GW 18*.
– (1938): «Vorwort zur 3. Aufl. ‹Über Konflikte der kindlichen Seele›.» *GW 17*.
– (1940): «Die Psychologie des Kindarchetypus.» *GW 9/1*.
– (1943): «Die Archetypen des kollektiven Unbewußten.» *GW 7*.
– (1946): «Die Psychologie der Übertragung.» *GW 16*.
– (1947): «Theoretische Überlegungen zum Wesen des Psychischen.» *GW 8*.
– (1951): «Grundfragen der Psychotherapie.» *GW 16*.
– (1952): «Symbole der Wandlung.» *GW 5*.
– (1954): «Mysterium Coniunctionis.» *GW 14/1*.
Jung, C. G./Jaffé, A. (1962): *Erinnerungen, Gedanken, Träume von C. G. Jung*. Zürich: Rascher.
Kalsched, D. (1996): *The inner world of trauma*. London; New York: Routledge.
Kast, V. (1987): *Der schöpferische Sprung*. Olten: Walter.
– (1990): *Die Dynamik der Symbole*. Olten: Walter.
– (1994): *Vater-Töchter, Mutter-Söhne*. Stuttgart: Kreuz.
Klein, M. (1930): «Die Bedeutung der Symbolbildung für die Ich-Entwicklung.» In: Klein, M. (1972).
– (1972): *Das Seelenleben des Kleinkindes und andere Beiträge zur Psychoanalyse*. Reinbek b. Hamburg: Rowohlt.
Köhler, L. (1988): *Neuere Forschungsergebnisse auf dem Gebiet der Kleinkindforschung*. Seminar. Nov. 1988 in Zürich.
– (1990): «Neuere Ergebnisse der Kleinkindforschung.» Berlin etc.: Springer. *Forum der Psychoanalyse*, Bd. 6, Heft 1.
Kohut, H. (1966): *Formen und Umformungen des Narzißmus*. Stuttgart: Klett. Psyche, Jg. 20, Heft 8, S. 561–586.
– (1973): *Überlegungen zum Narzißmus und zur narzißtischen Wut*. Stuttgart: Klett. Psyche, Jg. 27, Heft 6, S. 513–554.
– (1974): *Narzißmus*. Frankfurt/Main: Suhrkamp. Orig.: The analysis of the self. New York: International Universities Press, 1971.
– (1979): *Die Heilung des Selbst*. Frankfurt/Main: Suhrkamp. Orig.: The restoration of the self. New York: International Universities Press, 1977.
– (1989): *Wie heilt die Psychoanalyse*. Frankfurt/Main: Suhrkamp. Orig.: How does psychoanalysis cure? Chicago; London: University of Chicago Press, 1984.

Lambert, K. (1981): *Analysis, repair and individuation.* London: Academic Press. Library of analytical psychology, vol. 3.

Laplanche, J.; Pontalis, J. B. (1980): *Das Vokabular der Psychoanalyse.* Frankfurt/Main: Suhrkamp. Orig.: Vocabulaire de la psychanalyse. Paris: Presses Universitaires de France, 1967. 2 Bände.

Leibbrandt, A. und W. (1972): *Formen des Eros.* Freiburg etc.: Alber.

Lichtenberg, J. D. (1989): *Psychoanalysis and motivation.* Hillsdale, N. J.: The Analytic Press.

– (1989a): *Modellszenen. Affekte und das Unbewußte.* In: Wolf, E. S. et al. Selbstpsychologie. München: Verlag Internat. Psychoanalyse.

– (1991): *Psychoanalyse und Säuglingsforschung.* Berlin: Springer. Orig.: Psychoanalysis and infant research. Hillsdale, N. J.: The Analytic Press, 1983.

– (1992): «Hass im Verständnis der Selbstpsychologie, ein motivationssystematischer Ansatz.» In: Schöttler, C. et al. (Hrsg.): *Sexualität und Aggression aus der Sicht der Selbstpsychologie.* Frankfurt/Main: Suhrkamp.

– et al. (1992): *Self and motivational system.* Hillsdale, N. J.: The Analytic Press.

– (1996): *The clinical exchange.* Hillsdale, N. J. etc.: The Analytic Press.

Lichtenstein, H. (1961): «Identity and sexuality.» *Journal Americ. Psychoan. Ass.*, 9, 179–260.

Ludwig-Körner, C. (1993): «Psychoanalyse und Kleinkindforschung.» Berlin etc.: Springer, *Praxis der Psychotherapie und Psychosomatik*, Bd. 38, Heft 3.

Mahler, M. S. et al. (1978): *Die psychische Geburt des Menschen.* Frankfurt/Main: S. Fischer. Orig.: The psychological birth of the human infant. New York: Basic Books, 1975.

Mead, M. (1970): *Geschlecht und Temperament in drei primitiven Gesellschaften.* München: dtv.

Neumann, E. (1949): *Ursprungsgeschichte des Bewußtseins.* Zürich: Rascher.

– (1956): *Die Große Mutter,* Zürich: Rhein Verlag.

– (1963): *Das Kind.* Zürich: Rhein Verlag.

Ogden, T. (1984): «Trieb, Phantasie und psychologische Tiefenstruktur.» *Forum der Psychoanalyse*, 2, 177–196.

Papousek, H. und M. (1975): «Cognitive aspects of preverbal social interaction between human infant and adults.» In: *Parent-infant interaction* (Ciba Foundation Symposium): New York: Associated Scientific Publishers.

Parin, P. et al. (1972): *Die Weißen denken zu viel.* München: Kindler.

Piaget, J. (1974): *Der Aufbau der Wirklichkeit beim Kinde.* Stuttgart: Klett-Cotta. Orig.: The construction of reality in the child. New York: Basic Books, 1954.

Platon. *Sämtliche Werke* (in der Übersetzung von F. Schleiermacher), Band 1. Hamburg: Rowohlt, 1959.

Plaut, F. (1993): *Analysis analysed.* London; New York: Routledge.

Portmann, A. (1958): *Zoologie und das neue Bild des Menschen.* Hamburg: Rowohlt.
Rank, O. (1909): *Der Mythus von der Geburt des Helden.* Wien.
Samuels, A. (1989): *Jung und seine Nachfolger.* Stuttgart: Klett-Cotta. Orig.: Jung and the post-Jungians. London etc.: Routledge & Kegan Paul, 1985.
Sander, L. W. (1975): «Infant and caretaking environment.» In: Anthony, E. J. (ed.): *Explorations in child psychiatry.* New York: Plenum Press.
– (1983): «To begin with – reflections on ontogeny.» In: Lichtenberg, J. D. et al. (ed.): *Reflections on selfpsychology.* Hillsdale, N. J.: The Analytic Press.
Schöttler, C. et al. (Hrsg.) (1992): *Sexualität und Aggression aus der Sicht der Selbstpsychologie.* Frankfurt/Main: Suhrkamp.
Schwartz-Salant, N. (1991): *Die Borderline-Persönlichkeit.* Olten: Walter. Orig.: The borderline personality. Wilmette, Ill.: Chiron 1989.
Sedgwick, D. (1993): *Jung and Searles; a comparative study.* London; New York: Routledge.
Slavin, M. O.; Kriegman, D. (1992): *The adaptive design of the human psyche.* New York etc.: Guilford Press.
Spillmann, B. (1993): Zeit der Seele. Unveröffentlichte Diplomthesis, C. G. Jung-Institut, Zürich.
Spitz, R. A. (1967): *Vom Säugling zum Kleinkind.* Stuttgart: Klett. Orig.: The first year of life. New York: International Universities Press, 1965.
Stern, D. N. (1971): «A microanalysis of mother-infant interaction: Behaviors regulating social contact between a mother and her three-and-a-half-month-old twins.» *Journal of American Academy of Child Psychiatry,* 10, 501–517.
– (1979): *Mutter und Kind. Die erste Beziehung.* Stuttgart: Klett. Orig.: The first relationship: Infant and mother. Cambridge, MA: Harvard University Press, 1979.
– (1990): *Tagebuch eines Babys.* München; Zürich: Piper. Orig.: Diary of a baby. New York: Basic Books, 1990.
– (1992): *Die Lebenserfahrung des Säuglings.* Stuttgart: Klett-Cotta. Orig.: The interpersonal world of the infant. New York: Basic Books, 1985.
– (1995): *The motherhood constellation.* New York: Basic Books, 1995.
– (1996): «Ein Modell der Säuglingsrepräsentationen.» *Forum der Psychoanalyse,* Bd. 12, Heft 3. Orig.: A model of infantile representations, New York: Basic Books, 1995.
Stevens-Sullivan, B. (1989): *Psychotherapy grounded in the Feminine principle.* Wilmette Ill. Chiron.
Tomkins, S. S. (1962/63): *Affect, imagery, consciousness.* New York: Springer.
Trevarthan, C. und Hubley, P. (1978): «Secondary intersubjectivity.» In: Lock, A. (ed.): *Action gesture and symbol.* New York: Academic Press.
Wickes, F. G. (1931): *Analyse der Kinderseele.* Zürich; Stuttgart: Rascher, Aufl. 2 = 1969). Orig.: The inner world of childhood. New York: Meredith Press, ca. 1923.
– (1962): *Das Seelenleben des Kleinkindes.* Stuttgart: Klett.

Winnicott, D. W. (1951): «Übergangsobjekte und Übergangsphänomene.» In: Winnicott, D. W. (1965).
– (1955): «Klinische Varianten der Übertragung.» In: Winnicott, D. W. (1976).
– (1960): «Ich-Verzerrung in Form des wahren und des falschen Selbst.» In: Winnicott, D. W. (1974).
– (1974): *Reifungsprozesse und fördernde Umwelt.* München: Kindler. Orig.: The maturational processes and the facilitating environment. London: Hogarth Press, 1965.
– (1976): *Von der Kinderheilkunde zur Psychoanalyse.* München: Kindler. Orig.: Through paediatrics to psychoanalysis. London: Tavistock, 1958.
Wolf, E. S. (1996): *Theorie und Praxis der psychoanalytischen Selbstpsychologie.* Frankfurt/Main: Suhrkamp. Orig.: Treating the self. New York; London: Guilford Press, 1988.
Wolf, E. S. et al. (1989): *Selbstpsychologie. Weiterentwicklungen nach Heinz Kohut.* München; Wien: Internationale Psychoanalyse Verlag.
Zinkin, L. (1991): «The Klein connection in the London school: The search for origins.» *Journal of Analytical Psychology,* vol. 36, no. 1, 37–62.

Register

Autorenregister

Sachregister

Mario Jacoby

Übertragung und Beziehung in der Jungschen Praxis

236 Seiten, Broschur

Eine stark erweiterte Auflage von «Psychotherapeuten sind auch Menschen», dem Standardwerk zu Übertragung und Gegenübertragung aus Jungscher Sicht. Ein neu hinzugefügtes Kapitel zeigt, wie wichtig für das Gelingen einer Therapie eine zuverlässige Diagnose ist, wie bedeutsam auch das Zusammenpassen beider Analysepartner und die Einsicht des Analytikers in die Grenzen seiner Handlungsfähigkeit. Bestehende Kapitel wurden ergänzt durch Abschnitte über sexuellen und Machtmißbrauch durch den Analytiker, über Liebe in der Therapie und über notwendige Verzichtleistung des Therapeuten.

Ein Buch, das durch seine Einfühlsamkeit und Offenheit berührt und zugleich informativ in das Geschehen in einer Therapie Einblick gewährt.

Mario Jacoby

Scham-Angst und Selbstwertgefühl

Ihre Bedeutung in der Psychotherapie
232 Seiten, Broschur

«Der Autor untersucht Schamerlebnisse von Menschen, die verdeutlichen, daß sich Scham aus einer Reihe von Affekten speist: Gefühle von Minderwertigkeit und Schuld, Demütigung, Peinlichkeit und Hemmung. Das durch Scham verletzte Selbstwertgefühl provoziert in den Menschen den dringenden Wunsch, sich zurückzuziehen, zu isolieren, aus der Angst, sich erneut beschämenden Situationen auszuliefern. So entsteht Angst vor Scham: Scham-Angst. Jacoby entwickelt eine spannende, einfühlsame Phänomenologie der Scham-Angst...

Für Kenner der psychologischen Literatur ist das gut lesbare Buch sicherlich ein Leckerbissen; für psychologische ABC-Schützen wegen seiner geduldigen Erklärungen gewiß eine bereichernde Aufmunterung.»
Deutsches Ärzteblatt, Köln